KB002845

생각의 모험

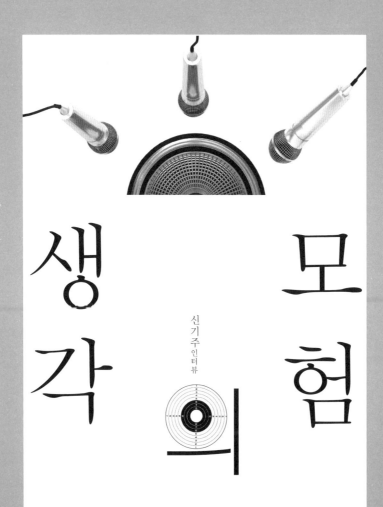

생각의 모험

신기주 인터뷰

인생의 모서리에서 만난 질문들

인물과
사상사

인터뷰란
무엇인가?

2000년부터 기자였다. 2015년인 지금도 기자니까 햇수로 16년째 저널리스트로 취재 현장을 누벼온 셈이다. 자연스럽게 저널리스트로서 직업적 가치관도 정립되었다. 쉽게 말해서 "기자란 무엇인가?"라는 자문에 자답할 수 있게 되었다는 말이다. 처음에는 "기자는 묻는 사람이다" 정도가 스스로 찾아낸 대답이었다. 그리고 나서 "무엇을 묻는가?"라는 질문이 따라왔다.

더 어려운 질문도 뒤따랐다. "왜 묻는가?"라는 본질적인 질문이었다. 결국 "기자는 무엇을 왜 묻고 돌아다니는가?"라는 자기성찰적 질문이 되어 돌아오고야 말았다. 정답은 슬며시 떠올랐다. 진심과 진실과 진리를 얻기 위해 기자는 사람들한테 묻고 또 묻는 존재였다. 참 낯간지러운 언어들이었다. 그래도 정답인 것은 틀림없었다.

기자에게 인터뷰은 사람에게서 진심과 진실과 진리를 얻어내기 위한 전투다. 사실 모든 취재 행위는 기본적으로 인터뷰다. 사람끼리의 대화가 인터뷰이고, 취재는 대화를 통해 정보를 수집하는 행위이기 때문이다. 그렇게 사람들 사이에 흩어져 있는 진심과 진실과 진리를 조합해서 기사를 작성하는 게 기자의 일이다.

기사 작성의 한 장르로서 인터뷰는 조금 다른 의미를 지닌다. 녹음기 혹은 카메라를 사이에 두고 두 사람이 마주 앉아서 나누는 대화의 공방전攻防戰이 인터뷰다. 이때의 대화는 여느 대화보다 진심과 진실과 진리의 밀도가 몇 곱절은 높다. 그 덕분에 인터뷰의 절정에서는 생각하지도 못했던 지혜를 만날 수도 있다. 지혜는 인간의 두뇌가 대화를 통해 서로에게 접속하고 생각을 병렬화할 때 찰나처럼 나타나는 깨달음이다. 질문과 답 사이에서 통찰이 스치듯 지나간다. 모두의 진실과 각자의 진리와 서로의 진심을 통합하면 지혜를 얻을 수 있다. 인터뷰는 진실과 진리와 진심 그리고 지혜를 얻는 고도화된 대화의 행위다. 그야말로 생각의 모험이다.

수많은 인터뷰를 거듭하면서 기량도 좀 늘었다. 질문하는 인터뷰어는 때로 연기자가 되어야만 한다. 사람에게는 대화의 주파수라는 게 있다. 대화법과 관심사가 다 다르다는 이야기다. 인터뷰어는 인터뷰이의 각기 다른 주파수에 자신을 자유자재로 맞출 수 있어야 한다. 인터뷰어는 가끔은 자기 약점을 드러내 보여주어야 할 때도 있다. 그래야 인터뷰가 허심탄회해진다. 그래서 인터뷰는 질문과 답이 밀당으로 어우러지는 춤과 같다. 처음에는 서로를 탐색하고 각자의 내공을 가늠하고 때로는 공격했다가 때로는 옹호했다가 때로는 들어갔다가 때로는 나왔다 밀었다 당겼다를 반복하면서 어떤 절정으로 치닫는다.

인터뷰가 바둑이나 체스 같을 때도 있다. 수담手談을 두듯 대담對談을 한다. 질문 하나 단어 하나에 숨은 뜻이 담겨 있다. 승패는 중요하지 않다. 즐거운 대담 한 판을 두었을 뿐이다. 그렇게 진심이 오가고 진실이 드러나고 진리에 도달하면 정말 찰나처럼 지혜와 마주할 때가 있다. 질문하는 자와 대답하는 자의 뇌리에 정말 스치듯 지나가는 통찰이다. 자칫 다음 대화에 휩쓸려 사라져버릴 수도 있다. 그것을 붙잡는 것은 전적으로 인터뷰어의 능력이다. 그러고는 마무리다. 한담 같은 마무리도 좋고 말줄임표 같은 끄트머리도 나쁘지 않다. 그렇게 인터뷰가 완성된다.

수많은 전투를 치르다 보면 매번 빼놓지 않고 던지는 질문이 있다는 것도 알게 된다. 그것은 인터뷰어가 지닌 필생의 질문이다. 대화는 결국 사람과 사람의 만남이다. 한 사람의 텍스트가 다른 사람의 텍스트와 만나서 새로운 컨텍스트를 형성하는 행위다. 거창하게 말하면 두 개의 세계가 만나는 과정이라고 할 수 있다. 자연히 인터뷰어는 자기 인생에서 가장 풀리지 않는 궁금증을 질문할 수밖에 없다. 누구나 인생의 모서리에서 만나게 되는 질문들이다. 묻고 또 묻는 것 말고는 답을 구할 방법이 없는 질문들이다. 그 질문이 진심이라는 것을 느낄 때 인터뷰이의 대답 역시 진심이 된다. 그도 답을 아는 것은 아니지만, 그 역시 비슷한 필생의 의문을 지닌 채 살아가고 있기 때문이다.

이 책은 월간 『인물과사상』과 『에스콰이어』에서 약 2년 동안 진행했던 16인과의 인터뷰를 묶었다. 강신주와 김혜남, 주진우와 고종석, 강준만과 한상진, 장하성과 정태인, 정관용과 왕상한, 표창원과 김호기, 천명관과 원신연, 배병우와 황두진이다. 철학과 의학과 언론과 저술과 정치와 경제와 방송과 사회와 소설과 영화와 사진과 건축을 넘나든다.

개별적으로 진행했던 인터뷰들을 묶어보니 난무했던 물음들은 결국 몇 가지 근원적인 질문으로 함축되었다. 인생이란 무엇인가? 글이란 무엇인가? 정치란 무엇인가? 자본주의란 무엇인가? 진실이란 무엇인가? 사회란 무엇인가? 영화란 무엇인가? 예술이란 무엇인가? 이 책에서는 이런 근원적인 질문들 아래에 각각 두 개씩 인터뷰를 배열했다. 독자들이 비슷하면서도 사뭇 다른 질문과 대답들의 공방전을 비교하며 관전할 수 있게 했다. 인터뷰어와 인터뷰이가 인터뷰 현장에서는 미처 다 포착하지 못한 통찰을 독자들이 발견할 수 있길 기대하기 때문이다.

이 책은 16인의 인터뷰이들한테 전적으로 빚지고 있다. 인생의 모서리에서 그들에게 질문을 할 수 있었다는 것은 저널리스트로서 행운이었다. 그들과 나눈 대화는 긴 여운을 남겼다. 정신과 의사 김혜남은 파킨슨병으로 아파하면서도 타인의 불행을 가능한 한 더 많이 짊어지고 가려고 애쓰고 있었다. 기자 주진우는 위키리크스의 줄리언 어산지와 이런 대화를 나누었다. "진실을 드러내는 사람은 왜 모두 불행해질까?" 저널리스트 고종석은 비록 절필했지만 계속 전진하고 있었다. 고종석은 세상을 믿고 싶어

하는 회의주의자다.

　　노학자 강준만과 한상진은 한국 진보 정치의 발전을 위해 온몸을 내던지고 있었다. 경제학자 장하준과 정태인 역시 한국 자본주의의 모순을 해결하는 것을 필생의 목표로 삼고 있었다. 진리를 위해 유불리를 따지지 않는 그들의 학문적 용기는 실로 대단했다. 진정한 지식인의 길이었다.

　　방송 진행자로서 정관용과 왕상한은 진실에 접근하는 상반된 두 가지 태도를 보여주었다. 정관용이 객관과 중립을 금과옥조처럼 지켰다면, 왕상한은 때로는 주관과 개입도 가능하다고 말한다. 진실에 접근하는 이런 태도는 정관용 방송과 왕상한 방송의 색깔을 결정했다. 그렇게 방법은 달라도 그들의 목표는 같았다. 사람 속에 숨어 있는 진실을 드러내 보여주는 것이었다. 프로파일러 표창원과 사회학자 김호기는 국정원 댓글 사건과 세월호 참사의 중심에 섰던 인물들이다. 표창원과 김호기는 개인으로서는 전부 이해하기 어려운 거대한 사건의 맥락 속에서 시민이 지녀야 하는 마땅한 양심적 태도가 무엇인지 보여주었다.

　　앞선 인물들이 현실의 영역에서 현실을 바꾸려고 고군분투하는 존재들이었다면, 소설가 천명관과 영화감독 원신연은 꿈의 영역에 있는 존재들이다. 불우했던 두 사람은 현실의 벽에 부딪혔을 때 현실을 다 덮어버릴 수 있는 은막에 매혹되었다. 영화였다. 사진작가 배병우와 건축가 황두진은 그런 현실 세계를 다시 짓고 싶어 하는 예술가들이다. 배병우는 소나무에서 영적 아우라를 포착해냈다. 현실 속에 빛이 있었다. 황두진은 현실 공간을 재해석하고 재건축하고 있었다. 현실의 모습을 조금씩 바꿔나가고 있었다.

　　진심과 진실과 진리가 사람 속에 숨겨 있다. 낯선 사람과의 대화라는 모험을 통해서만이 사람 속에 숨은 진짜들을 꺼낼 수 있다. 이 책은 수많은 질문의 모험 끝에 한 가지 짧은 대답에 이른다. 그것은 철학자 강신주의 결론이다. "삶과 연애하세요. 사랑하세요."

16인의 인터뷰이들에게 감사의 말씀을 드린다. 『에스콰이어』의 민희식 편집장과 『인물과사상』의 박상문 편집장에게도 고마운 마음을 전한다. 기자에게 좋은 데스크는 나침반 같은 존재다. 멋진 사진을 찍어준 권영탕 작가와 펜스튜디오의 박남규 실장에게 넓은 고마움을 전한다. 사진은 인터뷰 기사의 화룡점정이다. 인터뷰 기사는 인터뷰의 느낌을 함축한 한 장의 인물 사진으로 완성되기 때문이다.

2015년 7월

신기주

차 례

"내가 늘 내 생각에 동의하는 것은 아니다."

폴 발레리Paul Valéry, 1871~1945

인생이란 무엇인가?

강신주
:
나는
사람들 마음속에
지뢰를 매설한다

김혜남
:
나는
악당 소굴에 들어가도
김혜남이다

강신주
나는 사람들 마음속에 지뢰를 매설한다

이혼하면 정말 자유가 맞나요?

김어준 총재가 이혼하고 나오면서 "자유다"라고 외쳤다는 이야기, 몰라요?

이혼은 나이를 먹는 에스컬레이터에서 빠져나오는 것과 같아요.

사회 시스템에서 벗어나는 거니까요.

보통 남자들은 군대에서 그것을 처음 느끼죠. 결혼도 똑같은 거예요. 결혼 1년차에 집 마련하고, 결혼 2년차에 아이 생기고……. 그런 정해진 루트가 있어요. 결론적으로 거기에서 벗어나게 되면 뭔가 깨닫게 되어 있어요. 혼자 사는 게 무엇인가? 이혼하고 나서부터 다시 시작이에요. 그때부터 한 살이거든요.

한 살이라고요?

에스컬레이터를 타고 살아왔으니, 이제는 에스컬레이터에서 내리는 거예요. 갑자기 다시 에스컬레이터를 타고 싶다거나, 타고 왔던 에스컬레이터나 추억하면서 살면 안 되는 거죠. 특히 마흔쯤 되면 그것을 더 절실하게 깨닫게 돼요. 제가 딱 마흔이 될 때 이혼했거든요. 그때부터 마흔을 제거하고 한 살로 돌아와서 살기 시작했어요. 다시 시작했어요. 같이 살다가 혼자 살게 된 사람은 잘못하면 냉동 부패식으로 살아요. 같이 살았는데 사람만 하나 빠지고 그대로 있는 거예요.

주변 사람들이 혼자 살면 안 된다는 불안감을 주입하잖아요. 다시 에스컬레이터에 올라가지 않으면 큰일난다고 자극하죠. 더 늦기 전에 다시 궤도로 돌아가라고 말이죠.

그게 왜 그러냐면, 그들도 미래가 불안해서예요. 그러니까 현재 다들 나와 똑같이 살고 있기를 바라는 거죠.

강신주의 '다상담' 분위기로 흘러갔네요. 그렇다면 어떻게 해야 합니까?

찾아야지요. 돌아다녀야지요. 인생은 여행지 같은 거예요. 돌아 다니지 않으면 못 찾아요. 처박혀 있으면 안 된다고요. 오만을 버 려야지요. 다 해보았다는…….

이혼하면 다 해보았다는 생각이 들죠. 특히나 아이까지 있으면…….

제가 제일 좋아하는 글자가 진지眞摯예요. 솔개가 날다가 먹이를 확 잡은 거, 그게 진지예요. 제가 '벙커'에서 3년 동안 상담을 했 잖아요. 이런 여자가 있었어요. 아버지가 폭력적이었어요. 아버 지에게서 벗어나려고 빨리 결혼했어요. 그 남자는 아버지와 정 반대였어요. 아버지에게 없는 좋은 면만 몇 가지 갖고 있으면 바 로 그 남자에게 넘어가요. 담배만 안 피워도 매력적이라고 느끼 는 거죠.

그렇군요.

문제는 그 남자의 나쁜 면이 아버지와 똑같아요. 아버지에게 맞 은 여자는 결혼해서 남편에게 맞고, 그 아들에게도 맞아요. 그러 니 섹스도 무섭죠. 반면에 어떤 여자는 섹스가 아주 쉬워요. 남자 가 추파만 던지면 그냥 자요. 둘 다 문제인 거죠. 나중에 여자는 섹스를 하는 게 아니라 자위를 하는 거죠. 자기 인생에 진지하게 접근하지 않아서 그래요. 돌벽이 있을 때 몸에 피가 나도록 그 벽 에 자신을 긁히도록 문질러 보았냐고요. 진지하게 자기 인생과 마주해보고 그리고 나서 말해야 하는 거예요. 안 그러면 자위하듯 섹스하고, 안 맞는 사람에게 끌리게 되어 있어요.

그만큼 진지하게 자기 인생을 살지 못하니 문제군요.
착각하지 마요. 진짜로 달려들어야 해요. 한 살짜리 꼬맹이는 난로를 봐도 뜨거운 줄 모르고 만져요. 그렇게 인생을 잡아야 해요.

우리는 성숙해져야 한다는 핑계를 대면서 사실 진지하지 않게 인생을 살아가는 거군요.
성숙은 인생을 가까이서 보는 거예요. 인생의 그림자만 보고 살면 아무것도 보지 못해요. 우리는 나이를 먹으면 다 겪었다고 오만해져요. 성숙해진 척하려고 해요.

사람들과 상담하는 게 즐겁나요? 어떤 사람은 누군가의 고민을 듣는 것도 싫고, 그들의 인생에 관여하는 것도 싫어해요. 반면에 강신주는 누군가의 고민을 듣는 걸 즐기는 것 같고 소통하는 걸 즐기는 것 같거든요.
즐긴다기보다는 세상에 돌려주는 거죠. 저도 젊었을 때, 이혼했을 때, 미성숙했어요. 저도 모르게 사람들에게 상처도 많이 주었죠. 돌아가신 아버지부터 헤어진 여자들까지, 다 그랬어요. 제가 미숙해서 벌어진 일이에요. 나이가 드니까 깨닫게 되었어요. 제가 고통을 주었으니, 이제는 그 고통을 감당하면서 살아야겠다고요. 인생의 대차대조표를 최소한 제로로 만들어놓고 죽어야 하지 않나요?

죄를 씻어내고 있군요?
죄라고 할 것까지는 없고요. 업보業報죠. 이제는 좀 즐기면서 하게 된 것도 맞아요. '내가 태어나서 타인에게 짐이나 위협이 아니라 따뜻함일 수도 있구나.' 거기서 오는 즐거움이 있어요. 기본적으로 상담 같은 걸 하면 마지막에는 길게 하면 저녁 7시 반부터 새벽 4시까지 하거든요.

그렇게나 오래 상담하나요?
힘들어요. 그래도 받아주어야 하는 거잖아요. 끝나고 나면 며칠 쉬어요. 상담하고 나서 제가 마음이 무거워져야 해요. 그래야 그 사람은 마음이 편해져요. 이야기를 다 나누었는데 저는 철학자인 척만 하고 말면, 그 사람은 똑같은 거예요.

상대방이 치유되고 있다는 것을 알 수 있나요?
그 사람 얼굴이 해맑아져요. 제가 나이도 있고 철학자인데다 유명 저자니까, 그런 작자가 자기 말에 귀 기울여준다는 것만으로도 우선 편해져요. 상담마다 강도는 다르지만 대체로 한 사람당 40분씩은 투자해야 해요. 비슷비슷한 사례라고 해서 슬쩍 짧게 넘어가면 절대 안 돼요.

상담을 거듭하면 독이 오르잖아요. 어떻게 풀어요?
글을 썼어요. 해소가 되더라고요. 제가 글을 쓰고 책을 내는 이유가 거기에서 오르가슴을 찾는 거예요. 저를 풀어내는 카타르시스가 있어요. 이것이 굉장히 성적인 것일 수도 있어요. 남자가 사정射精을 하잖아요. 그때 이완이 돼요.

글 쓰는 것과 사정하는 것……
글을 쓸 때 굉장히 긴장하면서 썼어요. 그러다 원고가 딱 끝났을 때 희열이 있어요. 담배 한 대 피우는 것과 비슷해요.

영혼이 아프면 글을 쓴다?

제가 푸는 건 세 가지 같네요. 집필과 등산과 음악.

음악이요?

저보다 고통스러운 사람에게 제 이야기를 하면 제가 가벼워져요. 저보다 고통스럽게 만들어진 음악을 들으면 저보다 깊기 때문에 제가 가진 것들이 흘러가요. 슈베르트를 들어봐요. 그럼, 알 수 있어요.

우리가 아는 결혼은 1950년대에 만들어진 거잖아요. 소비자본주의가 필요에 의해 조작해낸 판타지에 가깝죠. 텔레비전에 나오는 행복한 결혼 같은 건 없어요. 그런데 결혼에 대한 환상이 없으면 사랑도 어려워져요. 사랑에 빠지긴 했는데 그다음에 어떻게 행복해져야 하는지 모르니까요. 세상이 그 이상은 가르쳐주지 않으니까요.

일단 결혼은 안 해야지요. 한 번 해보았으면 되었지 왜 또 해요?

결혼이 없다고 사랑도 없는 건 아니지만, 결혼이 없는 사랑은 어디로 가야 하나요? 특히 한국 사회에서는 혼기가 찬 여자들은 결혼이 없는 사랑을 시작하려고도 안 하니까요. 자신도 결혼을 원하지도 않으면서, 자신과 결혼할 생각이 없다는 남자를 만나는 것은 꺼리죠.

여자는 현실적이에요. 알다시피……. 절대 내색은 하지 않죠.

자본주의는 여성의 자궁에서 태어났으니까요. 그래도 우리는 여자를 사랑하죠. 결혼은 국가 시스템이 사회에 신병을 끌어들이는 방식 가운데 하나예요. 사람들을 관리하는 가장 편한 제도거든요. 아이까지 태어나면 말할 것도 없어요. 국가에 다 등록해서 관리 대상으로 만들잖아요. 그때부터 세금도 꼬박꼬박 내야 하지요. 제대로 마구간에 들어온 소새끼들이 된 거예요.

그렇다면 결혼 말고 동거가……

어쩌면 동거가 쿨하지요. 또 체제에 저항하는 방식이에요. 이것은 자본주의 그 이상의 제도예요. 유사 이래로 우리는 그렇게 관리되어왔어요. 대신 결혼을 통해 우리는 안정감이라는 걸 얻지요.

사회제도 안에 편입되었으니 당연히 안정감이 느껴지겠죠.

그것도 진짜 안정감은 아니에요. 결혼의 함정은 안정감을 줄 거라는 판타지에 있어요. 사실 안 해보았으니까 모르잖아요. 그러니까 판타지에 이끌려서 하게 되죠. 막상 겪어보니 아니거든요. 어떻게 해요. 망했다! 그냥 살자.

거기에서 무모하게 벗어나버리면 그때부터 제도권 밖으로 내동댕이쳐진 것 같은 기분을 느끼죠.

그래서 진지해져야 해요. 자기 삶을 관조하지 말고…….

상담을 하면 사람들이 들으면서 고개를 끄덕끄덕하긴 하겠죠. 돌아서면 또 제자리일 텐데요? 사람은 쉽게 변하지 않으니까요.

안 바뀌죠.

그럼 왜 해요?

제가 상담을 하는 건 지뢰를 매설하는 거예요. 그 지뢰가 5년 뒤에 터질 수 있고 1년 뒤에 터질 수 있어요. 그런데 저는 아주 깊이 묻어놓아요.

언어로 만든 지뢰군요. 점쟁이들이 하는 것처럼. 점쟁이들도 미래를 점치는 게 아니잖아요. 머릿속에 생각을 집어넣어서 그렇게 살게 되도록 미래를 만드는 거죠. 점쟁이가 "너 올해 결혼해"라고 이야기하면 그 해에 만나는 상대는 좀 달리 보이게 될 수밖에 없으니까요. 믿든 안 믿든요.

그것도 있을 거예요. 저는 점쟁이는 아니지만……. 이런 거지요. 꼬맹이 때 소설을 읽잖아요. 경험도 없고 그래서 무슨 말인지 몰랐어요. 그러다 나이가 들어서 어떤 남자와 정말로 아프게 사랑을 해서 헤어지고 난 뒤 옛날에 읽었던 책을 다시 읽는 거예요. 책장을 넘겨보니까 이해가 되는 거예요. 이런 거 같이 묻어놓는 거예요.

언제 터질지 모르는군요.

제가 강연을 10년쯤 하고 다녔어요. 여고생들은 강의 들으면 울어요. 그 사람 머릿속으로 가슴속에 들어가게 강의를 해요. 금방 변하죠. 그런 상태와 비슷한 게 상담하러 온 사람들이에요. 고통스러워서 온 거죠. 그러니까 울어버려요. 하지만 변하려면 그때부터 자기 삶은 자기 경험으로 채워야 해요.

그 경험을 하게 되면 지뢰가 뻥 터지는 거군요.

저에게 와서 당신이 시킨 대로 했더니 인생이 이렇게 되었다고 말한 경우는 없었어요. 제가 동쪽으로 가서 집을 사면 대박이 난다고 이야기하지는 않으니까요. 상담은 당장 효과가 나는 게 아니죠. 강의 때 항상 하는 말이 있어요. 돌아가신 당고모님이 계시거든요. 당고모께서 그랬어요. "사람 관계는 감나무를 심는 것과 같아. 왜 그러냐면, 감나무는 시간이 지나서 열릴까 말까야. 그런데 심어놓아야 열릴 수 있는 거야."

열매가 열릴지는 모르지만 마음속에 감나무를 심어놓는 거군요.

옛날 어른들은 그걸 다 알았어요. 10년은 지나야 효과가 나는 건데 너무 조급하게 그러지 말라고요. 저는 다들 조급하다는 걸 알아요. 그래도 각오를 하고 상담을 해요.

개인적인 상담도 많이 하지만, 정치나 경제 같은 시스템 전체에 대한 비판도 많이 하잖아요. 이것을 사회 전체에 대한 불특정 다수를 상대로 한 상담이라고 해야 하나요?

제가 좀 직설적이죠.

조금이 아니라 아주 직설 화법이죠. 개개인에게 심리적 의술을 펼쳐서 조금씩 사람들을 구제하는 방법이 있고, 시스템 전체를 한꺼번에 바꿔서 전반적으로 행복을 확산하는 방법도 있을 거예요. 문제의 근본을 해결하지 않으면 개별 상담만 해봐야 소용이 없죠.

인간은 유사 이래 언제나 불행했어요. 지금 당장 문제를 해결해달라고 조바심을 치면 나중에는 냉소주의로 바뀌거든요. 세상을 길게 보아야 해요. 우리는 종종 착시 효과에 빠져서 살아요. 자기가 생각했던 옳은 사회라는 이미지가 강하다 보니까, 역사 감각을 잃어버려요.

지금 현실만을 기준으로 인류 역사 전체를 바라본다는 거죠?

민주주의가 실현된 사회가 인류 역사에 있었어요? 한 번도 없었어요. 철학자 미셸 푸코의 『감시와 처벌』의 테마로 이야기해볼게요. 체제의 지배는 언제나 있었어요. 체제는 개인을 감시하고 어긋나면 처벌해요. 개인은 체제의 지배를 내면화하죠. 결국 지배를 관철시키는 것은 개인의 의견이에요. 그렇다면 개인의 내면에서 출발해서 사회가 변하는 거예요. 사회의 감시와 처벌로 상처 받은 개인이 치유 받고 감시와 처벌에서 자유로워지면 비로소 세상이 변해요.

상담을 하는 이유군요?

개인을 변화시키는 방법은 또 있다고 생각했어요. 체제를 변화시켜서 바뀐 방식으로 사람을 새롭게 훈육하는 거죠. 그것을 시도했던 게 동구권 사회주의 혁명이죠.

실패했잖아요.

그 덕분에 우리는 그 경험이 뭔지 알잖아요. 저는 개인이 지배의 단위지만 동시에 혁명의 단위라는 걸 고수해요. 개인이 없는 혁명은 의미 없어요. 그게 인문학자의 길이에요. 저 보고 어느 정치 캠프에서 뭐라도 좀 하자고 제안이 와요. 저는 절대 안 해요.

인문학자의 길이 아니기 때문인가요?

개인은 지배의 단위지만 혁명의 단위이기 때문에, 인문학자는 개인에서 출발해야 해요.

언제나 한꺼번에 단시간 안에 바꿔버리고 싶은 유혹이 있죠.

한꺼번에 바꾸면 바꾼 당사자는 권력자가 되겠죠. 그래서 그 방법은 신뢰를 안 해요. 제가 쓴 『감정 수업』이라는 책도 그 일환이에요. 우리는 우리 감정을 제대로 들여다볼 필요가 있어요.

개인의 감정이야말로 진짜 혁명의 도화선이다? 사실 우리는 감정을 버리고 이성적으로 사회 시스템을 운용해야 변화가 가능하다고 배우는데요.

개인이 바뀌지 않고는 안 바뀐다니까요. 시스템을 잘 봐요. 부르주아 정치를 이야기해볼까요. 정치는 정치가들에게 위임되어 있지요.

대의정치죠.

저는 주권은 양도할 수 없다는 주의예요. 주권을 양도하면 노예예요. 그래서 우리는 계속 시위를 해야 하는 거예요. 시위만이 민주주의예요. 그것이 없으면 대통령 선거까지 매번 5년을 기다려야 해요.

여러 책에서도 대의민주주의에 대한 강한 불신을 이야기한 걸 읽었어요. 결국 직접민주주의자인가요?

장 자크 루소의 사회계약론에서부터 시작된 부르주아 정치의 사기가 이제 극에 달했어요. 현대 정치에서 우리는 투표하는 날만 주인이에요. 그날을 제외한 나머지 날은 다 피지배자예요. 이것은 저만 이야기한 게 아니라 에리히 프롬 같은 우파 철학자도 다 지적하는 거예요.

우리를 고통스럽게 하는 것은 정치보다는 경제죠. 권력보다는 욕망. 특히 우리 자신의 욕망 탓에 스스로 노예가 됩니다. 현대사회는 우리를 욕망의 노예로 만들죠. 멋진 차나 예쁜 가방을 보여주고 갖고 싶게 만들어요. 그것을 욕망하면 세상에 순응해야죠. 덫이죠.

그 덫, 별거 아니에요. 그런 욕망은 결여죠. 대부분 미래를 저당 잡혀야 충족시킬 수 있는 결여! 우리는 평생 미래를 위해 현재를 희생하며 살게 되는 거죠. 그것에서 벗어나려면 답이 있어요. 현재를 향유하면서 사는 거죠.

현재를 향유한다?

그러면 욕망에서 자유로워져요. 그렇다고 욕망이 사라지고 득도한다는 게 아니에요. 욕망이 이제는 결여가 아니라 순수한 표현이 되는 거죠. 아이들은 결여 때문에 욕망하는 게 아니에요. 그저 막 갖고 노는 거죠. 그것은 결여와 다른 거죠. 자신과 세계를 연결하고 싶고 개입하고 싶어 해요.

PHOTOGRAPHY 박남규

순수한 욕망이라······.

자신과 세상을 연결하고 세상을 좀더 이해하고 싶어서 욕망하는 거예요. 욕망을 결여라고 생각한 철학자는 자크 라캉이에요. 정신분석학적으로 접근했어요. 욕망을 새로운 연결이라고 생각한 철학자는 질 들뢰즈예요. 그런데 라캉도 욕망을 결여로만 본 게 아니에요. 향유라는 개념을 쓰거든요. 그것은 연결과 같아요. 우리는 결여에서 벗어나서 연결하고 향유해야 해요.

세상은 우리를 끊임없이 결여시켜요. 미디어가 대표적인 도구죠. 그것을 보면서 우리는 결여를 느끼고 그것을 채우기 위해 미래를 저당잡힌 채 불행한 현재를 살죠. 사회는 불행한 우리가 생산을 하게 만들죠.
자본주의는 그렇게 움직이니까요.

결여가 많은 사회, 현재가 불행한 사회일수록 생산성이 높다는 이야기가 되네요. 그게 한국 사회이고요.
악순환이죠. 거기에서 벗어나는 방법도 개인의 내면이에요. 결여의 욕망을 버리고 연결의 욕망에 눈을 떠야 해요. 우리도 살다 보면 그것을 몸으로 느낄 때가 있어요. 과소비를 하면 후회를 하죠. 다음달 카드값 때문에요.

현대사회는 결여를 주입하는 대신 우리에게 화폐를 주입해요. 고단수죠. 결여면 불행해하면서 일하지만, 화폐를 쥐어주면 행복해하면서 소비를 하죠. 쓰고 쓰도 또 쓰면서 불행하게 일해요. 그래서 불행해지면 다시 행복해지려고 돈을 빌려다가 소비를 하죠.
우리 사회에서 자유란 소비의 자유밖에 없어요. 돈 벌어야 해요.

돈이 있어야 자유를 누리니까, 진정한 자유를 누리는 건 자본가나 자본이라 보아야 해요. 그런데 돈을 쓰면 오히려 결여가 생겨요. 돈을 썼던 기억 때문에 돈이 없어서 나가서 일해야 해요. 소비의 자유는 허구라고요. 게다가 자기가 공장에서 만든 걸 자기가 사는 거잖아요.

내수 부양이란 것도 결국 노동자가 소비자가 되라는 말이지요. '매트릭스'잖아요. 그래서 빨간약을 먹을래 파란약을 먹을래?

저는 이미 빨간약을 먹어버렸네요. 요즘 청년 세대는 파란약을 먹은 건지도 모르겠다는 생각도 들어요. 모두 사회 시스템에서 낙오할까봐 두려워해요. 물론 낙오의 두려움은 누구에게나 있지만 요즘처럼 과잉인 적도 없죠. 삼성고시에 10만 명이 응시하고, 대입 반수생이 아니라 취업 반수생까지 있는 시대. 지금을 사는 게 아니라 언제나 지금보다 나은 상태를 살기 위해 지금은 살지 않는 세대……
한 번 결여를 느끼잖아요? 그러면 채워야 해요. 결여가 헛것이라고 아무리 배워도 소용 없어요. 일단 채워야 그게 헛것이라는 걸 알아요. 안 채우면 계속 결여죠. 출발부터 결여의 느낌을 받았잖아요. 채울 수 있는 데까지 채워보고 그때 결여가 허깨비라는 걸 알아야 해요. '내 것이 아니라 외부에서 만들어졌구나.' 이런 거 알 때까지 할 수밖에 없어요.

워런 버핏이나 빌 게이츠 같은 사람들이 생각나네요. 돈이 정말 많아서 다 사회에 환원하겠다는 사람들. 그들에게 물질은 결여가 아니니까 놓을 수 있는 거죠. 그게 자본주의의 정점이죠. 최종 권력! '너희들 돈이 필요해? 내 돈 다 써.'

그게 자본주의의 종주국 미국에서 나타났다는 게 상징적이네요. 자본주의가 어떤 정점을 찍었다는 느낌이랄까요. 한국 자본주의는 그것에 비하면 아직 멀었죠. 정점까지 가려고 발버둥치느라 바쁘니까요.

그래서 미치고 불행하죠. 요즘은 초등학생들이 중학교 과정을 떼야 된다더라고요.

세상에 초등학생이 벌써요?

결여라는 게 자신이 만든 게 아니라 외부에서 주입된 거잖아요. 어느 정도 비범한 정신을 가진 자가 아닌 이상, 어느 정도 채워야 해요.

인간은 끊임없이 결여를 채우고 그러면 다시 허망하고 그것을 반복하는 존재일까요?

시시포스적이죠. 사실 알베르 카뮈의 모든 소설이 다 그렇게 허망하죠. 그런데 그는 그런 시시포스적인 굴레에서 가치를 찾아내요. 반항하는 인간! 『이방인』을 읽으면 참 염세적이에요. 거기서 그가 보여주려는 것은 염세가 아니에요. '너네들 이렇게 살래? 반항해. 벗어나.'

숙명이 아니라 반숙명적이네요.

카뮈는 우리가 살고 있는 결여와 충족의 메커니즘이 지닌 허구를 보여주어요. 엑스레이를 찍어서 몸 안에 암이 있다는 것을 보여주는 것과 같지요. 고치라는 이야기지요.

강신주의 철학은 읽다 보면 굉장히 급진적이고 혁명적입니다. 한때 대중문화 논객이 유행이었어요. 정치논객의 시대가 있었고, 경제논객의 시대도 있었어요. 지금은 다시 철학과 인문학 논객의 시대입니다. 모두 당면 과제를 해결해주는 사람을 찾다가 이제는 근본적인 것들을 묻고 있죠. 그때 강신주가 혜성처럼 등장했어요.

사실 저는 10년 동안 똑같은 이야기를 해왔어요. 그런데 지금에야 보이는 거죠.

대중적인 관심을 얻는 사람들은 공통적으로 꾸준히 대중과의 접점을 조금씩 넓혀오고 쌓아왔던 것 같아요. 그러다 어느 순간 팡 터지면서 더 많은 사람이 가치를 알아보게 되는 것 같아요.

맞아요. 그런 식이에요. 딱 그런 식으로 변하더라고요.

강신주를 두고 거리의 철학자라고 부르죠. 철학 하는 사람이라는데 대중 스타 같고……. 그것을 색안경 끼고 보는 사람들도 있죠.

수술할 때 메스는 어디 있어야 하죠? 절개해야 하는 부위 근처에서 피를 흘리고 있어야 해요. 저는 사람들의 환부 가까이에 있어야 해요. 자본주의 비판한다면서 방송에 나가는 거? 그곳이 아픈 환부이기 때문이에요. 아니면 북한산에 가서 떠들까요? 사람들이 지배당하는 그곳에서 이야기해야 하거든요. 사람들이 가장 허하게 느끼는 곳에서 떠들어야 해요. 그래야 효과가 더 강해지죠. 보살은 중생집에 가 있어야 해요. 제가 웬만한 대중매체를 꺼리지 않는 이유가 거기에 있어요. 세상의 아픔을 치유하려면 대신 제가 더러워져야 해요. 진흙 묻은 어린아이 손을 잡으려면 어떻게 해야죠? 제 손에 진흙을 묻혀야지요.

대중과의 소통이 두렵지는 않나요. 그들은 언제든 강신주를 내다버릴 수 있는데……. 대중은 변덕쟁이죠.

산을 가다 보면 자기 발걸음 소리 들리고 밤에 무섭다고 그래요. 자기가 약하면 바깥쪽에 강한 게 있다고 느껴요. 병약해지면 헛것을 봐요. 기도원 가서 굶기잖아요. 자기가 약해져 있잖아요. 밖에 강한 게 있어요. 그래서 신도

"제가 상담을 하는 건 지뢰를 매설하는 거예요. 그 지뢰가 5년 뒤에 터질 수 있고 1년 뒤에 터질 수 있어요. 그런데 저는 아주 깊이 묻어놓아요."

"용감하게 사랑하는 수밖에 없어요. 사랑은 인간의 가장 소중한 감정이지만 인간이 가장 절망하기도 쉬워요. 그래서 사랑의 절망과 실연의 위험을 회피하기 위한 많은 비즈니스가 발달했어요. 거기에 의존하면 안 되는 거죠. 무조건 사랑해요. 용감하게."

보고 그러는 거죠. 제가 왜 이 이야기를 강조하는지 알아요? 강해져야 해요. 제가 강해지면 대중이 안 무서워요. 대중이 무섭다면 제가 약해질 때죠. 약해질 때가 있죠. 휘둘리고 이럴 때? 그럴 때 강해지려고 마음을 다잡아요. 견딜 때까지 견딜 거고, 못 견딘다 그러면 빠져나가야죠. 견딜 만큼만 해야 해요. 산에 가는 것과 똑같아요.

산이요?

제가 감당할 수 있는 만큼만 산에 올라야 해요. 산 타는 사람한테는 하나의 요령이 있어요. 저는 지금 세 사람까지는 기꺼이 산에 같이 가요. 유사시 그들의 짐을 제가 다 들 수 있고 데리고 내려올 수 있죠. 10명은 안 가요. 제가 감당 못하니까요. 대중이 무서워요. 그래서 제가 강해져야 해요. 종교단체들은 비겁하게 상대를 약하게 만들지만, 저는 제가 강해져서 그들을 감당해요.

프랑스 68혁명 때 보면 장 폴 사르트르 같은 철학자들이 길을 엽니다. 철학의 혁명성을 보여주는 사례죠. 사람들이 생각하는 법이 바뀌면 세상이 바뀌니까요. 강신주의 등장은 한국 사회에도 그런 지적 혁명의 가능성이 열렸다는 징후 같아요. 혁명 운운하는 게 과장이라면, 적어도 철학의 대중적 영향력이 회복되고 있다는 징후는 될 겁니다.

저는 가장 사적이고 말랑말랑한 클래식에 대한 이야기부터 농도 깊은 남녀의 사랑, 자본주의에서부터 온갖 상담과 방송 같은 것들을 했는데, 그 모든 것이 저예요. 저는 버라이어티한 존재 그 자체죠. 사람들은 제 포지션이 이상할 거예요. 대중의 인기에 영합해서 살아가고 원하는 이야기를 해주는 것 같지만 그러지도 않거든요.

변화무쌍?

저는 과거의 지식인들처럼 전인적이죠. 그것을 유지하려고 하고……. 『감정 수업』만 해도 감정을 연습하자는 걸 담은 굉장히 급진적인 내용이죠. 그런데 책도 읽지 않은 어떤 독자는 자기계발서라고 그래요. 어떤 신문은 인문과 힐링이 결합되었다고 하고요. 그런 평가가 나와도 저는 개의치 않아요. 저는 그 책을 그렇게 쓴 적이 없어요. 전체 행보를 보면, 강신주가 어떻게 일관되게 생각하고 주장해왔는지가 나와요. 김수영부터 시작해서 지금까지 어떻게 생각을 쌓아왔는지가 나온다고요.

이제까지 쓴 저서들이 바둑 한 수 한 수처럼 전략의 결과물이었다는 건가요?
『철학 VS 철학』은 철학에 관심이 있는 지식인을 위한 책이에요. 저는 목적이 명확해요. 『철학이 필요한 시간』은 일반인들도 읽었으면 해서 쓴 거예요. 『상처받지 않을 권리』도 대중적이죠. 제 머릿속에는 제 지식과 제 책에 대한 수위가 정해져 있어요.

한때는 인문학의 위기니 철학의 위기를 이야기했는데, 강신주의 등장으로 무색해졌어요. 위기의 근본 원인은 사람들이 안 읽어서가 아니라 읽게 만들지 못해서니까요.
저는 정작 그들 사이에서는 미움의 대상이죠. 제가 김수영 시인에 관한 책을 썼잖아요. 국문학자들이 무척 싫어했어요. 좋아하는 학자들도 있지만……. 이게 다 밥그릇 싸움이죠. 저란 존재는 그럴 수밖에 없어요. 아리스토텔레스를 봐요. 형이상학, 물리학, 생리학, 의학, 미학, 시, 윤리 다 있어요.

그렇게 전인적 지식인일 수 있는 것은 철학이 중심이라서일까요. 철학은 모든 학문의 원류니까, 지식의 길이 보인달까요?

금방 보여요. 지금 불교 책도 보고 있어요.

철학은 사람의 뼈고 문학은 사람의 살이라는 말이 있더군요.
저는 **뼈**와 살의 구조를 아는 거죠. 글을 계속 쓰면 글이 문학적으로 변해요. 문학적이란 것은 부드럽고 따뜻하다는 뜻이죠. 철학적으로 엄격하게 쓰면 차갑기만 해요.

철학은 도대체 왜 공부하게 된 겁니까?
제일 어려워서요.

원래는 화학공학과를 나왔잖아요. 공대생이 철학을 하다니요?
1980년대 학번들은 인문사회책을 많이 읽었으니까, 전공을 살린 거죠. 카를 마르크스 읽던 사람들이 전공을 안 살리고 밥벌이를 하러 간 거고요. 제가 산을 타니까, 호승심好勝心 같은 게 생겨요. 일단 이겨야 해요. 저 산을 올라가야 해요. 저는 호승심이 굉장히 강한 사람이에요. 그러다 보니 철학이란 거대한 산을 오르게 된 거지요. 그런데 산이란 게 올라가도 내려와야 해요. 정상에서는 못 살잖아요. 대신 내려오면서 지혜를 가져와요. 위에 올라가서 세상을 스크리닝screening했잖아요.

그래서 다 보인다?
이제는 호승심이 없어요. 사실 저에게는 『철학 VS 철학』이 대단히 중요한 책이에요. 강신주 철학을 비판하려면, 『철학 VS 철학』의 도식을 붕괴시켜야 하거든요. 제가 의외로 용의주도해요. 『철학 VS 철학』으로 제가 철학을 제대로 공부한 사람이라는 걸 보여준 거예요. 『철학 VS 철학』의 대중판이라고 할 수 있는 『철학이 필요한 시간』도 비슷해요. 『김수영을 위하여』도 그렇고요. "내 인문학적 정신은 자유와 사랑이다." 저는 딱 계보를 밝히잖아요. 그렇게 박아놓고 세부 작업하는 거죠.

어떻게 보면 철학자는 그래야 하는 것 같아요. 철학은 눈에 보이지 않는 형이상학적 학문이니까요. 지식의 성을 체계적으로 쌓아올리지 않으면 실체가 없는 것과 같죠.

『김수영을 위하여』에서 문학적 감수성이라는 기둥을 딱 세워놓았죠. 『철학 VS 철학』에서 철학적 기반을 다진 거고요. 『김수영을 위하여』에서 독해가 안 좋다거나 『철학 VS 철학』에서 깨알같이 잘못된 부분을 잡을 수는 있을 거예요. 그래도 전체 체계를 붕괴시키지는 못해요. 그렇게 하려면 독하게 6~7년 정도 공부해야해요. 그래서 저를 제대로 좋아하는 독자들은 『철학 VS 철학』을 최고로 쳐요.

철학적 사유에는 완성이 있나요? 이제는 득도했다 싶은 단계요?
인문학에 진보란 없어요.

이제는 없다?
원래 없어요. 깊이만 있어요. 한 사람이 제대로 사랑하고 향유하고 살았느냐는 깊이만 있는 거예요. 예전에 어떤 기자가 강신주는 왜 철학자로 불리냐고 물은 적이 있어요. 새로운 이론을 만든 것도 아니라면서요. 답답하지요. 우리가 무슨 과학자도 아닌데……. 신경숙이 괴테보다 사랑을 잘 알까요? 깊이의 문제죠. 그래서 우리가 지금도 고전을 읽는 거고요. 그리고 옛날이 더 깊었어요. 우리처럼 바쁘지 않았거든요. 우리는 산만하잖아요.

다음 깊이는 어디인가요. 중국 제자백가에 관한 책? 정치철학책?

마크 로스코 같은 미술가에 관한 철학책?

제자백가에 관한 책은 한국에서 보수적으로 이용되는 걸 막으려는 책이에요. 송견, 양주, 장자로 이어지는 직접민주주의 공동체를 찾아내려는 시도죠. 거기서 가능성을 읽어서 보여주려는 거고요. 정치철학에 관한 책을 내고 나면, 제가 하려는 것들은 제자백가만 남는 건데…….

강신주 철학이 완성되어가네요.

나중에는 대중적인 활동도 줄일 거예요. 몇몇 신문사에서 연재를 부탁하지만 안 하거든요. 아껴야지요. 처음 책을 썼을 때는 강신주가 누구냐였어요. 지금은 제 책이 팔리잖아요. 기분 좋은 일이죠.

첫 책이 뭐였죠?

『장자』였죠.

몇 권이나 팔렸나요?

글쎄요. 그래도 지식인들 사이에서는 많이 나갔어요. 그때 한국의 철학을 이끌 소장학자 5인에 뽑혔죠. 학계 내에서는 알려졌죠. 그 책이 이바지를 한 거죠. 그리고 논쟁을 불러일으켰죠. 저는 장자와 노자를 다르다고 주장했으니까요.

지금은 책만 냈다고 하면 날개 돋힌 듯 팔리니, 격세지감이네요.

그래도 첫 번째 책이 좋아요. 첫사랑은 세잖아요. 거친 맛은 있지만…….

그렇게 10여 년이 흘렀네요. 1만 시간의 법칙이 맞는 건가요?

제가 글 쓰는 걸 좋아했어요. 글 쓴다는 것과 강연한다는 건 같은 거예요. 불특정 다수를 위해 대화를 하는 거니까요. 글과 말이란 것만 다르지만……. 지금 컴퓨터에 앉으면 제가 만났던 사람들의 얼굴이 떠올라요. 지금은 20여 권 되니 자연스럽게 된 거죠.

경지에 올랐네요.

보통 철학자들은 500년 전에 쓰인 글들과 씨름해요. 저는 동시대를 사는 사람들과 교류해요. 이보다 큰 자극은 철학자에게 없어요. 칸트를 전공한 사람은 200년 전을 살고 있고, 공자를 공부하는 사람은 2,000년 전을 사는데…….

김어준 총재와의 만남도 행운일 수 있겠어요.

김어준과 저는 서로에게 주고받았어요. 김어준은 저를 통해 학력 콤플렉스에서 벗어났어요. 철학박사가 떠들어대는 이야기가 자신과 별 차이가 없는 것 같다는 느낌. 제가 김어준에게서 받은 것은 대중 속에 가장 깊이 있는 사람이 저와 정신이 같다는 거였어요. 그래서 저도 자신감을 얻었죠. 비겁하지 않고 쫄지 않게 살아왔던 김어준 같은 사람의 정신이 저처럼 공부를 해왔던 사람의 길과 일치했다는 거죠.

김어준과 강신주의 만남은 세속의 길과 책 속의 길이 만난 것이군요.

서로 같이 떠들다 보면, 많이 배워요. 김어준이 이야기하는 걸 들으면, 철학적으로도 번쩍 뜨이는 것도 많아요. 자기가 무슨 말을 하는지 모르고 이야기할 때도 있지만…….

생즉적인 거죠.

삶에 대해 정직해서 그래요. 정직하니까 보이는 거예요. 색안경 없이 세계를 보니까요. 김어준이 세계와 딱 부딪히는 데가 있어요. 그러다 뭔가를 보는 거죠. 촉이 살아 있다고 해야 하나요?

왜 그렇게 세상과 정면으로 마주하는 사람들은 이혼할까요?
제가 가옥 구조를 이야기한 적이 있어요. 중립 공간이 필요해요. 여기는 여자가 들어가고 여기는 남자가 들어가고 여기는 문이 있어요. 여기서 만나요. 똑똑 두드렸는데 없을 수도 있어요. 이 주거 공간이 가능해야 해요. 중립 공간이 주거 공간으로 확보되면 결혼도 꽤 오래갈 거예요. 동거도 사실 같이 사는 형식이라 별 차이가 없죠.

결혼도 연애도 참 쉽지 않네요. 그렇게 중립 지대가 있어야 할 만큼 어려운 건데, 삶의 행복을 보장해주는 것처럼 지나치게 과대포장되어 있어요.
우리가 개화기 때 서구 문명을 좋아했던 건 딱 하나예요. 자유연애! 우리는 언제나 자유로운 연애와 행복한 결혼이라는 모순된 욕망을 꿈꾸죠. 결혼은 미친 짓이다! 춘원 이광수를 봐요. 자유연애라는 것을 시도해요. 그렇지만 결혼에서 자유롭기는 어려워요. 같이 더불어 사는 형식으로 어떻게 하는가 고민했는데, 결국 동지처럼 살아요. 그 방식을 제안한 거죠. 『무정』을 다시 읽어봐요. 재미있어요.

요즘 결혼과 연애 상담 프로그램이 대세잖아요. 거기에 목숨이라도 건 것처럼, 행복의 열쇠가 거기에 있는 것처럼……
짝사랑은 자위행위에요. 저도 상담해줄 때 그렇게 말해요. 차라리 개를 키우라고요.

어쩌면 사랑이야말로 현대 자본주의 사회에서 가장 과대포장된 상품일 수도 있겠네요. 진짜 사랑은 존재해요. 다만 미디어들은 감정을 어떤 드라마틱한 상태로 몰아가요. 일상은 결여투성이고 소비로 해결하다가 그걸로도 안 채워지는 건 너희끼리 짝짓기를 해서 위안을 받아라.

대부분 상품소비는 사람과 관련해서 소비되니까요. 롤랑 바르트는 성적으로 개방적이어야 소비사회가 발달한다고 말했어요. '인간의 가장 소중한 감정마저도 자본이 이용한다.' 옛날에는 연애를 잘하기 위해 물건을 사야 하는데, 이제는 감정마저도 자본에 이용당해요. 사실은 책도 그런 책이 팔린다고 보면 돼요. 연애가 불안하니까 그거라도 읽겠다는 거죠.

어떻게 해야죠?

용감하게 사랑하는 수밖에 없어요. 사랑은 인간의 가장 소중한 감정이지만 인간이 가장 절망하기도 쉬워요. 그래서 사랑의 절망과 실연의 위험을 회피하기 위한 많은 비즈니스가 발달했어요. 거기에 의존하면 안 되는 거죠. 무조건 사랑해요. 용감하게.

PROFLLE

경남 함양에서 태어났다. 연세대학교 대학원 철학과에서 「장자 철학에서의 소통의 논리」로 박사학위를 받았다. 그는 강단철학에서 벗어나 동서양 철학을 종횡하며 대중 강연과 책을 통해 우리 시대 인문학자가 되었다. 새로운 철학적 소통과 사유로 모든 사람이 철학자인 세상을 꿈꾼다. 저서로 『강신주의 노자 혹은 장자』, 『매달린 절벽에서 손을 뗄 수 있는가?』, 『감정 수업』, 『김수영을 위하여』, 『철학적 시 읽기의 즐거움』, 『철학 VS 철학』, 『상처받지 않을 권리』, 『철학, 삶을 만나다』 등이 있다.

김혜남

나는 악당 소굴에
들어가도 김혜남이다

『오늘 내가 사는 게 재미있는 이유』를 읽고 났더니, 제가 오늘 재미있게 살고 있나 싶더라고요. 그래서 하루 종일 놀았습니다.

잘하셨어요. 좋아하는 일을 하면서 놀았다는 건 긍정적인 거예요.

제 직장 상사가 들으면 기겁할 겁니다. 이런 이야기를 많이 들으시죠? 선생님 말이나 글이나 책 때문에 자기 인생의 무엇인가가 달라졌다는 이야기요.

제가 정신과 전문의니까요. 환자들이 자기 갈등을 풀고 거기에서 벗어나게 만들어주는……. 환자들에게 농담 삼아서 그래요. 저는 〈반지의 제왕〉에 나오는 중간계라고요. 환자들의 과거 트라우마와 현신 세계를 이어주는 중간 세계 역할을 한다고요.

정신과 의사가 힘들다면서요. 환자들이 투영하는 고통을 받아내야 하니까요.

자기 기 빼먹는 작업이라고 우리끼리 농담 삼아 이야기할 때도 많아요. 그래서 치료를 하고 나면 좀 쉬어야 해요.

정신과 의사도 잘 못 쉬는 게 현실이죠. 자기 정신은 못 돌본달까요?

잘못하면 치료자의 감정에 아주 깊이 관여하게 돼요. 환자에게 공감했다가 자기 자신에게 돌아와야 하는데요. 정신분석 과정이 그래서 어려워요.

거칠게 말하면, 미쳤다가 안 미쳤다가 해야 하는 거네요.

동정과 공감이 있어요. 동정은 말 그대로 함께 미치는 거예요. 그것은 환자에게 별 도움이 안 돼요. 같이 울어주면 감정의 배설일 뿐이죠. 공감을 해주어야 해요. 그다음에 의사도 자기 자신으로 돌아와서 환자에게 무엇이 필요한지 알려주어야 하죠.

대다수 환자는 자신에게 도움이 필요 없다고 하지 않나요?
예전에 50대쯤 되는 남자 환자가 있었어요. 잘생기고 건장했죠. 처음 치료 받으러 와서 저를 말로 괴롭혔어요.

왜 도와주려는 의사를 괴롭히죠?
과거에 부모에게서 느꼈던 분노를 의사에게 투영하는 거죠. 그것을 전이轉移라고 해요.

그때 역전이逆轉移를 느끼면 안 된다고 했는데요. 환자가 의사에게 분노를 전이하듯이, 의사도 환자에게 분노를 투영하는 것.
그 환자는 제가 무슨 해석을 하든 저를 조롱했어요. 방 안에 있는 프로이트 사진을 보더니, "코카인 중독자가 그렇게 가르쳤어?"라고 비꼬는 식이었죠.

정말 배배 꼬여 있었네요.
그는 미국에서 25년 동안 치료를 받았던 사람이에요.

25년 동안이나 치료를 받았는데, 그 상태였다면 불치병 아닌가요?
성격적으로 굉장히 불안정한 사람이었어요. 그게 아직 해결이 안 된 거죠. 과거에 치료가 실패한 것에 대한 트라우마도 강했고요. 제가 상담하면서 어떤 해석을 내놓으면, 안마시술소에 가서 성매매를 하고 와요. 돌아와서는 상담받으러 오느니 차라리 그 돈으로 성매매를 하는 게 낫다고 그래요.

그런 자기 파괴적인 행위에 도대체 어떤 해석이 가능한 겁니까?

'당신은 내가 당신 마음을 이해하고, 당신을 압도하고, 당신을 파악하고, 결국 당신을 조정할까봐 불안한가 보네요. 그래서 여자에게 찾아가서 여자를 성적으로 정복해야 안심이 되나 보네요.' 이렇게 환자의 히스토리를 보고 가설을 제시하는 거죠.

환자가 절대 동의하지는 않겠죠.

동의하지 않죠. 제가 진지하게 그런 작업을 반복하면 듣기 시작해요. 치료자를 믿기 시작하는 거죠. 그 환자에게 말했어요. "당신은 나와 가까워지고 친밀해지는 걸 두려워하는군요?" 그러자 그 환자가 말했어요. "나와 섹스도 안 해줄 거면서 뭐하러 친밀해져요?" 그래서 물었죠. "우리가 가까워지려면 몸과 마음을 다 섞어야 한다고 생각하나요? 당신은 어느 한쪽이 충족되지 못하면 스스로 거절당했다고 느끼는 것 같네요."

정말 아슬아슬한 대화네요.

그때 제가 흥분하거나 화내서는 절대 안 돼요. 환자가 왜 그러는지 알려주어야 하니까요. 환자가 저에게 감정을 투사하고 그것을 받아내는 걸 '홀딩 holding' 해준다고 해요.

그렇게 홀딩해주면 환자가 바뀌나요?

자기가 화내고 말도 안 되는 행동을 하면 사람들이 미쳤다고 했는데, 이 의사는 왜 자기에게 화를 내지 않을까 궁금해하기 시작하죠. 그때부터 질문을 해요. "당신 마음속에 어떤 일이 일어난 걸까요?" 그렇게 자기 자신을 이해하게끔 도와주어요.

신뢰 회복이 먼저군요.

'저 사람은 나에게 화를 안 내네? 나를 무서워하지 않네? 다른 사람들은 다 무서워했는데, 내가 그렇게 무서운 사람이 아닌가?' 그때부터 자기 분노를 의심하기 시작해요. 그러면 말로 끄집어낼 수 있어요.

보통 그 단계까지 얼마나 걸리나요?

몇 년씩 걸리는 건 보통이죠. 그 환자는 5년 정도 걸렸어요. 끝까지 저를 안 놓아주었거든요. 저를 유사類似 엄마라고 생각했어요. 어머니나 아버지에 대한 분노를 저에게 투사하면 저는 해석해주었죠. 그것을 반복하면서 자기 갈등을 이해하고 멈추었던 성장을 다시 할 수 있게 했죠.

그 환자는 선생님이 파킨슨병이라는 걸 몰랐나요?

알았죠. 그 환자에게도 한 달은 더 봐주겠다고 했어요. 그랬더니 계속 안 오더라고요.

그 이유가 뭐죠?

저하고 마지막 치료를 맞이하는 게 두려웠으니까요. 그러면서 저에게 무책임하다고 책임을 전가했죠. 나중에는 자기가 자살하면 어쩌려고 그러느냐고 했어요. 그래서 말했죠. "당신이 자살하면 나는 굉장히 마음이 아플 거다. 치료자로서 실패한 거고 평생 죄책감을 안고 살아갈 거다. 당신이 화가 난 것도 알고 다른 것도 다 아는데 왜 당신을 도와주려는 나까지 파괴하려고 하느냐. 그래서 당신에게 이득이 되는 게 뭐냐." 갑자기 머리를 얻어맞은 것처럼 멍하게 있더라고요. 그다음부터 수그러졌어요. 그 환자의 반응을 정확하게 해석한 거죠. 사실 이 환자는 화가 나면 자신과 주변을 파괴하면서 살아왔던 거예요.

아픈 사람이 더 아픈 사람을 챙겨야 하는 상황이네요. 다른 사람의 인생을 짊어지는 거잖아요.
제 직업이 아픈 사람을 돌보는 거니까요. 그 사람이 혼자 설 수 있을 때까지, 다른 사람이 그 다리를 건널 수 있을 때까지만요.

왜 정신과를 선택했어요?
원래 문제가 많은 사람이 정신과 의사를 한대요. 자기가 문제가 많다는 걸 인지하는 사람인 거죠. 보통 다른 과 의사들은 그런 것에 관심도 없어요. 자기에게 문제가 있는지 없는지도 모르죠. 정신과 의사는 자기가 어떤 문제가 있다는 걸 좀더 알고 있고 그래서 심리에 관심이 많아요. 책과 인간에도 호기심이 많죠.

겉보기에 전혀 문제가 없는 분 같은데요.
세상에 문제없는 사람은 없어요. 죽은 사람만 문제가 없죠. 사람이 산다는 건 욕망과 욕망이 부딪치는 과정이거든요. 타인의 욕망과 나의 욕망. 아무리 부모가 모든 것을 완벽하게 해주어도 아이들은 불만족을 느끼죠. 거꾸로 100퍼센트 만족시켜주어도 안 돼요. 그러면 아이가 발달을 못하거든요.

결핍이 있어야 하니까요.
결핍을 메워가는 게 성장이에요. 요즘 문제는 오히려 결핍과 문제를 너무 두려워한다는 겁니다. 그래서 다들 성장이 저해되고 있죠.

모두 상처받았다고 말한다고, 자기를 좀 치료해달라고 아우성이라고 했습니다. 하지만 그 상처는 샤워하다가 벽에 긁힌 정도일 수 있다고요.

제 책이 힐링 도서의 원조라고 하잖아요.

『서른살이 심리학에게 묻다』와 『심리학이 서른살에게 답하다』는 정말 힐링의 교과서 같은 책입니다.
그렇다면 제가 요즘 유행하는 힐링에 대해 책임감을 갖고 좀 고쳐놓고 싶어요. 힐링이 오히려 아픈 사람들을 양산하고 있거든요. 일상생활은 우리가 하기 싫은 일투성이에요. 예를 들어 명절증후군이 있죠.

미디어가 만들어낸 증후군이죠. 무슨 대단한 문제인 것처럼요.
여자 한쪽만 부당하게 명절에 일한다는 건 문제죠. 다만 그런 갈등을 풀 생각을 안 하고 신드롬으로 만들어버리면, 결국 가해자와 피해자로 나누어져 질환이 되는 거예요. 해당자는 치료를 받아야 하는 사람이 되고요. 스스로 극복하기보다 치료를 받아야 한다고 생각하게 되죠.

힐링이라는 이름으로 누군가를 환자로 만들어 오히려 스스로 이겨낼 의지를 꺾고 있다는 말이군요.
월요증후군도 그래요. 월요일 출근할 생각을 하면 누구나 신경질이 나겠죠. 그걸 참고 이겨내야죠. 그것을 월요증후군이라는 이름의 병으로 만들고 치료해주겠다고 하면 개인은 스스로 할 수 있는 게 없어져요. 치료 받아야 하는 환자일 뿐이죠.

세상은 그것으로 돈을 벌잖아요. 누군가에게 결핍을 심어주고 그것을 해결하려면 이 물건을 사라고요. 자신이 살이 쪘다고 믿게 만든 다음 다이어트 약을 파는 것과 같죠. 자본주의가 작동하려면 우리는 끊임없이 결핍에 시달려야 하는 거죠. 힐링 열풍은 사실 결핍 열풍인 거네요.

세상은 끊임없이 병을 만들어내죠. 예전에 어떤 기자에게서 전화가 왔어요. 영화배우 김혜수와 유해진이 사귈 때 왜 그런 미녀가 그런 남자와 사귀는지 심리 분석을 해달라고요. 그래서 불같이 화를 냈어요. 미녀는 못생긴 남자와 사귀면 안 되느냐, 그게 왜 병이냐, 그게 왜 정상이 아니라고 생각하느냐고요.

한국 사회에는 정상이라는 비좁고 보수적인 기준 구간이 있어요. 거기에서 벗어나면 전부 비정상인 거죠. 요즘 미디어의 토크 프로그램들은 우리가 비정상이라고 주장해요. 너도 비정상이야? 나도 비정상인데……. 그들이 하는 힐링이라는 것도 결국 모두 비정상이니까 슬퍼하지 말자는 정도죠. 그런데 진짜 힐링은 비정상이 아니라 그것도 정상이라고 말해주는 거잖아요. 더 정확하게는 정상과 비정상이라는 이분법이 의미가 없다고 말해주는 거고요.

정상은 표준편차 그래프처럼 양극단 5퍼센트를 제외한 나머지 전부예요. 요즘에는 가운데 10퍼센트만 정상이고 나머지를 비정상으로 만들죠. 우리는 좀 편안해져야 해요. 불안에 떨지 말고, 사람은 이럴 수도 있고 저럴 수도 있다는 것을 받아들여야 해요.

아이러니한 건 10퍼센트를 제외한 나머지를 모두 비정상으로 만들어버리면 그들을 상대로 힐링 상품을 판매할 수 있다는 거죠. 다이어트 약이든, 강연이든, 자기계발서든.

힐링을 먹기도 하고, 듣기도 하죠.

그렇게 스스로 비정상이라고 믿게 된 사람들이 선생님 책을 구입하는 것 아닌가요? 그런 것들을 바로잡고 싶다고 말했어요. 이제는 선생님 책을 사지 말라는 말인가요?

책을 읽되 선택은 자신이 해야 한다는 거죠. 제 책을 읽으면 딱 두 줄 남아요. "삶과 연애하라." 제 책에서 그것만 기억하면 된다고 생각해요. 자신의 인생을 살아가면 됩니다. 나머지는 다 버려도 돼요. 요즘 알프레트 아들러의 가르침을 담은 『미움 받을 용기』가 베스트셀러잖아요.

세계 정신분석학의 3대 거장으로 꼽히는 프로이트, 카를 융에 이어 아들러까지 주목받는 건 나쁘지 않지만, 좀 갑작스럽기는 하죠.

아닌 밤중에 홍두깨죠. 갑자기 정신분석학에 아들러밖에 없는 것처럼 난리들이죠. 인간은 한 축이 아니고 여러 축으로 되어 있어요. 프로이드가 말한 에고ego, 아들러가 말한 의지 모두 인간을 이루는 요소죠. 그런데 지금은 모두 아들러만 이야기하고 있어요.

아주 좁은 영역만 정상이라고 인정하는 한국의 편협한 사고방식이 여기서도 작동하고 있어요. 이제는 프로이트가 아니라 아들러가 정상이라고요.

제 최종적인 꿈이, 건강이 허락할지 모르지만, 한국의 민족성을 정신분석해보는 거예요. 가능할지는 모르겠네요. 정말 방대한 작업이라서요.

한국인의 집단 무의식을 분석해보겠다는 말이죠? 기자로서는 누군가 그런 작업을 해주길 학수고대하고 있죠. 한국 사회가 왜 이렇게 작동할 수밖에 없는지 원리를 이해하고 기사를 쓸 수 있을 테니까요.

원래 다음 책에서는 공포를 다루려고 했어요. 현대사회가 우리를 공포에 길들여지게 만들고, 그것을 통해 시스템을 유지하고, 물건을 파는 방식을 말해보고 싶었거든요. 이야기하다 보니 정상과 비정상도 다루어야겠다는 생각이 드네요.

요즘 젊은 세대 사이에서는 그 공포가 극대화되었다는 게 느껴져요. 주류 혹은 정상에서 낙오될지도 모른다는 공포. 그들 앞에서 세상에 정상과 비정상이라는 건 따로 없다고 말해도 소용이 없겠죠. 세상에는 정상이 있다는 공포에 길들여져 있으니까요.
읽고 쓰고 싶은 책이 아직도 많네요.

파킨슨병 이야기를 할 수밖에 없네요. 발병한 지 15년이 넘었잖아요. 앞으로 병세가 더 악화될 가능성이 높고요. 그런데도 그동안 여러 권의 베스트셀러를 쓰셨고, 앞으로의 시간도 그렇게 열정적으로 쓰려고 하고 있어요.
아프지 않았다면 인생과 세상을 못 느끼고 살았을 거예요. 사람은 잃어버려야 자신이 가졌던 게 얼마나 소중한지를 아는 어리석은 동물이거든요.

병이 없었다면 어땠을까요?
정신분석을 좀더 깊이 연구했을 거예요. 미국에 가서 정신분석가 자격증을 딴 뒤에, 소수의 환자를 데리고 깊게 분석하는 작업을 했겠죠. 후학도 양성하고요. 그런데 병 때문에 그 작업을 못하게 되었죠. 그 대신 대중에게 이야기하기 시작했던 것 같아요. 아프면서 더 많은 사람에게 말을 걸기 시작하고, 제가 알고 있는 것을 전달해주기 시작했어요. 하나의 꿈이 좌절되었을 때 다른 꿈이 시작된 거죠.

파킨슨병이라는 거, 고통스러운 거죠? 현실감이 없네요.
저도 이렇게 고통스러운 줄 몰랐어요. 그냥 움직이지 못하고, 동작이 느려지는 줄만 알았어요. 어떤 환자가 "선생님, 피와 살이 잠자리 날개처럼 떨려요"라고 했거든요. 그런데 저는 작년에 급격히 나빠지면서 누워서 다리를

1센티미터도 못 움직였어요. 누워 있기만 해도 꼬리뼈가 정말 아파서요. 그러면 엄마를 불러요. "이쪽 다리 1센티미터만 벌려줘. 안쪽으로 좀 돌려줘." 밤이 되면 식은땀이 얼마나 나는지 옷을 3~4번씩 갈아입어야 해요. 심장 박동수가 굉장히 약해져요. 자율 신경계에 영향을 주죠. 이렇게 사느니 그냥 뛰어내리고 싶을 정도예요.

그것을 견뎌낸다는 것은 상상을 못하겠네요.
남들은 제가 젊은이의 멘토라고 하더군요. 저는 뭐 아니라고 말하지만, 제가 죽으면 그들은 어떻게 해요. 책임감이 생겨버린 거죠. 제가 죽으면 그들에게도 충격이 클 거예요. 저마저 삶을 포기해버리면, 가뜩이나 힘든 상황에서 그들도 쉽게 좌절하겠죠. 우리 가족들은 물론이고요. 그렇게 저를 믿는 사람들을 생각하면서 버텨요. 그래도 약 먹으면 안 아픈 시간이 2시간은 지속되거든요. 약 먹고 효과가 있을 때까지 기다렸다가 빨리 밥이며 반찬이며 해놓아요. 산책도 하고요.

그 아까운 시간 동안 반찬을 왜 하세요?
먹어야죠. 세상에 먹는 것만큼 중요한 게 어디 있어요? 제주도에 혼자 내려가서 살 때 특히 그랬어요. 저만을 위한 요리를 하니까 굉장히 맛있는 걸 많이 했어요. 이제까지는 남들을 위한 투자만 해서인지, 저는 그 시간이 굉장히 좋았어요.

15년 전 처음 병을 알았을 때, 한 달 동안 천장만 보고 누워 있었다고 했잖아요. 모든 사람에게도 언젠간 그런 날이 오겠죠. 모두 아플 거고 죽을 테니까요. 사실 우리는 살면서 작은 실패만 겪어도 금세

PHOTOGRAPHY 권영탕

좌절해버리죠. 그런 절망에서 다시 털고 일어나는 의지는 어디에서 나오는 건가요?

제가 그때 딱 들었던 생각은 '내가 왜 이러고 있지?'였어요. 저에게 달라진 건 아무것도 없었어요. 단지 미래가 좀 불확실해지고 현재가 좀 불편해진 거였죠. 저는 그대로 김혜남인데, 저 자신을 잃지 않는 게 굉장히 중요했던 것 같아요. 어떤 상황이 저에게 닥쳐도 저는 그대로거든요. 불길에 뛰어들어도 저는 김혜남이고 천국에 가도 저는 김혜남이고 어느 악당 소굴에 들어가도 저는 김혜남인데, 왜 오지도 않는 미래를 당겨서 현재를 망치고 있을까?

갑자기 그런 생각이 드셨어요?

우울증 약을 먹으려는 순간이었어요. 너무 우울해서 아무것도 못하겠더군요. 프로작을 먹으려고 하는데 갑자기 그 생각이 떠올랐어요. 오늘 교통사고로 죽을 수도 있는 게 인생인데, 왜 오지도 않은 미래를 당겨서 현재의 나를 망치고 있을까? 그런 생각이 들면서 벌떡 일어나게 되더라고요.

우리는 늘 오지도 않은 미래를 위해 현재를 망치면서 살죠. 불확실한 미래에 대한 불안감이나 기대 때문에 현재의 아름다움과 기쁨을 끊임없이 유예해요. 그런데 선생님은 "지금 하지 않으면 나중에도 못한다"라고 했어요.

병 덕분에 제가 배운 것 중 하나예요.

병이 없었다면 정신과 의사 김혜남의 글은 딱딱한 논문이 아니었을까도 싶어요. 병을 경험하면서 자신의 인생에 더 솔직해진 것 같아요. 어머님께서 아픈 선생님을 보고 '꼬라지가 그게 뭐니'라고 말씀하셨다는 것을 듣고 깜짝 놀랐습니다. 이렇게까지 솔직할 수 있구나 하고요.
그거 쓰면서 '엄마가 이거 보고 상처 받으면 어떡하지'라는 생각을 했어요.
그래도 엄마는 강하니까 뭐 이 정도는 넘어갈 거라고도 생각했죠.

이혼을 결심했는데 큰아들 때문에 마음을 돌렸다고 했죠?
세상에 이혼 생각 안 해본 부부가 있을까요? 그때 어린 아들이 "가족은 돈 주고도 못 사는 거야"라고 하더라고요. 정작 아들은 기억도 못하지만요.

남편에 대한 사랑을 고백한 부분도 인상 깊었어요.
제가 남편을 굉장히 사랑해요. 항상 일만 하는 사람이었죠. 고려대학교 의과대학에서 동아리 연합회 회장을 했던 사람이거든요. 의대 6년을 혼자 아르바이트해서 졸업했고, 맨손으로 나누리병원을 일구어냈죠. 그러다 보니 가정에 쏟을 에너지가 남아 있지 않았죠.

그런데도 남편을 사랑한다고 하네요?
살아오고 보니, 제가 이 사람을 정말 사랑했더군요. 그래서 견디고 버틴 거죠. 그것을 깨달은 거예요.

미래가 있다는 것은 어떤 면에서는 불행한 것일 수도 있어요. 미래의 내 모습을 위해 현재의 진짜 내 모습을 감추고 연기하잖아요. 그런데 선생님은 병 때문에 미래에 현재를 저당 잡히지 않게 된 뒤부터, 진짜 인생을 살게 된 것 같아요.
병이 저를 겸손하게 만들었어요. 세상에 목숨 걸 만큼 중요한 것은 없다고 생각했어요.

사람들은 다른 사람들의 시선과 기준 때문에 병드는 것은 아닐까요?

사람들은 자신에게 중요하지 않은 사람을 중요하게 만들어버려요. 저는 늘 되묻죠. 중요한 사람이 아닌데 뭐하러 그 사람을 인생에서 중요한 사람으로 만드느냐. 제가 사실 욕쟁이거든요. 한마디 할 때도 제대로 해요.

타인의 시선에서 완전히 자유로워져도 문제 같던데요. 그때부터는 정말 내가 원하는 걸 해야 하는데, 내가 무엇을 원하는지 나도 모르거든요. 원래 욕망은 바깥에서 주입되는 거니까요.
너무 강박을 가질 필요 없어요. 오히려 그게 숨통을 조여요. 자의식이 아주 강해져서 자아실현을 해야 한다는 게 지상명령처럼 작동하게 되니까요. 자신이 좋아하는 걸 해야 한다는 강박에 좌충우돌하는 거죠. 사실 처음에는 좋았지만 싫어지는 일도 많잖아요. 정말 좋아하는 일을 하며 사는 사람이 몇이나 될까요? 세상에는 하기 싫어도 억지로 해야 하는 일이 많을 수도 있죠. 정말 중요한 것은 자기가 해야만 하는 일에서 의미를 창출하고 그것을 좋아하려고 애쓰는 겁니다. 지금 하는 일을 버리고 자신이 좋아하는 걸 찾아서 떠돌아다니면, 정말 구름 타고 방랑하는 것과 똑같거든요.

신기루를 좇는 삶이죠.
자신이 잘하게 되는 일이 분명히 있어요. 다른 것보다 잘하는 일……. 그게 아마 자신이 좋아하는 일인 줄도 모르죠.

재능이 있으면 그 일이 재미있죠.
그런데요, 재미있을 정도로 재능이 있는 사람들은 극소수거든요. 예전에 천재들이 모여 있는 집단에서 강의를 한 적이 있어요.

거기 회장이 고민을 이야기하더라고요. 딸은 천재인데 아들은 엄마를 닮아서 평범하고, 열등감 때문에 기가 죽어 있어서 자기가 그랬대요. "네가 빵을 만들어도 세계에서 제일 맛있는 빵을 만들고, 짜장면을 만들어도 세계에서 제일 맛있는 짜장면을 만들면 되지 않니." 그래서 제가 딱 쳐다보면서 말했어요. "왜 세계에서 제일 맛있는 빵을 만들어야 해요?"

어떤 의미죠?
자기가 만들 수 있는 빵을 만들고, 내일 빵을 오늘 빵보다 맛있게 만들고, 주변 사람들에게 나누어주면 된다는 거죠. 왜 꼭 1등이어야 하나요. 요즘 젊은 친구들을 보면 하여튼 뭐든 제일 잘해야 한다고 생각해요.

어떤 기준 이상을 올라가야 하고 아니면 낙오했다고 믿죠.
대학교 동기들을 보면, 학교 다닐 때는 고만고만했던 친구들이 세계적인 의사가 되어 있는 경우가 많아요. 오히려 상위권 친구들은 평범해졌어요. 창의성의 차이 같아요. 시키는 것만 해서 점수에 매달리는 친구들은 딱 그것만 구사하니까요.

정신과 의사도 결국 언어의 힘으로 사람을 치료하는 것 같습니다. 말 한마디가 우리 마음속에 들어와서 씨가 되니까요.
우리는 말을 극도로 자제해요. 45분 동안 몇 마디 안 해요. 주로 듣는 작업을 하죠.

정신과에서는 그런 말이 있다면서요. "말을 안 하는 것이 어떤 말보다 낫다."
맞아요. 계속 듣고 환자에 대해 충분히 알고 나서 환자에게 이럴지도 모른다는 가설을 제시해주는 거죠. 그 가설이 틀리면 고치는 거고요. 절대로 제 생각을 주입하면 안 돼요. 제 생각이 맞을지라도 환자가 받아들일 준비가

"세상에 문제없는 사람은 없어요. 죽은 사람만 문제가 없죠. 사람이 산다는 건 욕망과 욕망이 부딪치는 과정이거든요. 타인의 욕망과 나의 욕망."

"어떤 상황이 저에게 닥쳐도 저는 그대로거든요. 불길에 뛰어들어도 저는 김혜남이고 천국에 가도 저는 김혜남이고 어느 악당 소굴에 들어가도 저는 김혜남인데, 왜 오지도 않는 미래를 당겨서 현재를 망치고 있을까?"

안 되었다면 기다려야 하고요.

어떤 말을 할지 굉장히 신중하게 선택해야겠네요.

그러다 확신이 들 때가 있어요. 어떤 환자가 저에게 따진 적이 있었죠. "당신, 나 도와줄 수 있어요? 어려울 때 조언을 주고 도움을 줄 수 있어요? 과거 5년 동안 여러 치료자에게 치료를 받았어요. 그 사람들은 나에게 도움을 많이 주었어요." 자꾸 그렇게 물어보면 이 말이 목까지 튀어나와요. '그 사람이 그렇게 도움이 되었는데, 왜 나를 찾아왔어요?'

그 이야기를 하면 역전이가 되는 거죠.

그 순간 딱 떠오르는 게 '이 사람은 나를 화나게 만들고 있구나, 내가 자기를 도와줄 수 있을지 없을지 테스트하고 있구나'였어요. 첫 시간에 그 이야기를 하면 저와의 관계에만 포커스가 맞추어지거든요. 짧은 시간 내에 많은 생각이 들죠.

보이지 않는 전쟁이네요.

그때 제가 이렇게 말했어요. "당신이 어린 시절부터 지금까지 사는 동안, 아주 어렵고 힘든 상황이 닥쳐도 당신을 도와주는 사람이 없었겠어요. 그래서 당신은 평생 그런 사람을 찾아 헤매는지도 모르겠어요. 혹시 그런 사람이 있었어요?" 그랬더니 펑펑 울기 시작하면서 아무도 없었다고 하더군요. 자신이 어떻게 살아야 하고, 어떻게 공부를 해야 하고, 어떻게 대처해야 하는지 가르쳐주는 사람이 없었다는 걸 이야기하기 시작했죠.

소통이 된 거네요.

이 작업은 굉장히 인터랙티브interactive해요. 치료자의 마음속에서도 굉장히 많은 일이 일어나거든요. 저의 지식, 감정, 코멘트가 적당한지 순간적으로 판단해야 하죠.

우리는 보통 누군가 눈물을 흘리면 피해요. 그 슬픔 혹은 그렇게 무너져서 기대오는 인생을 감당하기가 어려우니까요. 심지어 화도 내죠. 그런 눈물을 마주하는 일이 많았을 텐데요. 벽이 허물어지는 눈물이요.
그것을 감당하려고 하니까 피하게 되죠. 그냥 옆에서 손 잡아주고 기다려주면 돼요. 그런데 어떻게 해주려고 하니까 부담되고 서로가 힘들어지는 거죠. 어차피 감정은 자기 자신이 해결해야 하는 거예요. 혼자가 아니라는 느낌만 주어도 누구나 스스로 해결할 수 있어요.

피하지 않으면, 거꾸로 개입하려고 들죠.
오히려 별 도움이 안 되는 경우가 많아요. 무엇을 해주려고 그러지 마세요. 우리가 해줄 수 있는 것은 없어요. 그냥 같이 있어주는 것뿐이죠.

모두 자신이 비정상이라며 울고 있어요. 현대사회는 책이든 강연이든 힐링이라는 처방을 마구 내려주죠. 심지어 자기계발서는 '네 안에 답이 있다'라고 해요. 스스로 분석하고 경영하고 계발하라고 다 그치죠.
그렇게 자기를 들여다보느라 정신이 없어져요. 심각한 문제예요. 절대 자기 안을 혼자 들여다보면 안 돼요. 분석을 혼자 하게 되면 길을 잃어버려요. 감정의 미로에 빠지게 되고 혼란스러워지거든요. 그래서 분석가가 필요한 겁니다. 길을 이미 알고 있는 사람이 뒤를 따라가면서 인도해야 해요. "지금 낭떠러지로 떨어지고 있어요. 낭떠러지인 거 알면서 왜 거기로 가요?" 라는 식으로 해석해주는 거죠. 환자가 스스로 생각하게끔요.

독자들이 선생님 책에서 위안을 받는 이유 같네요. 환자라고 진단해준 다음 스스로 해결하라고 내팽개치지도, 그렇다고 이쪽이 길이니까 따라오라면서 멘토링하지도 않으니까요. 그냥 따라가주고 폴로follow한달까요?
경험자가 초심자를 따라가며 자기가 가게끔 내버려두되, 결정적으로 위험한 곳으로 가면 이야기해주어야 해요. 과거에도 그랬는데, 지금 또 그러고 있다고요.

자기가 자기를 분석하면 왜 길을 잃게 되나요? 나만큼 나를 아는 사람도 없는데요.
자기감정으로 들어가면 감정에 압도당하니까요.

자신을 객관화할 수 있다는 것은 오만이라는 거군요.
프로이트 같은 거장이 아닌 이상은요. 프로이트는 자기분석을 통해서 정신분석학을 집대성했죠. 하지만 프로이트 혼자서 다 만든 것은 아니에요. 알고 보면 그리스 비극이나 셰익스피어의 희곡에 나오는 감정들이죠. 하물며 우리 같은 사람들이 자기분석을 하려고 하면 머리가 터져요.

이미 자기분석이 끝난 분 같은데요?
절대 아니에요.

자기계발서가 참 위험한 폭탄 같다는 생각이 드네요. 자신을 분해·해체한 다음 새로운 사람으로 재조립하라고 이야기하잖아요. 힐링은 환자를 양산하고 자기계발서는 셀프 해법을 제시하는 상술이요.

사람이 무슨 레고 조각인가요. 그런 책을 100권 읽었다고 그 사람이 변하나요? 3일은 변하죠. 그다음에 다시 원점으로 돌아가요. 자기 자신으로요.

평소에도 사람을 분석하게 되지 않나요?

절대로 안 해요. 퇴근할 때는 가운을 딱 벗어두고 와요. 집에 와서 제가 아이들을 분석하고 남편을 분석한다고 생각해보세요. 숨이 막혀서 못 살 거예요. 저 역시 한 여자, 한 엄마로 돌아와서 아들 때리고 욕하고 다른 엄마처럼 부대끼며 살아야죠. 아동 발달 과정을 연구한 스위스 심리학자인 장 피아제가 있어요. 자기 아이 4명을 관찰하면서 그 이론을 만들었는데, 아이들이 모두 정신분열증에 걸렸어요. 아이들은 같이 부대끼고 사랑해주어야 하는 존재이지, 관찰하고 분석해야 하는 존재가 아니에요.

오랫동안 말씀을 나누었어요. 몸이 불편하지는 않으세요?

괜찮아요. 오히려 이렇게 집중하면 덜 아파요. 지금까지는 아프다고는 해도 병명을 이야기하지는 못했어요. 환자를 보았기 때문이죠. 이제는 진료를 끝내서 환자를 볼 수 없게 되었죠. 환자를 지금 보면 무책임한 행동이니까요. 앞으로 5년 정도는 치료해야하는데, 5년 안에 제가 어떻게 될지 모르잖아요. 책임도 못 지는데 중간에 끝내게 되면 그 환자에게는 트라우마가 되겠죠.

한국 사회는 병을 외면하려는 경향이 있어요. 아프면 그대로 소수자 혹은 낙오자로 전락한다는 인식이 있거든요. 아프다고 고백했어요. 그게 말처럼 쉽지 않으리라는 걸 압니다.

못할 건 없다는 생각으로 했어요. 이번 책도 쓰겠다고 생각한 게 한 발짝이었거든요. 화장실에 가면서 '맞아, 이런 한 발짝에 대해서 써야겠다' 하고요. 그래서 처음에는 제목도 '한 발짝'으로 하려고 했어요.

글을 쓰는 것은 굉장히 고통스럽잖아요. 에너지도 많이 들고요.
제가 평상시에는 힘없이 이러고 다녀요. 그런데 책만 쓰면 사람이 달라진대요. 눈이 반짝반짝거리고 어딘가에 몰두하니까요. 제가 사람들하고 이야기하는 걸 참 좋아하거든요. 물론 이야기가 끝나면 쓰러지겠지만요.

그게 계속 마음에 걸립니다.
그 덕분에 좋아하는 거 하고 있으니 괜찮아요. 책 쓰는 건 보통 2개월 정도 걸려요. 준비 기간은 1년이고 쓰는 기간만요. 제가 쓰는 게 아니고 손가락이 막 움직여요. 제가 봐도 어디서 에너지가 나오는지 모르게 막 나오다가 딱 끝나면 다시는 책 안 쓴다고 그러죠. 그리고 또 쓰고요.

선생님의 책을 읽다 보면 즐겁다가도 결국 죽음을 연상하게 됩니다. 죽음의 그림자가 드리워져 있다는 걸 느껴요.
서가에 가장 많이 꽂혀 있는 것도 죽음에 대한 책이에요.

파킨슨병은 발병 15년이 고비라면서요. 지난 15년을 알뜰하게 쓰셨지만 이제는 지나갔죠. 책 말미에 버킷리스트를 쓰셨잖아요. 얼마나 시간이 남아 있을지 생각하면서요.
누구의 시간이든 다 지나가요. 병을 앓든 앓지 않든 지나가요. 앞으로도 지나갈 거예요.

"내가 죽는 날을 상상해본다. 내 옆에서 두려움에 벌벌 떠는 나의 손을 꼭 잡아주고 '사랑한다'고 속삭여줄 사람이 있다면, 그리고 내가 '사랑한다'고 말해줄 사람이 있다면." 이 말이 기억에 가장 많이 남습니다.

…….

인상 깊었던 것은 사랑이 아니라 "벌벌 떤다"라는 표현이었어요. 죽음은 아무리 성인군자라도 받아들이기 어렵죠. 사랑이 곁에 있다고 해도 두려운 것은 달라지지 않을 거예요. 벌벌 떨겠죠. 두렵지만 받아들이는 거죠. 사랑이 있다는 위로를 받으면서요.

저는 초등학교 때부터 죽음에 대해 굉장히 곰곰이 생각했어요. 어렸을 때 별명이 애늙은이였을 정도로요. 『제인 에어』는 20번도 더 읽고 『여자의 일생』, 『바람과 함께 사라지다』도 읽었죠. 제임스 조이스도요. 무슨 소리인지도 모르면서 그냥 읽어댔죠.

초등학생이 제임스 조이스를 읽었다고요?

어렸을 때 엄마가 저를 안고 모유를 먹여주지 못해서, 거의 손가락 빨고 살았어요. 그래서 그런지 굉장히 삶에 대한 고민이 많았어요. 사람은 왜 사는가? 당연히 죽고 싶은 유혹도 많았죠.

사실 죽음은 늘 곁에 있죠. 선택할 수 있는 대상이잖아요. 공포의 대상이면서 동시에 능동적으로 선택할 수 있는 매혹적인 대상이죠. 게다가 선생님은 일찍 친언니의 죽음을 경험했어요.

자살 사고가 심한 환자들은 어차피 죽을 거 뭐하러 이러고 사느냐고 물어요. 인생은 다 끝난 거 아니냐, 죽을 건데 지금 죽으나 그때 죽으나 마찬가지 아니냐고요. 저는 그래요. 맞다. 언젠가 죽는다. 그러니까 지금 잘살아야지. 언젠가 죽는데, 내일 죽을지 모레 죽을지 모르는데, 그럼 그동안 재미있게 살아야지.

사람들은 언제나 왜 사는지 궁금해합니다. 저 역시 인생의 가장 큰 화두는 '왜'였어요. 그런데 선생님과의 대화를 통해 깨달은 것은 '왜 사는지 이유가 과연 중요할까'예요. '왜'보다 중요한 것은 '어떻게'가 아닐까요? 어차피 '왜'는 수천 년 동안 인류가 풀지 못한 숙제인데요.

왜 사는지는 하느님 앞에 가서 따지고, 지금은 어떻게 살아야 하는지 생각해야죠.

이집트 신 이야기를 쓰셨잖아요. 얼마나 즐겁게 살았느냐로 천국에 갈지 지옥에 갈지 정한다고요. 선생님에게 가장 존경스러운 지점도 그것일 겁니다. 죽음의 신을 마주하고 왜 죽어야 하냐고 묻기보다는, 그래서 어떻게 살아야 하는지 고민하기 시작했다는 거요. 지금 죽음이 예전보다 훨씬 가까워진 상태인데도, 여전히 어떻게 살지 고민하고 있고요.

그럼요. 죽는 순간까지 주변 사람들에게 짐이 덜 되어야죠. 어차피 나중에 짐이 될 게 뻔하거든요.

결국 치매가 오나요?

알츠하이머병 같은 치매는 안 와요. 책은 못 쓰겠지만 그렇다고 똥오줌 못 가릴 정도는 아니에요. 파킨슨병의 증상을 어떤 미국 다큐멘터리에서 잘 비유했더라고요. 온몸을 밧줄로 꽁꽁 묶어놓고 움직이고 걸으라고 하는 것과 똑같대요. 자기 안에 갇히는 거죠. 그렇게 되면 구술해서 책을 쓸 거예요. 딸에게 받아 적으라고 해야죠.

사람은 자신의 시간이 무한하다고 느끼면 왜 살아야 하는지 궁금해하는 것 같아요. 그런데 자신의 시간이 유한하다는 걸 느끼면, 어떻게 살아야 하는지 궁금해하는 것 같습니다.

그런 죽음을 가장 잘 표현한 책이 레프 톨스토이의 『이반 일리치의 죽음』이죠. 어떻게 죽어야 하는지……. 죽음을 앞둔 가족들은 어떻게 해야 하는지…….

톨스토이는 길바닥에서 죽었네요.
남편도 부부 싸움을 할 때 저에게 그래요. "당신이 쓴 책을 좀 읽어봐." 그렇게 좋은 말은 다 써놓고 왜 현실에서는 이러느냐고요. 제가 뭐라고 대답하는 줄 아세요? "이 사람아, 현실에서 내가 그랬으면 책은 안 썼지. 현실에서는 못 그러니까 그러고 싶어서 책을 쓴 거지." 우문현답이고 현문현답이죠. 저는 오늘도 그렇게 살아요.

PROFLLE

서울에서 태어났다. 고려대학교 의과대학을 졸업하고, 국립서울병원에서 정신분석 전문의로 12년 동안 일했다. 김혜남 신경정신과의원을 열고 환자를 돌보았다. 2001년 파킨슨병 진단을 받았고, 2014년 1월 파킨슨병이 악화되어 병원 문을 닫고 치료에 전념하고 있다. 저서로 『오늘 내가 사는 게 재미있는 이유』, 『어른으로 산다는 것』, 『심리학이 서른살에게 답하다』, 『서른살이 심리학에게 묻다』, 『나는 정말 너를 사랑하는 걸까?』 등이 있다. 이제까지 120만 권 이상의 책이 팔린 베스트셀러 작가이자, 대한민국 30대의 멘토로 불린다.

글이란 무엇인가?

주진우

:

니는

진실을

쓴다

고종석

:

나는

절필했다

주진우
나는 진실을 쓴다

이번에는 무죄 나오기가 쉽지 않을 줄 알았어요. 항소심은 증거를 놓고 법리를 다툰다기보다는 검찰에 의한 정치 재판의 성격이 강했잖아요.

저도 그랬어요. 제가 박지만이 살인 사건에 연루되었다는 의혹을 제기했잖아요. 무죄가 나오면 박지만이 굉장히 곤란해지는 상황일 수밖에요. 그러니 어떻게든 유죄를 만들겠구나 하는 생각을 했어요.

유죄가 나왔다면요?

그래도 억울해하지는 말자고 생각했어요. 저는 현장에서 진짜 억울한 사람들을 보잖아요. 법 없이도 살 수 있는 사람들이 법 때문에 괴로워하는 상황을 보았으니까요. 아직 시대가 어두우니까 제가 잡혀간다고 해도 그럴 수 있다고요.

언론에 보도된 사진들만 보면 전혀 그런 기색이 없던데요? 김어준 총수와 함께 찍은 사진을 보면 감옥에 갈 각오를 한 사람의 표정이 아니에요.

위급할수록 여유를 가져야 한다고 하더군요. 솔직히 여유라기보다는 허세였지만……. 좀 당당해 보이고 싶었어요. 잘못이 없는데도 구속 당하고 처벌 받는다는 이유만으로 주눅이 든 모습을 보이고 싶지 않았어요.

무죄 판결과 그런 태도와 표정이 시대의 상징이 된 측면이 있어요. 시대는 어둡지만 비겁하지 않는 언론인이 아직 있다는 것을 단적으로 보여주었습니다.

저는 그런 상징이 되기보다는 그냥 취재 기자이고 싶었어요. 어차피 저에게 이런 일이 닥쳤다면 피하지 않고 당당하게 가겠다고 생각했죠.

완전히 당당해 보이던데요.

우리 모두가 좀 당당했으면 싶어요. 솔직히 저는 다른 사람에 비하면 덜 억울해요. 미르네바는 골방에서 혼자 글 쓰던 사람이잖아요. 세상 밖으로 끌려나와서 처벌 받았죠. 유모차 끌고 쇠고기 협상 반대 시위에 참가한 엄마들은 그저 아이한테 좋은 것 먹이고 싶어서 나왔는데 도로교통법 위반으로 범법자가 되었잖아요. 거기에 비하면 저는 박근혜 대통령이나 권력에 비아냥거리고 욕도 하고 떠들기도 했잖아요.

기자가 소신껏 기사를 쓰는 것도 용기가 필요한 세상입니다.

기자가 사실을 사실대로 쓰는 것도 용기가 필요하고 판사가 법대로 판단하는 것도 용기가 필요한 세상이니, 뭐가 좀 잘못되었죠. 그런데 저는 세상이 그렇지 않아도 된다고 생각해요. 『주기자: 주진우의 정통시사활극』에서도 말하고자 한 것은 태도였어요. 세상이 그렇다고들 하지만 굽신거리고 살지 않아도 된다고요. 제가 뭐 잘나고 똑똑하고 그래서 당당한 게 아니에요. 그냥 내 멋대로 사는데 그래도 괜찮더라.

두 번째 책인 『주기자의 사법활극』도 같은 내용인 셈이네요. 어느 날 갑자기 검사에게서 전화를 받더라도 기죽지 말고 당당하라!

막상 억울한 일을 당하면 주눅부터 들어요. 원래 세상은 이런 거라고 여기니까요. 당당해도 좋다고 말해주고 싶어요.

박근혜 대통령이나 박지만의 권력 이면을 취재한다는 것은 그 내용이 무엇이든 위험한 일 아닌가요. 살아 있는 권력이니까요?

그들은 지금 권력의 정점에 있죠. 박근혜 정권은 이명박 정권과는 또 달라요. 사람을 믿지 못하고, 권력 핵심이 굉장히 좁아요. 그래서 공포가 더 커요. 박근혜 정권은 공직 사회에 공포라는 독가스를 주입하는 것 같아요. 관가(官家)가 다 얼어붙어서 공포가 매우 커요. 일본 『산케이신문』의 가토 다쓰야 지국장을 고소한 것도 실익이 없지만 공포를 극대화하는 효과는 있었죠.

주진우 기자를 수갑 채우고 1심과 2심까지 끌고 다닌 것도 마찬가지죠. 박근혜 정권이 공포를 조장하게 된 건 『시사IN』에서도 지적했듯이 공식 라인과 비선 라인이 따로 구축되어 있기 때문이잖아요. 책임 지는 사람과 실행하는 사람이 다르고 실세와 비선이 다르기 때문에 누구 말을 믿어야 할지 모르기 때문이죠. 그 비선이라는 사람들, 그러니까 정윤회가 구축해놓은 라인이 아니면 말이 통하지 않아요. 저는 처음부터 굉장히 깊숙하게 취재해왔어요. 제가 누구를 만났고 무엇을 물었고 그래서 정윤회를 이렇게 따라다녔고 박지만을 이 디까지 따라다녔는지까지요. 그래서 박근혜 대통령이 직접 저를 고소했던 거죠. 2012년 대선 직전예요. 박지만은 6건을 고소했고요.

법으로 발목을 잡는 거군요.
제가 그들을 어떻게 위협했는지 저도 잘 알아요. 2012년 10월 정수장학회 기자회견 때 질문을 했잖아요. 제가 질문하면서 설전이 벌어졌는데, 기자회견이 끝나고 10분 정도 있다가 다시 기자회견을 열었어요. 그게 박근혜에게 어떤 트라우마를 주었는지 혹은 얼마나 기분이 나빴는지는 몰라도 2012년 12월 대선 이후로 저는 굉장히 괴로워졌거든요. 특히 검찰은 저를 잡으면 자신들이 출세한다는 것을 알아요. 우리의 정의로운 검사들이 저를 잡으려고 그렇게 노력했어요. 서류를 이만큼 세 덩어리씩 쌓아놓고 저를 몰아치는데 정말 집요해요.

취재 기자의 손발을 묶어서 더는 취재망이 좁혀오지 못하게 만드는 거네요.

아직도 20여 건의 재판이 남아 있어요. 이 모든 전투에서 이겨야 살아남아요. 퍼펙트 게임을 해야 하는 투수 같아요. 상대편은 한 번만 이기면 되는 거고요.

주진우는 한국 언론 자유의 어떤 상징적인 존재가 되었습니다. 『뉴욕타임스』가 2015년 1월 17일자 기사에서 항소심 무죄 판결을 꽤 비중 있게 다루었습니다. 이번 재판이 좀 거창하게 말하자면 한국 언론 자유의 척도가 되었다는 말이죠. 또 그런 상징성이 줄소송을 이겨내는 방패가 될 것 같은데요.

취재 기자들이 현장의 맨 앞에서 보고 관찰하고 사실을 전해주고 권력을 비판하고 그래야 하잖아요. 권력을 비판하는 기자들이 라인을 지켜야 하는데, 라인에서 다 도망가버린 거죠. 그렇게 다들 뒤로 도망가버렸는데 어느 순간 저만 이렇게 서 있는 거예요. 저는 그저 제 자리에서 열심히 돌을 던져야겠다고 생각하고 있었거든요. 기자 준비를 열심히 한 것도 아니고 똑똑한 것도 아니고 남들에 비해 전문지식이 있는 것도 아닙니다.

대한민국 대표 기자가 되려고 했던 게 아니다?

그저 무슨 사건이 있을 때 약자들과 서민들과 우리 국민들 옆에 서 있는 기자가 되겠다는 생각 정도였어요. 강자보다는 약자 편에 서겠다는 거였죠. 제가 아무리 편을 들어주어도 그 약자들은 이기지 못해요. 그 대신 작은 위안이나마 되겠다, 같이 돌을 맞겠다고 생각한 거죠.

'나꼼수 현상'은 기존 언론에서 기대할 게 없다고 느끼는 대중이 새로운 대안 언론에 열광했던 거였죠. 기존 언론에 대한 불신이 낳은 기현상인가요?

지하 골방에서 방송하는 이상한 사람들에게 모두 열광했던 거죠. 지금은 거의 다 꺼졌지만……

기자가 아니면 무엇을 하려고 했나요?

저는 제가 사람 구실을 못하고 살 줄 알았어요. 클럽 DJ나 축구 전문기자나 축구평론가가 되려고 했던 것도 남들처럼 평탄하게 살지 못할 바에야 이 사회에 암적인 존재는 되지 말자고 생각했어요. 남들에게 즐거움이라도 주자고 생각해서 그런 직업을 선택하려고 했죠. 그러다가 조금씩 가치 있는 일에 대해서 생각하게 된 거죠.

왜 그렇게 생각했죠?

약자 편에 서야 한다는 것은 어렸을 때부터 갖고 있던 기질이었어요. 그런 기질이 기자를 하면서 조금 커졌고 사회에 기여를 해야겠다는 생각 때문에 사회부 기자로 돌아서게 된 것 같아요.

기자 할 생각도 없었던 기자였고 기자 같지도 않은 기자가 지금은 대한민국에서 가장 기자다운 기자로 불리고 있습니다. 거창한 정의감에서 출발한 사람들은 금방 지치거나 도태됩니다. 앞과 옆과 뒤에 기자들이 아무도 없는 것은 그래서일 거예요. 그들도 시작할 때는 마음가짐이 달랐겠죠.

원래부터 기자를 오래 하고 싶은 생각은 없었어요. 기자를 하는 동안에 편파적으로라도 약자 편을 들고 일부러 나서서라도 권력에 돌을 던지겠다고 생각했어요. 그동안만큼은 제대로 하고 싶다는 생각이에요. 시대가 왜곡되고 뒤틀릴수록 기자의 역할이 꼭 필요하거든요. 이 자리에 있는 동안에는 그 역할을 지키자는 생각뿐이에요.

어쩌다 종교나 조폭 취재에 뛰어들게 된 겁니까? 사실 종교나 조폭 취재는 자리뿐만 아니라 목숨도 걸고 하는 거잖아요.

종교가 정치나 사회에 미치는 영향력은 예전보다는 다소 줄었다고 볼 수 있어요. 제가 처음 종교 취재를 시작했던 1990년대 말이나 2000년대 초만 해도 사람들이 종말론을 믿고 집단 자살하고 그랬거든요. 종교가 사회에 미치는 해악이 정말 컸죠. 방송국까지 난입할 정도였으니까요. 기자들이 종교 기사는 안 쓰려고 했어요. 소송만 걸리니까요. 저는 잘하는 게 없잖아요. 제가 해야겠다 싶어서 종교를 취재했어요. 거의 모든 사이비 종교 집단과 한 번씩은 붙었죠.

기자는 자기만의 취재 영역을 개발해야 살아남으니까요. 그런데 그러기에 고달픈 영역 아닌가요? 기사 써도 시사 주간지는 일주일이면 잊히잖아요. 소송은 오래가고…….

소송은 2년 가죠. 사실 조직 내부에서도 저 때문에 우리 회사가 망하겠다는 소리도 많이 들었어요. 기자, 편집장, 사장 다 같이 소송을 거니까요. 사장이 편집장에게 이게 뭐냐고 하면 금방 해결하겠다고 말은 하는데, 금방 해결은 절대 안 되죠.

종교나 조폭 취재를 계속한 이유가 뭐죠? 처음에야 아무도 안 하니까 했다지만 나중에는 아무도 안 하는 이유를 알았으니 그만해도 되었을 텐데요.

그때는 반골 기질이 워낙 강해서요. 저놈들이 이렇게 언론과 국민을 괴롭혀? 제가 기사를 끝까지 써서 소송을 막아버리겠다는 생각까지 했어요. 솔직히 못 막죠. 또 소송이 걸리죠. 한 곳에서만 7~8건씩 걸려요. 그 사람들은 큰 로펌을 사요. 경찰과 검찰도 모두 저쪽 편이에요. 저한테 사건의 모든 내용을 증명하라고 그래요. 암매장 사건인데 포클레인 사서 제가 땅을 파야 해요. 싸움이 안 되죠. 결국 질질 끌려다녀요. 겨우겨우 이거도 무죄예요.

원래 무죄였는데 결국 무죄군요.
아무것도 남는 것은 없죠. '저들이 법을 이용해서 국민을 이렇게 괴롭히는구나. 힘 있는 놈들과 돈 있는 놈들과 권력 있는 놈들이 돈을 이용해서 우리를 괴롭히는구나.' 그때 더 잘 알게 되었죠.

상대하는 권력 조직의 크기가 점점 커지고 있습니다. 처음에는 종교와 조폭이었다가 그다음에는 삼성 같은 재벌이었다가 이제는 죽은 권력을 넘어 살아 있는 권력까지 다루고 있습니다. 크든 작든 권력으로 약자를 지배하는 사회적 병폐에 대한 고발인가요?
처음에는 아무도 안 다루려고 해서 다룬 거예요. 그런데 보니까 삼성에 대해서도 아무도 다루지 않더군요. 1993년 프랑크푸르트 선언 이후에 이건희 회장은 천재라고 칭송을 받았는데 정말 천재일까요? 기자들이 삼성에 대해서 칭송만 하고 비판을 못하길래 제가 해야겠다 싶었어요. 삼성 전문 기자가 되었어요. 그다음 권력기관들도 마찬가지예요. 이명박 대통령에 대해서도 누구나 비판은 했지만, 정말 성역까지는 가지 않으려고 하는 게 눈에 보였어요.

사회의 거악巨惡을 다루는 '거악 전문 기자'가 된 것은 결국 남들이 안 해서군요.
저는 언론이 제자리로 오면 두말 안 하고 다른 일을 하고 싶어요. 저도 좀 살아야죠. 우리 가족이나 주변 사람들이 싸그리 초토화되었어요. 저하고 친한 사람들이나 친한 경찰들이나 국정원 사람들은 모두 좌천되었어요. 고통스럽죠. 제가 정면으로 붙으면 주변 사람들이 불이익을 보니까요.

요즘 언론은 자기 검열 상태에 빠져 있다고 하죠. 알아서 긴다는 이야기인데요.

기자가 스스로 권력을 떠받치는 사람으로 생각하는 경향마저 있어요. 스스로 권력기관의 일원으로 여기는 거죠. 방송국에서 앵커하다가 청와대 대변인으로 직행하는 경우마저 있으니까요.

약한 언론은 자기 검열을 하고 강한 언론은 스스로 권력의 일부가 되려고 하고…….

진짜 언론인의 자존심이라고는 털끝만큼도 없죠. 『조선일보』가 이야기하는 것을 듣고 있으면 아예 권력에 훈수를 두고 가르치려고 합니다. 자기 검열을 넘어 언론이 권력의 하부 구조로 끌려 들어가버렸다는 게 보여요.

언론도 하나의 계급이 되었고 메이저 매체의 기자는 하나의 신분이된 지 오래예요. 주류라고 해서 계급적 문제의식이 없다고 단언할수는 없지만, 자기가 속한 사회에 대해서 깊은 의문을 갖기 어려운것도 사실이죠.

어차피 사는 게 이렇고 승자가 독식하고 가진 자가 다 먹는 거예요. 억울하면 위로 올라오라고 하죠. 그런데 승자독식사회에 길들여진 언론은 그것을 지적해주지 않아요.

승자독식경쟁에서 승리해서 언론인이 되었는데, 그 체제가 잘못되었다고 말할 리가 없죠. 그들이 자신의 신분에 반해서 권력을 비판하는 데 앞장설 거라고 기대하기는 무리잖아요.

그런 언론이 다음 세대까지 망치고 있다는 겁니다. 청년들이 자신을 좀더 중시하고 자신의 가치를 높게 평가할 수 있게 해주어야 하는데 자꾸 주눅이 들게 만드는 거죠. 꿈을 말살하고 조직의 하부 구성원이 되는 걸 꿈꾸게 만드는 겁니다. 정말 안타까워요.

애국소년 같았습니다.
저는 애국자예요.

팟캐스트 〈애국소년단〉의 애국소년 1호는 주진우, 2호는 김제동!
정부나 권력에 쓴소리를 한다고 해서 빨갱이로 모는 것은 잘못되었어요. 저는 그 어떤 정치인보다 이 나라를 사랑해요. 우리 사회에 보탬이 되려고 애쓰는 사람이에요. 말 그대로 '애국소년'이라고요.

이명박 대통령의 회고록은 어떻게 보아야 합니까? 주진우 기자에게 기사를 쓰라고 판을 깔아준 것 같던데요. 사실 이명박 정권은 죽은 권력이잖아요. 그마큼 기사 가치도 떨어질 수밖에요. 그런데 회고록이 나오면서 다시 논란이 되고 있습니다.
이명박의 『대통령의 시간』이 『주기자의 사법활극』보다 잘 팔리는 것 같아서 제가 꼭 맞대응하려고 생각하고 있죠.

이명박 대통령은 자신의 가치관 안에서는 한 치의 잘못도 없습니다. 문제는 이 사람이 믿고 있는 가치관에 동의하는 사람도 적지 않다는 겁니다. 그 가치관이 권력은 쥐는 자가 임자이고 권력을 쥔 자는 부를 얻는 게 당연하다는 거죠. 대단히 속물적 가치관이죠. 동시에 한국 사회의 일부를 차지해온 보수적 가치관인 것도 맞아요.
저는 이명박의 이면을 취재하려고 한 10번 정도 비행기를 탄 것 같아요. 2014년에는 결정적인 증거도 입수했죠. 미국에 가서 카리브해 조세피난처에 정통한 변호사를 샀어요. 또 조세와 금융에 정통한 탐정도 고용했고요.

제가 가져온 정보를 놓고 카지노에서 갬블하듯이 판돈을 건 거죠. 제가 여기까지 찾았는데 확인해주면 이거 다 줄게. 그런데 거기서 실패했어요.

탐정이 그다지 정통하지 않았던 건가요?

그것은 아니고, 다른 데로 옮겨간 것 같아요. 어리숙한 저에게 그렇게 쉽게 걸려들지는 않겠죠. 이명박이 대선 후보가 되고 나서 소망교회를 3~4개월 정도 다닌 적이 있어요. 소망교회 앞에 있는 커피숍에서 주변 사람들과 성경 공부를 하는 척하면서 이명박에 대해 물어보았어요. '예수 믿으면 천당 간다. 불신하면 지옥 간다. 예수를 열심히 믿어서 자기는 부자가 되었다.' 그게 그 사람들의 소망인 거죠. 그들은 욕망의 집합체이고, 욕망으로 이루어진 이권동맹이 공고해요. 이명박 주변은 4대강 덕분에 엄청나게 잘 먹고 잘살 겁니다. 자원 외교는 1달러짜리를 1조 원에 산 식인데, 그것은 사기를 당한 게 아니죠.

서로 나누어먹은 거죠.

이명박 주변의 이권동맹체들은 이명박을 성군으로 알아요. 박근혜 정부에서도 이명박에 대해서는 아무 이야기도 못하고 있는 게 그래서죠. 그 이권 고리를 끊어내야 한국 사회가 앞으로 갈 수 있어요. 저 같은 일개 기자는 힘이 별로 없죠. 계속해서 틈이 생기라고 정으로 찍고 돌을 던지고 그러는데 균열이 생겨서 이명박이 불려나오기에는 박근혜 정부가 아주 공고해요.

이명박이라는 존재를 주축으로 하는 전형적인 강남 이권 카르텔의 가치관을 깨야 합니다. 시장 안에서 사리사욕을 채우는 게 공동체 전체를 붕괴시킬 수도 있다는 것을 모르고 있으니까요.

나만 잘살면 된다. 나만 안 걸리면 된다. 이런 가치관이죠.

나만 잘살면 된다는 사람들이 모여 있으면 모두 잘살게 된다는 이상한 논리의 정점에 이명박이 있으니까요.

욕망의 불덩어리 한가운데에 있는 게 이명박인 것 같아요. 황금이 지배하는 사회의 정점에 이명박이 있어요. 욕망으로는 돈은 벌 수 있지만, 널리 사람을 복되게 할 수는 없어요. 자기도 잘살고 남도 잘살면 그 사람은 사업가죠. 이명박은 자기 잇속만 채웠어요. 이제는 권력 중심부까지 컨트롤하고 있어요. 자신은 정치도 모르고 경제만 안다고 주장하지만, 그것도 굉장히 정치적인 이야기거든요. 흔히 김대중이나 김영삼을 정치 9단이라고 하잖아요. 노무현은 8단 정도겠고요. 이명박은 정치적으로 국민들을 현혹해서 나라를 여기까지 끌고 왔어요. 지금도 자신은 잘못한 게 없는데 진보 진영이 자신을 못살게 군다고 하죠. 박근혜 대통령이 계속 헛발질을 하니까 회고록이라는 이름으로 현실 정치에 개입하고 있죠.

이명박은 BBK 스캔들이 있었지만, 대선에서 승리했습니다. 권력기관과 언론뿐만 아니라 국민이 이명박을 정치적으로 사면해준 것이나 다름없습니다.

국민들은 이명박이 사람은 좀 나쁠지 모르지만 경제는 살려줄 수 있는 인물로 본 거죠. 나를 배불려줄 수 있다면 아무래도 상관없다고요.

국민의 황금만능주의적 선택이 지금 한국 경제가 재정 적자와 가계 부채 같은 구조적 왜곡 현상에 시달리게 만든 것 아닙니까?

국민들이 잘살게 한다? 무슨 그런 걸 합니까? 서울의 은평뉴타운을 했잖아요. 그곳에서 가장 큰 땅을 갖고 있는 집안이 이씨 집안이에요. 서울 도곡동에서 내곡동까지 이명박 집안 사람들이 아주 많이 땅을 사들이길래 제가 찾아보니까 내곡동 사저를 찾은 거고요. 철도 민영화는 왜 하는지 아세요? 땅을 파면 돈을 벌고 강을 파도 돈을 벌어요. 권력을 잡자마자 매쿼리라는 검은 머리 외국인 금융사를 데려와서 돈 벌 궁리부터 했어요. 자원 외교를 하면서도 그랬어요. 조사만 해보면 간단해요. 저한테 조사권을 주면 일주일 안에 밝혀낼 수 있어요. 왜 조사를 안 하는지 아세요? 권력이 무서워서 그래요.

박근혜 정권은 또 다릅니다. 이명박은 시장적 보수 정권이라면 박근혜 정권은 안보적 수구 정권이죠. 권위주의 시대에 대한 향수에 기반한 정권이죠. 그 시절의 가치관에 기반한 정치를 할 수밖에 없겠죠. 황금만능주의 정부에 이어 권력만능주의 정권이 들어선 셈이죠. 박근혜는 대통령이 된 것만으로 자기 소임을 다한 걸로 생각하는 것 같아요. 아버지의 한풀이를 하는 것 같달까요. 그러고는 자신의 권위를 세우기 위해 청와대에서 한 발짝도 움직이지 않는 것 같아요.

박근혜 정부가 가장 예민하게 생각하는 게 대통령 지지율이잖아요. 결국 대통령의 위신 혹은 권위죠. 지지율이 떨어지니까 갑자기 정책이 오락가락하죠.

지금은 호떡집에 불난 것처럼 움직이지만, 사실 박근혜 대통령은 지지율에 별로 신경 쓰지 않는 것 같아요. 자기 옷차림 말고는 뭐에 신경 쓰는지 잘 모르겠어요. 국민을 생각하고 있다기보다는 권력 기반 유지에만 관심이 있죠. 박근혜 대통령을 만났을 때도 대화가 왔다 갔다 하면서 소통이 된다고 생각해본 적이 별로 없었거든요. 자기 생각대로만 말해요. 무엇을 제대로 알고 있나 하는 생각이 들 정도였어요. 그런 성향은 대통령이 되고 난 후부터

주진우 ★ 나는 진실을 쓴다

82

PHOTOGRAPHY 권영탕

강해졌다고 봐요.

이명박 정권에서는 권력형 비리가 문제이고, 박근혜 정권에서는 비정상적인 권력 남용이 문제일 텐데요.

권력이 더 이상하게 운용되고 있어요. 일단 청와대와 내각이 일을 안 해요. 퇴근하면 사람은 안 만나고 친위부대가 쓴 보고서만 읽어요. 아침이면 그 보고서를 토대로 비서진과 내각에 지시를 하죠. 그러면 '적자생존'이 벌어지죠. 적기만 하지 내용에도 관심이 없고 실행도 안 해요. 읽는 게 끝이에요. 대화도 없어요. 공무원들은 괜히 말이 나올까봐 조용히 있어요. 아무도 일을 안 합니다.

대통령이 정치를 방치하면 측근들이 권력을 남용할 수밖에 없는데요. 정윤회니 문고리 삼인방이니 십상시니 하는 이야기가 그런 경우잖아요.

비정상적으로 권력을 유지하고 권위를 세우려고 하기 때문에 터져나오는 거죠. 그런 문제가 터지자마자 대통령은 절대 아니라고 선을 그었죠. 권위로 대응한 겁니다. 앞으로도 그런 권위주의적인 태도에서 벗어나지 못할 겁니다.

이명박 정권이든 박근혜 정권이든 논리로 설득할 수가 없습니다. 아무리 소통을 강조해도 소용없죠. 사실로 깨야 합니다. 2015년 2월에 『한겨레』에서 자원 외교에 관한 기사를 연재했잖아요. 거기서 밝혀진 사실들이 어떤 이명박 정권에 대한 논리적 비판보다도 강력했다고 봐요.

그게 어렵죠. 돈이 얼마나 손해를 보았고 자원 외교로 국고가 얼마나 탕진되었다는 것을 알아요. 여기까지는 아는데 이 사람들이 돈을 얼마나 가져갔느냐는 것은 몰라요. 저도 이것 때문에 굉장히 열심히 쫓아다니고 있어요.

주진우 기자에게 세상의 이목이 집중되어 있는 이유 같습니다. 뭔가를 밝혀내주기를 기다리는 거죠. 그것을 밝혀내지 못하게 하려고 한쪽에서는 잡아넣으려고 하는 거겠고요.

제가 못하면 다른 사람이 할 겁니다. 또 양심 있는 사람들의 결정적인 제보나 증거가 사회를 조금씩 앞으로 진전시키죠. 그런데 이 이권동맹은 정말 견고해요. 이명박이 이 시대를 공고하게 만들어놓았죠. 이명박 주변 사람 중에 돈을 받기는 했는데 조금 적게 받은 사람이 있어요. 그래서 더 받는 사람에게 빈정이 상해 있죠.

그게 약점일 텐데요.

상대적으로 적지만, 그 받은 사람도 꽤 많이 받았어요. 그래서 공을 들이고 있는데 잘 안 되네요. 돈과 이권의 카르텔이라는 게 촘촘하거든요. 돈을 주고받으면서 이권은 나누고 동시에 공범이 된 거라서요.

삼성이 임원들을 중심으로 비자금을 숨겼던 과거 행태와 비슷하네요.

그 비자금 그룹의 일원이 되면 출세했다고 느끼기 때문에 더 입을 안 열죠.

초인적인 친화력이 필요한 걸까요? 예전에 누나 전문 기자라고 불렸잖아요. 〈나는 꼼수다〉에서 에리카 김과의 통화는 지금도 기억에 남습니다.

운 좋게도 큰 기사를 많이 썼잖아요. 제가 기사를 써서 BBK 특검이 열렸죠. 서울 내곡동 사저 특검도 열렸고요. 중앙선거관리위원회 디도스 공격에서 삼성 김용철 특검까지, 모두 네 차례의 특검이 열렸어요. 그때마다 결정적인 취재원들이 있었죠. 에리카 김도 그렇고 김용철 변호사도 그렇고 노무현 대통령의 친형인 노건평도 그랬죠.

사람들이 주진우 기자에게 입을 여는 이유는 무얼까요?
제가 그들을 위해 뭔가를 해주거나 하지는 않아요. 그냥 사건을 냉정하고 진실되게 다가가요. 제가 유병언을 인터뷰할 뻔했어요. 인터뷰는 불발되었지만, 유언장 같은 걸 써서 저에게 주었어요. 제가 유병언에 대해 좋은 이야기를 했던 건 아니에요. '당신은 잘못을 했고 당신을 만나면 비난할 것이다. 하지만 당신이 말하고 싶은 다른 부분에 대해서는 이야기를 하자.' 그것이 그 사람들에게 설득력 있게 들린 것 같아요.

그들의 이야기를 진실되게 기사화할 것이라는 믿음을 주었다는 게 중요하겠죠.
저는 적과도 이야기를 하는 편이에요. BBK 검사들하고는 아직도 안부를 물을 정도로 잘 지내요. 최재경 검사가 인천지검장으로 있을 때 유병언 수사를 했잖아요. 서로 정보도 교환하고 그랬어요. 저하고 이야기해보면 다른 것은 몰라도 제가 거짓말은 안 하고 뒤통수를 치는 사람은 아니라고 알아요.

기자에게는 수사권이 없습니다. 그런데도 수사기관보다 실체적 진실에 빨리 접근할 수 있는 것은 말을 들어주는 태도에 달린 것 같아요. 사람은 자기 이야기를 들어주는 사람한테는 계속 이야기하고 싶어 하는 이상한 본능이 있잖아요.
권력자들도 있잖아요. 특히 권력자인데 사고친 사람들은 정말 자기 이야기를 하고 싶어 해요. "내 말 좀 들어봐." 그 사람들이 가장 많이 하는 말이에요. 그 이야기를 잘 듣고 다른 각도에서 물어보면 또 한참 이야기해요. 이것이야말로 사건 기자에게 꼭 필요한 태도죠.

특종을 정말 많이 했잖아요. 그런데 특종은 반드시 사상자가 나오는 것 같아요. 잘못한 사람이야 다칠 수도 있겠죠. 피해자도 다쳐요. 심지어 기사를 쓴 기자도 다칠 수 있어요. 그래서 사실과 진실은 피를 통해서만 드러나는 법 같습니다. 우리는 말끝마다 사실과 진실을 원한다고 말하지만 그 대가가 얼마나 큰지는 간과하죠.

제가 큰 기사를 쓸수록 저에게 오는 반향이 있잖아요. 아무리 기사를 잘 써도 뒷말이 나오거나 저를 괴롭혀요. 특별히 사상자가 많이 나오는 경우는 진짜 괴롭죠. 그때 고민을 많이 해요. 기사가 나가면 이 사람은 구속된다는 것을 알아요. 구속이 되는 게 맞고요. 제가 손 잡고 이야기도 다 들어주었는데, 이 사람이 감옥에 가면 얼마나 안타깝겠어요.

사실 기사를 안 쓰면 아무 일도 없는 거잖아요. 그냥 좋은 게 좋은 거지 하면서 못 본 척 넘어가면 되잖아요. 기사를 쓰는 순간 누군가는 잡혀들어가고 세상은 뒤집어지고 기자는 괴롭거나 외롭고……

나경원 의원 남편인 김재호 판사가 박은정 검사에게 기소 청탁을 한 일을 기사화한 적이 있어요. 박은정 검사가 그 이야기를 기사로 쓰라고 했는데 제가 오히려 말렸어요. 굉장한 일이었고 이것이 알려지면 국가와 사회를 위해서도 보탬이 되는 것은 맞아요. 그 대신 박은정 검사 혼자서 짊어져야 할 짐이 굉장히 무겁습니다. 검찰 조직 안에서 외톨이가 되어야 하니까요. 혼자 밥 먹고 혼자 견뎌야 하니까요. 그 고통이 무엇인지 저도 아니까 기사를 쓰고 싶지 않았어요.

그렇게까지 이야기했는데도 박은정 검사가 계속 써달라고 했군요.

진짜 검사예요. 제가 기사를 쓰면서도 굉장히 괴로웠거든요. 박은정 검사가 당하는 것을 보고 미안하기도 했고요.

박은정 검사는 왜 양심선언을 했을까요? 그런데도 왜 그것을 기사로 써야 했을까요?
양심이죠. 시대가 이렇게 가서는 안 된다고 생각했던 거죠. 우리 모두 양심의 목소리를 따른 거죠.

기자는 사실과 진실을 드러내는 도구 같아요. 그것도 미약한 도구. 그 도구가 제대로 쓰이려면 사실과 진실을 말하고 싶은 사람들의 양심적 의지가 개입되어야 하죠.
언제부터 이 나라가 잘못된 방향으로 가고 있고 그것에 제동을 걸어주어야 한다고 믿는 깨어 있는 시민들의 목소리가 사라지고 있어요. 우리 사회가 건강하지 않다는 증거죠. 침묵하고 권력과 돈에 붙어서 잘 먹고 잘살면 된다고 생각해요. 독재정권 시절에도 진실을 외치는 사람들은 있었어요.

기자가 할 일을 제대로 못하게 된다는 뜻이고, 사회가 퇴행하는 징후죠. 우리는 경제가 퇴행할 수 있다는 것을 이제야 경험하기 시작했어요. 동시에 민주주의도 퇴행하고 있다는 것을 경험하고 있죠. 지금처럼 극심한 민주주의 퇴행기에는 사실과 진실을 밝히는 소수의 기자가 더 중요해지는 것 같아요. 역설적으로 그런 몇몇 기자에게만 양심적 역할을 떠맡기는 측면도 있고요.
다른 사람들은 제가 007이나 제이슨 본 같은 슈퍼 스파이가 되기를 원하고 저도 그랬으면 좋겠는데, 사실 저는 아무런 능력도 없거든요.

기자들이 할 수 있는 것은 물어보는 것밖에 없는데요.

요즘은 이렇게 이야기해주는 사람도 별로 없어요. 제보하는 내용은 대부분 자기 억울한 것들이에요.

예전보다 양심적 인사이더들이 줄어들었다는 말이죠?

제가 엄격하게 감시당하고 있기 때문에 저한테는 이야기하려고 안 하는 걸 수도 있겠죠. 유명해지고 영향력이 좀 생겼을지 모르지만, 그 대신 아무도 저하고 이야기하려고 안 해요.

몇 년 전에 〈나는 꼼수다〉 오프라인 집회가 서울 여의도공원에서 열린 적이 있었어요. 추운 날이었는데 여의도공원이 가득 찰 정도로 많은 사람이 모였습니다. 수만 명이 모였죠. 저는 정말 당황했어요. 골방에서 이야기를 했을 뿐인데……. 권력은 아무것도 아니야, 쫄지 말고 우리처럼 앞에 나와! 그렇게 이야기했을 뿐인데 그게 영향력을 갖게 된 거잖아요. 그때 사람들이 자발적으로 털어주고 간 돈이 3억 원이 넘었어요. 그런 영향력을 갖는다는 것은 굉장히 두려운 일이기도 했어요. 이것을 바르게 써야 한다는 생각을 했어요. 우리가 무너지면 사람들의 바람도 같이 무너진다는 것을 알았으니까요. 지금도 두려워요. 그때 시작된 싸움은 계속되고 있으니까요.

그날 '나꼼수 집회'는 주진우의 인생에도 굉장히 중요한 전환점이 되었을 것 같습니다. 이제는 평범한 일개 기자일 수 없다는…….

그때 그렇게 되었죠. 작은 소수 매체의 탐사 기자에서 그것을 넘어서는 영향력과 역할이 생긴 셈이었으니까요.

왜 그때 『시사N』을 그만두지 않았나요. 보통 그 정도라면 주진우라는 브랜드로 1인 미디어를 할 수 있었을 텐데요. 모르긴 몰라도 투자하겠다는 사람도 있

"어느 순간 저만 이렇게 서 있는 거예요. 저는 그저 제 자리에서 열심히 돌을 던져야겠다고 생각하고 있었거든요."

"언제부터 이 나라가 잘못된 방향으로 가고 있고 그것에 제동을 걸어주어야 한다고 믿는 깨어 있는 시민들의 목소리가 사라지고 있어요. 우리 사회가 건강하지 않다는 증거죠. 침묵하고 권력과 돈에 붙어서 잘 먹고 잘살면 된다고 생각해요."

었을 텐데요.

저는 기자로서 그냥 『시사IN』에서 제가 할 수 있는 만큼 하다가 기자 주진우로 남고 싶어요. 제 능력이 그렇게 되지는 않는 것 같아요. 저는 일개 탐사기자로 사회를 위해 조금이라도 보탬이 되는 노력을 했던 기자로 남고 싶어요. 남 쫓아다니고 조사하는 일에 장점을 보일 수 있는 정도 수준인 것 같아요. 제 기사를 쓰면서 제 기자 경력을 마감하고 싶어요.

정봉주 의원이 수감된 원인은 '나꼼수'의 영향력에서 찾아야 할 텐데요.
똑같은 이야기를 한 박근혜는 대통령이 되었고, 박영선은 그냥 의원이 되었고, 아무런 혐의도 묻지 않았어요. 오직 정봉주만 BBK가 이명박 것이라고 이야기해서 구속되었어요. '나꼼수'가 영향력을 갖지 않았으면 절대 감옥에 가지 않았을 거예요. 2012년 대선 때 자신들을 가장 괴롭혔다고 생각하기 때문에 아직도 저는 괴롭힘을 받고 있거든요.

이미 내려올 수 없는 호랑이등에 올라탄 거죠.
저는 제 식으로 잘 살아남을 거고 즐겁고 당당하게 그래서 잡혀들어가더라도 당당함을 보여줄 겁니다. 그 생각은 했어요. 그때 집에 있는 사람들에게 정확하게 이야기하지는 않았지만, 이제 나이가 이 정도 되면 누가 없을 수도 있고 죽을 수도 있다. 내가 없어도 당당하게 너의 삶을 살아야 한다.

다른 기자들은 주진우를 싫어한다고 했습니다.
저는 자만일지는 모르지만, 부끄러워서 오히려 미워하는 것도 있다고 생각해요. 저는 제가 출세나 명예나 부귀영화를 위해서 그렇게 하지 않았거든요.

기자 사회의 비겁한 이면이죠. 누군가 특종을 하면 기자들이 다들 하는 말이

있잖아요. '저거 나도 알았는데 안 썼어!' 그 말투 안에 꼬여 있는 열패감과 자괴감 같은 게 있거든요. 기자들은 동업자이면서 동시에 경쟁자니까요.

박근혜 정부 들어와서 처음 구속된 사람이 박근혜 5촌 조카였잖아요. 친인척 비리로 첫 번째로 구속된 사람이에요. 대통령을 등에 업고 사기를 친 건데, 제가 기사를 썼는데 아무데도 안 받아주는 거예요. 반면 노건평이나 민경찬에 대해 기사를 썼을 때는 『조선일보』와 『중앙일보』와 『동아일보』에서 제 기사를 갖다가 그대로 썼어요. 동종업계 사람들이지만, 이거 너무하다고 생각했어요.

지금까지 굉장히 많은 사실을 밝혀냈어요. 그런 사실들이 세상을 조금이라도 바꾸었을까요? 진실이 세상을 바꿀 수 있을까요? 거창한 질문인데 기자에게는 가장 중요한 질문인 거 같습니다.
사실이 세상을 바꾼다고 믿어요. 아무리 갈지자로 가더라도 방향은 틀어놓을 수 있고, 그 흐름을 조금 바꿀 수는 있다고 믿어요. 그런데 잘 안 바뀌어요. 쉽지 않아요. 사실을 보도해도 권력과 정치인들의 대응을 보면 자괴감이 들죠. 다만 사실 보도가 시민들을 약간씩 깨우고 시민들의 시선을 돌릴 수는 있다고 생각해요.

위키리크스 설립자 줄리언 어산지를 인터뷰했잖아요? 그에게 질문했던 것처럼 똑같은 질문을 던지고 싶었어요. "진실을 드러내는 사람은 왜 모두 불행해질까요?"
그것은 인터뷰가 끝나고 둘이서 나눈 이야기였어요. 왜 모두 이렇게 불행할까? 미국 전쟁 범죄를 폭로한 브래들리 매닝은 종신형을 선고받았죠. NSA 불법 감청을 폭로한 에드워드 스노든은

러시아로 망명했죠.

줄리언 어산지는 에콰도르 대사관으로 피신해서 2년 넘게 살았죠.
줄리언 어산지가 "너는 몇 년째 재판을 받고 있잖아" 하더라고요. 그렇게
들 자조적으로 이야기하지만 그래도 그런 희생과 노력이 조금이나마 세상
을 밝아지게 한다는 믿음이 있으니까 다들 이런 미친 짓을 계속하고 있는
거겠죠.

진실이 정말 세상을 밝아지게 하기는 하는 걸까요? 진실의 폭로에서 시작된
아랍의 봄은 중동에 민주주의를 가져오기는커녕 무정부 상태의 혼란만 남겼어
요. 과연 진실이 무엇을 위한 것이었느냐는 질문을 던지게 됩니다. 사실만으로는
세상이 정의로워지기 어렵죠.
오히려 퇴행해버릴 때도 있죠. 그래도 역사의 물줄기는 희망적으로 도도히
흐른다고 믿어요. 어둠이 깊을수록 새벽이 오고 있다는 믿음이 있어요.

기자의 역할은 거기까지일 수도 있겠어요. 민주당에서도 주진우 기자가 BBK
기사만 안 썼어도 정동영 대선 캠프가 BBK에 목숨 걸지는 않았을 거라는 이
야기가 있었죠. 진실이 정치적 결과를 바꾸지 못했다는 자괴감 때문에 나온 말
이었죠.
제가 드러낸 사실과 진실은 특정한 정치 세력을 위한 게 아니에요. 진실을
믿고 역사의 물줄기가 흘러가리라고 믿는 거죠.

사실과 진실은 스스로 존재하는 것이지 누군가에게 이용되기 위해 존재하는
게 아니니까요. 한편으로 눈 앞에 있는 사실이 진실이냐를 좇는 게 기자의 사
명일 수도 있겠네요.
누구의 행위에 대해 평가하거나 이 사건이 어떤 방향으로 흘러가거나 이 사

건을 어떻게 정의하라거나 하는 질문에는 답할 재주나 능력도 없어요. 다만 '사실fact'은 이것이라는 것을 보여줄 수가 있어요. 제가 확인한 사실만 전할 뿐이지 그 이상은 제 몫이 아니에요.

멋있게 살고 싶다는 말을 자주 했잖아요. 외모의 멋이든 내면의 멋이든 멋은 생각보다 중요해요. 그것은 명예라고 바꿔 말할 수도 있죠. 명예의 값어치가 비싼 나라는 불명예를 부끄럽게 여기기 때문에 정의로워져요.
한국에서는 정의를 위해 싸우기가 어려워요. 명예가 없는 사람과 싸우는 것은 정말 어렵거든요.

여러모로 상징일 수 있겠네요. 멋쟁이 주진우 기자가 멋없는 사람들과 멋지게 싸우는 거니까요.
그런 구도는 좋습니다. 진보는 무조건 검소하고 멋이 없어야 한다는 선입견도 싫거든요. 멋있는 것을 추구하는 게 진보거든요. 세상은 그런 거니까 굴종하고 사는 것만큼 멋없는 것도 없죠. 그런데 애국 같은 멋있는 가치를 진보가 빼앗기고 있는 것 같아서 안타까워요.

애국 이야기를 하려고 〈애국소년단〉을 만든 거잖아요?
김제동은 연예인이잖아요. 물론 한쪽에서 정파적이고 정치적이라고 이야기하는데, 본질은 그냥 연예인이고 이야기꾼이에요. 김제동의 생각을 들다 보면 우리 국민들 생각하고 다르지 않아요. 평범하고 상식적이에요. 그래서 이 이야기를 좀더 들려주면 좋겠다 싶었어요. 사실 애국, 국가, 민족, 인권 같은 이야기를 하는 사람들이 실제로는 그런 가치들은 안중에 없거든요. 자기 잇

속만 챙기려고 하죠. 우리가 진짜 애국을 이야기해보자는 공감대에서 출발했어요. 그런데 제가 언제 구속될지 몰라서 불안해했죠.

2심에서는 무죄가 되었으니까 〈애국소년단〉은 계속되겠죠?
당분간은 할 겁니다. 큰 재미를 추구하지도 않고 이슈를 추구하지도 않아요. 저는 풀어놓을 보따리가 많이 있어요. 하지만 〈애국소년단〉에서는 이슈를 주도하거나 재미를 추구하거나 그렇지는 않으려고요. 그냥 담담하고 조용하게 할 겁니다. 그래야 많은 분이 듣고 나중에 진짜 뭔가를 할 수 있잖아요. 이것이 다음카카오와 함께하는 방송이거든요. 카카오스토리로도 하니까 할아버지와 할머니도 들을 수 있는 거죠. 이런 흐름을 만들어내려고 열심히 하고 있어요.

주진우라는 기자에게는 두 가지 측면이 있잖아요. 하나는 탐사보도라고 하는 기자 본업이고, 하나는 '나꼼수'로 구축된 대중적 이미지죠. 대중적 이미지를 별로 안 쓰니 이것을 언제 다시 끄집어내서 활용할지 모두 궁금해하는 거죠.
〈애국소년단〉은 그냥 전초전이에요. 사람 사는 이야기를 상식적으로 해보자는 정도죠. 상식을 갖고 국민들과 공감대를 나누고 싶어요. '나꼼수'는 너무 정치 쪽으로 갔고 과격했고 그래서 영향력은 있었으나 한쪽에 매몰된 측면도 있었죠. 저쪽 편에서 상당한 비난을 했죠. 〈애국소년단〉은 잔잔하게 넓게 가려고 해요.

에이브럼 놈 촘스키를 인터뷰한 적이 있죠?
두 번 했어요. 지금 연로해서 이야기를 나눌 수 있을 시간이 얼마나 있을지는 모르겠어요. 그래서 틈 날 때마다 좀 가보고 그러려고 해요.

인터뷰에서 이런 글을 읽었어요. "역사는 똑바로 진보하지 않을 수도 있다." 퇴행 국면이 오더라도 견뎌내야 한다는 거겠죠. 지금 한국은 굉장한 퇴행기에 접어들고 있는데요.

위기죠. 견뎌내야 하는 시기고요.

장기적 보수 국면으로 접어드는 것은 아닌지 우려됩니다.

2016년 총선과 2017년 대선이 제대로 치러지지 않으면 우리도 일본처럼 보수의 장기 집권 체제로 접어드는 것을 바라만 볼 수밖에 없을 거예요. 힘과 권력이 모두 한쪽으로 쏠려 있어요. 과거만 지향하는 권위적인 시대의 사람들에게 잡혀 있기 때문에 오래 견뎌내야 해요. 어렵더라도 묵묵히 자기 길을 가고 자기 진지를 구축해서 힘을 모아야 하는 시기는 맞는 것 같습니다. 굉장히 고통스러운 시간이 될 거예요. 일그러진 언론이 고통스럽게 이 구도를 확대재생산하게 될 거예요.

정치뿐만 아니라 경제와 사회와 언론이 모두 퇴행하는 장기 보수 국면인 거죠.

국민은 천재이면서 바보이기도 해요. 바보 같은 선택도 많이 해요. 그래도 우리 국민은 진짜 역사의 어려움이 닥치면 바른 판단을 했어요. 우리 국민을 더 믿어보려고요.

사실 20세기에만 해도 정부의 실력이 지금 정부의 절반에도 못 미쳤던 것 같아요. 그래서 혁명도 용인하고 변화도 용인했죠. 지금은 정부의 통치술이 굉장히 늘었어요.

권력자들이 정말 국민을 잘 다루어요. 언론 다루는 것만 보아도 그래요. 이쪽은 이렇게 영리하게 잘하는데 반대편에서는 아무런 대응도 못 하고 있잖아요. 민주당이 있는지 없는지도 다들 모르죠.

동시에 언론의 권력 감시 기능도 반비례로 쇠퇴했어요. 한국뿐만 아니라 전 세계적으로 나타나는 현상이죠.

이명박 정권과 박근혜 정권은 언론 정치를 정말 잘해요. 그때그때의 잔전술과 잔전략으로 잘도 모면해나가죠. 그래도 큰 흐름에서는 진실이 이기리라고 봐요. 그렇게 안 믿으면 못 살아요. 도망가야 하니까요.

원래 사실과 진실에는 이름표가 없잖아요. 누가 써도 상관없죠. 그런데 주진우표 사실과 진실은 무엇을 써도 신뢰감이 드는 게 사실입니다. 동시에 주진우가 쓰면 무엇을 써도 싫다는 사람도 있겠죠. 기자의 존재감이 사실과 진실에 선입견을 만들고 왜곡하는 현상이 생겼달까요?

저는 사실을 다루는 일에는 굉장히 치열한 편이에요. 저쪽 진영에서도 제가 쓰는 것에 대해서는 맞겠다고 그래요. 청와대나 새누리당에서도 "주 기자님이 확인하셨으니 그것은 맞겠죠"라고 종종 말해요. 저는 기외 소송을 당하니까 증명할 수 있는 부분까지만 써요.

그만큼 역정보에 빠질 위험도 높아질 것 같아요. 기자를 이용하려고 하거나 함정에 빠뜨리려고 할 때 취재원들이 역정보를 흘리는 경우가 있는데요.

제가 굉장히 사실을 많이 따져요. 제가 쓰는 기사가 시간을 다투는 게 아니거든요. 남들처럼 단독이나 특종에 욕심이 있는 것도 아니고요. 저는 어떤 사안에 대해서 단편이 아니라 하나의 꾸러미를 보여주려고 하기 때문에 최대한 검증을 하죠.

기자가 역정보에 빠지기 쉬울 때는 시간에 쫓길 때죠.

역정보에 노출될 위험이 높기 때문에 더 조심하죠. 칼날 위에 서 있으니까 조금만 삐끗해도 지금까지 쌓아온 게 다 무너질 테니까요. 말도 지금보다 조심해야 하는데……. 역정보에 당할까봐 요즘은 일도 잘 안 해요.

그러면 안 되죠. 다들 주진우 기자만 바라보고 있는데요.

아니요. 다른 능력 있고 실력 있는 언론인이 많잖아요. 손석희, 이상호 같은 분들이 있어요. 저는 그분들에 비하면 일개 기자일 뿐입니다. 정말이에요.

PROFLLE

성균관대학교 국어국문학과를 졸업했다. 2002년 『시사저널』에서 본격적인 탐사보도 기자 생활을 시작했다. 이학수 삼성그룹 부회장에 대한 기사가 회사 측의 요구로 빠지면서 촉발된 '시사저널 파업' 사태로 2007년 7월 『시사저널』을 떠났고, 그로 인해 『시사IN』이 창간되면서 창립 멤버로 합류했다. 2011년 팟캐스트 〈나는 꼼수다〉를 통해 스타 기자로 주목받았다. 이명박 대통령과 관련된 각종 의혹을 제기했고, 박근혜 대통령 5촌 살인 사건 의혹을 제기했다는 이유로 검찰에 기소되었다. 2014년 10월 국민참여재판으로 진행된 1심과 2015년 1월 열린 2심에서 각각 무죄가 선고되었다. 저서로 『주기자의 사법활극』, 『주기자』 등이 있다.

고종석
나는 절필했다

절필했지만 뭔가 자꾸 쓰고 싶지는 않은가요?

그 대신 트위터를 열심히 하잖아요.

생계무책인데, 모시는 분께서는 별 말씀이 없나요?

아직까지 쌀독을 비우게 하지는 않았으니까요.

트위터가 그렇게 재미있으십니까? 강금실 전 장관이 이제는 작작 좀 하라고 했다면서요.

강금실 장관이 권해서 트위터를 시작했죠. 한동안은 정말 트위터 중독이었어요.

절필하고서도 트위터는 계속하는 것은 대중과 소통하고 싶어서일까요?

트위터는 저에게 글이라기보다는 말입니다. 절필 약속은 지키고 있는 셈이죠. 트위터에서도 떠드는 것보다는 듣는 것을 좋아합니다. 사람들의 생각에서 참 많이 배워요.

트위터 덕분에 모두 논객이 된 것만 같습니다. 모두의 미디어가 된 셈이죠. 미디어는 잘못 사용하면 흉기가 됩니다. 모두 미디어를 제대로 쓸 줄 아는 것은 아닌데요.

글쓰기의 민주화일 텐데요. 트위터를 하면서 그 부작용을 자주 목격합니다. 사람은 집단을 이룰 때 폭력성을 드러내요. 트위터는 그 폭력성이 언어폭력으로 나타나는 경로죠.

그런데도 여전히 트위터에서 놀고 계신 게 이상하다는 겁니다.

저 역시 늘 그런 집단적 폭력성이 두렵습니다. 제가 좌파가 못 된 이유죠. 호세 오르테가 이 가세트도 『대중의 반란』에서 그런 대중의 양면성을 다루었죠.

트위터는 좌절된 욕망의 배수구라고 트윗한 적이 있죠. 어쩌면 트위터가 그렇게 좌절을 언어폭력으로 배설하게 해주어서 거꾸로 진짜 변화를 지체시킨다는 생각도 듭니다.

어떤 면에서는 홍위병 같죠. 한국은 현재 사이버 문화혁명을 겪고 있어요. 어쩌면 다들 자유에서 도피를 하고 있죠. 집단성 뒤에 숨으면 편하니까요.

집단지성이라는 게 있을까요?

없어요. 집단은 생각을 못합니다. 집단은 개인에게 부화뇌동할 뿐입니다.

여론 조작도 가능하겠네요.

그렇죠.

선생님은 부화뇌동하며 조작되는 군중의 집단성을 비판해왔습니다. 좌든 우든 진보든 보수든 어느 쪽에도 속하길 거부해왔죠. 그 덕분에 대중적 폭력의 대상이 된 적도 많습니다.

평생 독립된 개인으로 살고 싶었는데, 고립된 개인이 된 걸까요?

두려움은 있어도 주저하지는 않습니다. 제 기질이 그런 두려움을 압도해버리니까요. 저는 어떤 진영의 이익을 대변하는 마이크가 아니라고 생각합니다. 그 결과로 사방에 적만 생기고 친구를 얻지 못한다고 해도 그것을 제 운명으로 받아들입니다.

여기가 고종석만의 고립된 공간인가요?
여기서 잘 때도 많아요. 집에는 일주일에 한 번씩이나 가죠.

모시는 분이 뭐라고 안 하십니까? 트위터의 프로필 사진도 안주인 사진 같던데요.
아닌데요. 그 사진은 제 젊을 적 사진입니다.

정말요?
저도 20대 때는 그렇게 머리도 길고 예뻤답니다. 가끔 그 사진을 보고 여자 사진인 줄 아는 사람이 있던데…….

프로필 사진을 보면서 선생님은 고립되어 있어도 세상과 이어주는 끈 같은 분이 곁에 있다는 상상을 했는데 잘못 짚었네요.
모시는 분은 제가 쓰는 글에 관심이 없어요. 잘 읽지도 않죠. 아이들도 그렇고요.

수십 권의 책을 냈고, 수많은 칼럼을 썼습니다. 가장 아름다운 한국어 글쓰기를 하는 저널리스트라는 평가까지 얻었죠. 그런데 가족들은 안 읽는다고요?
쓰기는 많이 썼죠. 30년 넘게 글을 썼네요. 하지만 그 글들은 누군가 읽어주기를 바랐다기보다는 그저 호구지책이었을 뿐입니다. 더는 글을 쓸 소재가 없어지고 동어반복을 한다는 생각이 들어서 절필했을 뿐이고요.

『신성동맹과 함께 살기』에서 이렇게 썼습니다. "다시 보고 싶지 않은 글들을 솎아내며 이 글들을 골라 모으고 있자니, 문득 가슴이 울렁거린다. 지금보다 조금은 젊은 내가 그때보다 조금은 늙은 내게 말을 걸어오는 듯해서 다." 글은 언젠가는 글쓴이에게 회귀합니다. 나도 세상도 바뀌었는 데 글은 그대로죠. 돌아온 글은 글쓴이에게는 업보입니다.

저는 정반대입니다. 지난 글들을 훑어보다가 쑥스럽고 창피한 생각이 들 때도 있긴 하지만, 그것은 제 생각이 바뀌어서 그런 것 은 아닙니다. 글 됨됨이가 만족스럽지 않아서 그런 거죠. 20대 이 후 제 생각과 제 글의 메시지는 상당한 동질성을 유지해왔던 것 같습니다.

더는 글로 세상을 읽어낼 필요가 없어졌다는 말처럼 들립니다. 고종 석의 생각이 그대로라서가 아니라 한국 사회가 정체되어버렸기 때 문에 더 쓸 일이 없어진 거죠. 절필한 진짜 이유가 아닐까 짐작했습 니다.

한국 민주주의 시스템이 한계에 부딪힌 것은 맞습니다. 대통령 한 명으로 세상을 바꿀 수 없게 되었죠. 선거에 기대할 게 없어졌 어요. 젊은 세대는 앞선 세대의 볼모가 되었죠. 혁명적 변화는 불 가능한 사회가 되었습니다.

그런데도 감히 희망을 파는 사람들이 있잖아요. 아프니까 청춘이라 며 희망으로 콘서트를 열죠. 정반대로 분노와 좌절을 외치는 사람들 도 있고요.

저는 그런 식의 선동적인 글쓰기와는 안 맞습니다. 제 글은 이성 에 호소하지 감성에 호소하지 않아요.

요즘은 이성에 기반한 척 감성에 호소하는 걸 업으로 하는 이른바 엔 터테인먼트 논객의 시대 같습니다. 고종석이야말로 원조 논객인데요.

PHOTOGRAPHY 박남규

요즘은 사이버 공간에서 정치 글을 쓰는 사람들도 논객이라고 부르더군요. 저 자신은 논객이라고 생각해본 적은 없어요. 정치 글을 쓰기는 하지만 그 글들이 뾰족하거나 과격하거나 비장하지는 않죠. 논객이라는 말에는 어떤 지사志士의 이미지가 있는데 그런 지사적 글쓰기는 저와 맞지 않아요.

선생님의 글이 선동적일 수 없는 것은 자기 자신에 대한 의심이 있기 때문일까요?
선동성은 자기 확신에서 나오니까요. 유시민의 글이 그렇죠. 저는 모든 것을 의심합니다.

한국 사회는 진영 논리가 강합니다. 타협하면 편이 생기고 편해집니다.
제가 이 길을 가기 시작한 건 노무현 정권에 대한 실망 때문일 겁니다. 노무현 대통령은 당선 뒤 지지자들을 갈기갈기 찢어놓았고, 지지자들의 이익에 어긋나는 정책을 많이 시행했습니다. 그때도 노무현 대통령이 극우 세력들에게서 부당하게 비판받고 있다고 생각할 때는 늘 그분 편에 섰습니다. 그분이 돌아가신 뒤에 그분의 죽음 덕에 다시 뭉치게 된 소위 친노는 노무현 대통령보다도 경망스럽고 과격하고 파당적이었어요. 정치를 도박으로 생각하는 사람들이 친노입니다. 정치가 도박이 되면 보는 재미는 있겠지만, 죽어나는 건 일반 국민들뿐이죠. 그래서 저는 그분들을 지지할 수가 없어요.

한때 촛불이 정치판을 흔들어놓았습니다. 이명박 정권 때의 재현일까요? 그전과는 좀 다를까요? 촛불은 깨어 있는 걸까요? 광장에서 정치가 가능할까요?

앞으로의 촛불은 많이 다를 것 같은데요. 시민들의 호응도 뜨뜻미지근한 거 같고요. 정상적인 정치라면 광장이 아니라 의회에서 이루어지겠죠.

'깨시민'들이 화를 내겠는데요.
깨시민이라는 말도 한국 사회를 진영 논리로 재단하려는 사람들을 비판하려다 보니 쓰게 되었습니다. 깨시민은 깨어 있는 시민이 아니라 자신이 깨어 있다고 착각하는 사람들이죠.

사실 대중이 듣고 싶어 하는 것은 논리와 비논리를 떠난 속시원한 공격 같은 걸 겁니다. 그런 대중을 신뢰하나요?
아니오, 저는 대중을 신뢰하지 않아요. 저는 뿌리까지 자유주의자이지만 제가 뿌리까지 민주주의자인지는 잘 모르겠어요. 처칠이 이야기했듯이 민주주의는 지금까지 인류가 발명해낸 정치 제도 가운데 가장 덜 나쁜 거니까 민주주의자가 되도록 노력은 해야겠지요. 확실한 것은 제가 지지하지는 않았지만 이명박 대통령도 독재자는 아니었고 박근혜 대통령도 독재자는 아니라는 겁니다. 이명박 대통령은 그저 부패한 정치인이었을 뿐입니다. 박근혜 대통령은 아직 잘 모르겠고요.

독자를 신뢰하지 않으면서 독자를 향해 글을 쓴다는 것은 무엇일까요? 선생님의 생각과 주장과 글은 누구를 위하고 향한 겁니까?
대개는 소수자를 옹호하고 소수자를 배척·탄압하는 다수자에게 비판의 화살을 겨누죠. 소수자란 크게 보면 경제적 약자나 여성을 포함하는 거고 좀더 좁혀서 말하면 사상적 이단자, 장애인, 동성애자, 비혼자, 이주노동자, 혼혈인 같은 사람들을 가리킵니다.

역시 불신에서 출발하는 듯합니다. 대중이든, 이념이든, 정치인이든, 정당이든,

세력이든, 조직이든, 인간이든 믿지 않습니다. 그 대신 믿으려고 애를 쓰죠.

저는 회의주의자입니다. 그렇지만 믿으려고 애를 쓸 때도 있어요. 회의하는 마음은 황폐한 마음이니까요.

글이 세상을 바꿀 수 있다고 믿으십니까?

그런 시절이 있었죠. 루소나 백과전서파의 글들이 프랑스혁명을 풀무질했고 마르크스의 글들이 러시아혁명을 풀무질한 것은 사실이니까요. 두 혁명에서 보듯이 글보다는 그 당시 그 공간의 특별한 사정이 혁명을 일으키게 만든 거죠. 글이 세상을 바꾸는 데 완전히 무력無力하다고 할 수야 없겠지만, 그 힘은 아주 미약합니다. 세상을 바꾸는 것은 글이 아니라 직접적인 정치죠. 그 정치에 글이 보조 역할을 할 수는 있겠지만요. 토머스 페인의 『상식』이 미국 독립혁명의 원인이 되었다는 해석도 있지만 마찬가지로 보조 역할이었다고 봅니다.

글의 무력함을 절감하면서 글을 쓴다는 것은 무력한 일입니다.

제가 계속 글을 쓴 유일한 이유가 '먹고사니즘'일 수밖에 없었던 거죠.

『먼 북소리』에서 무라카미 하루키는 이렇게 썼습니다. "글을 쓰지 않고는 견딜 수 없을 만큼 몸이 바짝바짝 타오르는 때가 있다."

저는 글을 써오면서도 그런 경험을 해본 적이 없어요. 앞으로도 그런 경험을 할 것 같지는 않고요. 그냥 일로써 글을 써온 거죠. 그래도 세상일은 모르죠. 정말 글을 쓰고 싶어 몸이 바짝바짝 타오른다면 다시 쓸지도 모르죠.

마지막 책이 소설이 되었네요.

그것은 우연일 뿐이죠. 『해피 패밀리』 원고는 꽤 일찍 탈고되어 출판사로 넘어갔는데, 출판사의 작업 일정 때문에 그렇게 된 거죠. 사실 문학동네와는 10년 만에 약속을 지킨 겁니다.

사회비평서가 세상을 분해한다면, 소설은 세상을 재조립하는 과정 같습니다.

그렇게 설명할 수도 있겠네요. 저는 소설 읽는 걸 좋아하지 않아요. 사회과학책이나 인문학책들이 소설보다도 흥미로운 이야기인 것 같아요. 소설 같은 구체성이 결여되어 있지만, 상상력을 더 자극하죠. 저에게는 소설 쓰기의 재능은 없는 것 같아요. 인문사회적 글은 하룻밤에 원고지 100매도 쓰는데 소설은 그렇지 못하거든요.

그렇게 말하면서도 이미 여러 편의 소설을 썼습니다. 최인훈의 『회색인』 연작을 완결한 것도 그렇고요. 인연이 있었나요?

아무런 인연도 없어요. 제가 최인훈 소설을 좋아하는데, 선생님이 원래 3부작으로 구성했던 『회색인』 연작을 두 번째 작품인 『서유기』까지만 쓰고 미완으로 남겨 놓으셨기에 그냥 제가 마무리한 것뿐입니다. 『회색인』과 『서유기』의 독고준에게는 아마 최인훈 자신이 많이 투영되어 있었겠죠. 『독고준』의 독고준과는 다른 인물일 수도 있지요. 그렇지만 저도 최인훈 또는 독고준처럼 회색인에 가까우니까 독고준 캐릭터의 일관성이 훼손되었다고 생각하지 않습니다.

『독고준』에서 주인공 독고준은 2009년 5월 23일 자살합니다. 노무현 대통령이 서거한 날이죠. 그의 딸 독고원은 아버지 독고준이 쓴 47년 동안의 일기를 읽습니다. 회색인이었던 아버지의 시대와 레즈비언인 딸의 시대가 어떻게 다를까요?

"트위터는 저에게 글이라기보다는 말입니다. 절필 약속은 지키고 있는 셈이죠. 트위터에서도 떠드는 것보다는 듣는 것을 좋아합니다."

"저 자신은 논객이라고 생각해본 적은 없어요. 정치 글을 쓰기는 하지만 그 글들이 뾰족하거나 과격하거나 비장하지는 않죠. 논객이라는 말에는 어떤 지사의 이미지가 있는데 그런 지사적 글쓰기는 저와 맞지 않아요."

독고준의 시대는 분단과 전쟁과 독재의 시대이고, 독고원의 시대는 민주화와 세계화의 시대죠. 독고준이라는 캐릭터에는 저 자신이 많이 투사되어 있고, 독고원이라는 캐릭터는 딸이 없는 제가 생각하는 어떤 이상적인 딸이죠.

언어를 통해 세계를 그대로 재현하려는 것은 저널리스트의 시시포스적 욕망 같습니다.
언어는 비연속적이라 언어로 연속적인 세계를 재현한다는 것은 불가능합니다. 우리는 역사를 알지만 역사 속 인물이 그 순간 어떤 생각을 했는지는 알지 못하죠. 어쩌면 그것은 기자가 아니라 소설가의 몫 같아요. 예컨대 마리 앙투아네트가 단두대까지 가는 동안 느꼈던 감정은 작가적 상상력으로 재현할 수밖에 없죠.

대학 시절에 책 도둑질 좀 했다고 들었습니다. 놈 촘스키 책들이 아주 비싸서 작정하고 도둑질에 나섰다면서요. 정작 지금은 여러 가지로 놈 촘스키와 닮았다 싶습니다. 언어학은 언어의 논리성을 규명합니다. 놈 촘스키가 언어학자에서 정치평론가로 변신한 것은 언어로 이루어진 세계의 부정교합을 못 견뎌했기 때문은 아닐까 생각했습니다. 선생님도 언어학자로서 무질서하고 부조리한 세계와 언어 사이의 괴리를 느꼈던 걸까요?
제가 받아본 최고의 찬사네요. 놈 촘스키와 닮았다는 말 자체가 영광입니다. 그렇지만 저의 정치적 글쓰기에 놈 촘스키처럼 사회참여적 욕망이 있었던 것은 아닙니다. 신문사 밥을 오래 먹다 보니 정치와 사회에 대해 발언하게 된 겁니다.

파리에서 5년 살았죠?
파리에서 홍세화 선생과 자주 만났죠. 저보다 열두 살은 위인데 제가 머리

털이 많이 빠져서 같이 다니면 친구처럼 보였어요. 일주일에 두 번은 보았는데 서울로 돌아와서는 1년에 한 번 보기도 어렵네요.

파리는 적잖은 글쟁이들의 정신적 고향입니다.
역사성 때문 아닐까요? 저에게도 파리에서 허송했던 시간이 많은 영감을 주었어요.

파리는 공간 위에 시간이 포개진 도시 같습니다. 같은 공간을 걸어도 매번 전혀 다른 시간대를 걷게 되죠.
제가 낮의 파리에서 가장 좋아하는 곳은 센강의 생루이섬이고, 밤의 파리에서 가장 좋아하는 곳은 바스티유 광장입니다. 제가 살던 곳이 바스티유 광장에서 멀지 않아서 주로 그곳의 술집에서 시간과 돈을 탕진했지요.

『도시의 기억』은 그렇게 허송과 탕진을 했기에 쓸 수 있었던 책 같습니다. 서울도 그만큼 잘 아나요?
파리만큼은 모르죠. 나고 자란 도시를 외국의 어느 도시보다 잘 모른다고 말하고 나니 좀 쑥스럽기는 하군요. 그렇지만 저는 서울을 사랑합니다. 세상에서 제일 사랑하는 도시가 서울이에요. 서울의 활기를 사랑합니다.

장 폴 사르트르가 『존재와 무』를 쓴 건 30대 후반이었습니다. 정점이었죠. 정점은 언제였습니까? 지나갔나요?
저도 30대 후반이었던 것 같네요. 파리에서 살 때요. 한국어와 프랑스어로 기사를 쓰고 소설이라는 걸 쓰기 시작했을 때요. 요즘 젊은이들의 글을 보다 보면 그 시절의 제 글은 물론이고 요즘의 글보다도 읽을 만한 글들이 눈에 띄는데 질투가 나거나 하지는 않아요. 어쨌든 한국 문화와 한국어 문장이 더 세련되어가고 있다는 뜻일 테니까요.

요즘은 어떤 책을 읽고 있습니까?
자크 라캉의 『에크리』라는 책을 다시 읽고 있어요. 본디 제가 한 번 읽은 책을 어지간해서 다시 안 읽는 편이기는 해요. 저에게는 인문학도 하나의 이야기니까 이야기 읽듯 라캉의 책을 읽는 겁니다.

지금 주목하고 있는 젊은 논객 혹은 글쟁이가 있나요?
있지만 말하지는 않을게요.

작가는 평생 한 권의 책을 쓴다고도 하죠. 선생님의 글과 책들은 선생님의 인생과 포개지면서 일맥상통합니다. 그동안 써온 책은 어떤 장르일까요?
잡감雜感이요.

글은 글쓴이를 미화하는 포장지로 쓰이는 수가 많습니다. 글쓰기를 자기 포장지로 쓰는 사람도 많죠. 선생님의 글과 선생님은 일치하나요?
글이 포장지라는 말은 정말 동의합니다. 제가 만나본 사람 가운데 글과 인격이 동일한 사람은 차병직 변호사가 유일합니다. 고종석은 글은 사나운데 사람은 좀더 둥글한 것 같아요.

어떠한 지식인도 자신이 거쳐온 시대를 초월할 수는 없습니다. 한 시대를 대표하는 지식인입니다. 다음 시대에도 지식이 유효할까요?
아마 아닐 걸요. 『코드 훔치기』라는 책의 서문에서도 먼 뒷날의 제 후배 기자들은 제 글을 보며 비웃음의 즐거움을 만끽할 거라는 취지의 말을 했지요.

세상에서 이름을 얻는다는 것은 무엇인가요? 사람들이 자기 말에 귀 기울이고 생각을 전파하고 약간의 돈을 버는 것 말고 다른 의미가 있나요?

당사자의 허영심을 만족시킬 수도 있겠죠. 헤겔이나 찰스 테일러 같은 철학자들이 이야기했듯이, 인정에 대한 욕망은 삶의 핵심적 동력이기도 하고요.

PROFLLE
전남 여수에서 태어났다. 1983년 성균관대학교 법학과를 졸업하고, 서울대학교 대학원과 프랑스 파리사회과학고등연구원에서 법학과 언어학을 공부했다. 『코리아타임스』에서 기자 생활을 시작했고, 『한겨레신문』 창간 작업에 참여했다. 1999년부터 2005년까지 『한국일보』 논설위원으로 일했다. 저서로 『고종석의 문장』, 『해피 패밀리』, 『독고준』, 『어루만지다』, 『도시의 기억』, 『감염된 언어』, 『말들의 풍경』, 『신성동맹과 함께 살기』, 『히스토리아』 등이 있다.

정치란 무엇인가?

강준만
:
나는
시대를
기록한다

한상진
:
나는
야당을
비판한다

강준만
나는 시대를 기록한다

과문한 제가 한 말씀 여쭙자면, 『싸가지 없는 진보』는 일종의 행동정치학 책이 아닐까 느꼈습니다.

답을 해야 하나요?

대니얼 카너먼의 『생각에 관한 생각』을 읽어보니까, 행동경제학은 소비자들이 이성적이지만은 않다는 것을 전제로 출발하더군요. 고전경제학은 시장 참여자들이 충분히 합리적이기 때문에 각자 이성적인 선택을 반복하다 보면 알아서 균형을 찾을 수 있다고 보죠.

보이지 않는 손.

실제 사람은 비이성적이잖아요. 얼마든지 불합리한 판단도 내릴 수 있죠. 고가의 명품을 남들이 다 사니까 빚내서 따라 사는 따위의 짓을 하죠. 행동경제학은 시장이 이성적으로 움직인다는 근대적 전제를 깨버렸습니다. 『싸가지 없는 진보』는 유권자들도 얼마든지 비이성적으로 움직일 수 있다는 것을 전제합니다. 유권자는 자기에게 불리한 경제 정책을 추진하는 정당에도 얼마든지 투표할 수 있다는 거죠. 그렇게 불합리한 투표가 일어나는 원인을, 싸가지 그러니까 정치인의 태도에서 찾았고요.

사이클이 있지 않나 싶어요. 한국은 1987년 6월 항쟁 이후로 철저하게 이성 중심주의 속에서 살아왔어요. 소위 87년 체제는 이성적 체계죠.

87년 체제가 한계에 도달했다는 말을 많이 합니다.

그 맥락 안에는 우리가 기획했던 민주화의 콘텐츠가 고갈되었다는 의미가

들어 있죠. 그 알맹이는 바로 이성이거든요.

권위주의 정권 시절은 이성 대신 폭력으로 작동하는 시대였으니까
요. 이성에 기반한 사회를 갈구할 수밖에요.
그래서 권력 감시나 지방 자치를 위한 이성적 제도들을 갖추는
게 주요 현안이었죠. 하지만 이제는 완료되지는 않았어도 이성
중심의 기획이 끝나가는 시점인 것은 분명합니다. 이때 자연스
럽게 떠오르는 게 감성의 문제인 것 같아요. 감성. 지금 정치인
들, 특히나 민주당 정치인들은 유권자의 감성에 정말 무지해요.
책에도 이성 중독증이라고 썼죠.

그들은 사람을 보지 않는 거죠. 이론과 이념과 제도만 보죠. 감성적
인 투표를 하는 유권자들에게 비이성적이라고 비난하는 지경에 이
르죠. 그렇게 진보는 싸가지 없어 보이는 거고요.
다른 한편으로는 의심도 있어요. 이분들이 정말 이성에 중독되
어 이러는 건가, 알면서도 그러는 것 아닌가? 내부 계파 싸움에서
는 논리가 중요하거든요.

싸가지 없음이 내부 경쟁에서는 유리할 수 있다고 지적했죠.
한국의 진보에 중요한 것은 다수 유권자의 마음을 얻는 게 아니
라 진보 진영 안에서 유리해지는 거죠. 그러자면 이성과 이념에서
이겨야 해요. 문제는 이성과 논리만으로 계파 투쟁에서 이긴 세력
은 바깥에서는 오히려 싸가지 없다고 외면을 받는다는 겁니다.

한국 정치에서만 일어나는 현상일까요? 조지 레이코프가 『코끼리는
생각하지 마』에서 지적했던 것도 결국 태도의 문제였습니다. 서민들

이 부자 감세를 주장하는 공화당을 지지하는 것은 민주당의 싸가지 없는 태도 때문이라는 주장이었죠.

한국 정치와 미국 정치에는 결정적인 차이가 있어요. 그레고리 헨더슨이 『소용돌이의 한국 정치』에서 지적한 것처럼, 한국 정치는 일단 하나의 기류가 형성되면 소용돌이치듯 모든 것을 빨아들이죠. 한국에서는 일단 이성 중독증이 중심에 서면 다른 중심이 생겨나기 어려워요. 반면에 미국에서는 티파티 같은 급진파가 나타나도 공화당 내부에서 마땅한 견제 세력이 생겨나서 분산을 시키죠.

미국 정치에서는 이성 정치와 감성 정치가 공존할 여지가 있지만, 한국 정치에서는 이성과 감성이 균형을 이루기가 어렵다는 말이네요.

제가 한국 정치를 이야기할 때 중요하게 생각하는 것은 암묵지예요.

한국 정치의 거대한 소용돌이 속에서 그나마 보이지 않는 곳에서 균형을 이끌어내줄 수 있는 가치들을 말하는 거죠?

그렇죠. 싸가지도 일종의 암묵지죠. 그런데 이게 태도의 문제라 설명하기도 어렵고 동의받기도 어려워요. 품위도 없죠. 뭔가 체제 이야기도 하고 큰 흐름도 이야기하고 헌법 이야기도 따지면서 논리를 전개해야 품위도 있고 멋도 있는데 말이죠.

교수님은 그렇게 전체하고 멋부리는 강남 좌파는 아니잖아요.

늘 느끼는 거지만, 공적 담론에서 지식인과 언론인이 이야기하는 정치 현실과 저잣거리에서 일반 국민들이 나누는 정치 이야기 사이에는 상당한 괴리가 있거든요. 물론 제 표본에 편향성이 있을 수는 있겠지만, 일반적인 유권자들이 정치를 논할 때 맨 먼저 나오는 건 항상 싸가지의 문제이고 반감의 문제이고 감정의 문제이더라는 겁니다.

바닥의 정치학을 말하고 있으시네요.

저는 그것을 암묵지의 영역이라고 보는 거예요. 한국 정치가 작동하는 방식도 사실은 암묵지에 기반해 있는데도 아무도 암묵지 이야기는 안 해요.

지식인들의 정치학에서는 정상의 정치를 다루죠. 바닥의 정치는 어차피 이론화가 안 되니까요.

사실 싸가지 이야기는 그것을 지적하는 것 자체가 싸가지가 없어 보이거든요. 저도 '네 책이 더 싸가지가 없다'는 이야기를 숱하게 들었어요.

그게 바닥의 정치 논쟁이죠. 싸가지 없다고 지적하면 그러는 너는 싸가지가 있냐고 맞받아치는 거죠. 참 비이성적이고 소모적이죠. 한국 정치를 움직이는 힘 중에는 그런 비합리적 정서가 있다는 것을 이제는 인정해야 한다는 말이잖아요.

특히 진보 언론은 그것을 지적하길 싫어하죠. 보수 언론은 가끔 싸가지 문제를 지적합니다만……. 진보 언론이 그것을 쟁점화하면 이성의 영역 밖으로 나가야 하거든요. 그것은 이성에 기반한 진보가 가장 어려워하는 거죠.

'전체 유권자를 100이라고 보면 진보와 보수가 각각 30씩 가져간다. 20은 어차피 정치에 무관심하다. 나머지 20이 선거의 결과를 가른다. 그런데 나머지 20에게 중요한 것은 이념이나 논리가 아니다. 태도다. 나머지 20을 자꾸 논리로 압도하려고 들면 싸가지가 없어 보이게 된다. 그들에게 중요한 것은 싸가지가 있는 태도인데도 말이다.' 무릎을 쳤습니다. 이 정치공학 대로라면, 싸가지야말로 정

강준만 ★ 나는 시대를 기록한다

122

말 진보 최후의 집권 전략입니다.

민주당은 그렇게 생각하지 않아요. 항상 정당 지지율이 새누리당의 절반 수준이었어요. 2012년 대선 때 보니까 막상 큰 선거 때가 되면 정당 지지율은 상관없더라는 겁니다. 그 뒤로 위기의식이 사라졌죠. 어차피 절반은 우리 표니까……

기울어진 운동장 이야기가 그때 나왔죠.

국정원 이야기 나오고 보수 언론 이야기 나오고 종편(종합편성채널) 이야기가 나오더니 결국 이길 수도 있었는데 억울하게 졌다는 이야기가 나왔죠. 부정 선거다, 이렇게요. 하지만 선거는 결국 나머지 20를 놓고 벌이는 경쟁입니다. 20을 설득할 만한 싸가지를 보여주지 못하면 절반 가까이를 득표해도 결국 지게 돼요. 아슬아슬하든 어쨌든 집니다.

사실 민주당은 이것을 알아도 스스로 바꿀 수 없을 것 같은데요. 1980년대부터.

민주당의 상당수 정치인들에게 이성 중심주의는 1980년대 운동권 시절부터 몸에 밴 아비투스habitus거든요. 게다가 절대악을 상대해오던 멘탈리티를 갖고 있죠. 세월호 특별법 문제만 해도 그래요. 유족들의 뜻대로 가는 게 지당하니까 그것을 반대하고 딴죽 걸고 훼방 놓는 자들은 절대악이라고 보는 거죠.

당위의 정치를 말하는 것 같습니다. 마땅히 그래야 한다는 당위만으로는 정치를 할 수 없는데요. 당위가 이루어지지 않는다고 화를 내면 결국 싸가지를 잃고 고립되죠.

진보 개혁은 연역적일 수도 귀납적일 수도 있어요. 지금까지 우리는 진보 개혁도 연역적으로만 했죠. 중앙에서 총론을 딱 세워놓으면 아래까지 따라갔죠. 이제는 귀납적일 필요가 있어요. 시민운동 방식이 귀납적이죠. 민생 현장에서 출발한 문제의식에서 비롯되니까요.

민생 현장에서는 이성도 당위도 완전히 작동하지 않잖아요. 현실이니까요.
노무현 정부 시절 4대 악법 철폐 투쟁 때도 국가보안법을 가장 중요하게 생각했죠. 절대악적인 측면과 이성 중심적 관점에서는 맞죠.

당장 먹고사는 문제와는 관련이 없죠.
우리가 국가보안법 문제를 제쳐놓아야 한다는 이야기가 아닙니다. 일반 유권자들이 중요하다고 생각하는 어젠다와 정치 엘리트들이 중요하다고 생각하는 어젠다 사이에 균형과 조화를 어떻게 이룰지 고민할 필요가 있다는 겁니다.

민주당은 아비투스 탓도 있지만 민주당 지지층의 아비투스도 문제인데요.
지금 한국 정치는 유권자들이 정당에 인질로 붙잡혀 있는 형국이죠. 동시에 정당 내부에서도 주변을 둘러싼 열성 지지자들에게 발목 잡힌 부분이 있어요. 당장 후원금 내주고 SNS 메시지 던져주고 댓글 달아주고 행사 참여해주는 소수의 열성적 지지층 말입니다. 어느 나라나 그런 열성적 정치 참여 계층이 전체 인구의 5퍼센트 정도 되거든요.

한국 인구를 기준으로 보면 250만 명 정도 되는 거네요.
아주 훌륭한 분들이죠. 문제는 이들의 대표성에 있어요. 이들이 정당과 나머지 유권자들 사이의 괴리를 빚어내죠. 설사 다수 유권자가 덜 진보적이고 덜 떨어졌고 덜 정치 참여적이라고 해도, 정치라는 게 뭐냐 이거예요. 어차피 혁명을 하겠다는 게 아니라면 선거를 통해 정치를 바꿔나가야 하잖아요. 다수 유권자가 중요하게 생각하는 것을 외면한 채 열성적인 참여자 중심의 어젠다로 간다? 그것은 예선에서는 이기고 본선에서는 깨지는 지름길이죠.

민주당이 이미 몇 차례 그 짓을 반복했는데요.
계속 반복하고 있습니다. 앞에서만 남고 뒤에서는 밑지는 장사를 하고 있다는 말이에요.

그것이 악순환을 만들어낸 측면도 있습니다. 다수 유권자를 상대할 자신감을 상실하니까 당권 경쟁에만 혈안이 되고 정권 경쟁은 안 하게 된 거죠.
그 사람들이 당권 경쟁에서 자기 계파가 승리해도 당이 손해를 보는 것과 계파 싸움에서는 지더라도 우리 정당이 정권을 잡는 것 사이에서 과연 무엇을 더 중시하겠냐는 겁니다. 전자겠죠.

2012년 민주당 대선 평가 때 대선평가위원장을 맡은 한상진 서울대학교 명예교수가 지적했던 부분입니다. 너무도 정곡을 찌르니까 민주당에서 난리가 났죠. 저도 그때 한상진 교수에게 놀랐어요. 저 연세에 저렇게까지 직설적으로 말할 수도 있구나……. 한상진 교수 말씀에 동의를 안 하더라도 그 진정성만큼은 인정해주어야 한다고 봐요.

『싸가지 없는 진보』는 결국 민주당에 대한 쓴소리잖아요. 무척 싫어했을 것 같은데요?
이야기를 전해 들어보니까, 민주당 안에서 저를 비판하면서, 과거 민주당 분당 때까지 거슬러 올라가는 모양이더군요.

2003년 민주당이 분당되고 열린우리당이 창당되던 때를 말하는 거군요.

저는 분당 반대파였거든요. 지금 우리가 계속 민주당이라고 부르고 있는 새정치민주연합의 주류에 해당하는 분들은 당시 찬성파였죠. 제가 분당 반대파였던 사람으로서 분당 찬성파였던 현재의 주류를 공격하고 있는 게 아니냐는 거죠.

10년도 더 된 이야기를 이제 와서 다시 하면 뭐합니까? 『싸가지 없는 진보』는 진보의 미래를 이야기하고 있는데 정작 진보의 주축들은 과거 이야기만 하고 있네요.

제가 그 이야기를 하는 겁니다. 오죽하면 민주당의 기억력은 유효 기간이 2년이라는 말이 나왔겠어요. 정작 자기 계파의 적은 끝까지 추적하는 사람들이다 이 말입니다. 제 비판을 받아들이고 의도와 배경을 봐주면 될 텐데, 오히려 과거로 거슬러 올라간다는 겁니다.

토마 피케티의 『21세기 자본』과 강준만의 『싸가지 없는 진보』가 단연 화제의 책 같습니다. 토마 피케티의 책은 보수 쪽에서 무시하고 싶어서 난리예요. 왜냐? 정곡을 찌르거든요. 반대로 『싸가지 없는 진보』는 진보 쪽에서 무시하고 싶어 할 수밖에요. 역시 폐부를 찌르니까요.

우리가 보통 마음에 안 드는 것과 마주했을 때 보여줄 수 있는 최고의 대응법은 안면몰수죠. 너는 떠들어라, 뭐 이런 것이죠.

유권자들은 재미있다고 난리입니다. 진보나 보수 지지자를 가리지 않고 좋아하죠. 속 시원하니까…… . 그런 독자 반응은 많을 것 같은데요?

이게 딜레마에요. 제가 제기한 싸가지 문제에 동의하는 분들은 적극적 정치 참여자들은 아닐 수 있어요. 의견 표현이 많지 않다는 거죠. 반면에 동의를 안 하는 분들은 열성적이고 적극적인 정치 참여층이 많아요. 민주당 내부의 강경파보다 강경한 분들이죠.

『싸가지 없는 진보』에 대한 독자 반응이 꽤 거칠다는 말로 들리는데요.

이분들이 목소리가 크거든요. 이런 반응들을 보면서 더 우려가 됩니다. 이런 강경파들은 현재의 정국 상황을 반독재 투쟁을 하던 시절과 유사하게 봅니다. 아무리 지금 정권이 마음에 안 들어도 민주적 절차에 따라 탄생한 정권 아닙니까? 그런 정권을 비판하면서 선악 이분법적으로 접근하면 곤란하죠. 그렇다면 이 정권을 지지한 다른 유권자들은 또 뭐가 됩니까?

노무현 정부 때 그야말로 싸가지 없는 비판을 서슴지 않았던 보수 진영은 결국 노무현 정부를 지지했던 다른 유권자들까지도 모독했던 겁니다. 그것과 똑같은 짓을 진보 진영도 하고 있는 거죠.

제 말이 그 말입니다. 정치 엘리트들에 대해서는 온갖 욕을 다 퍼부어도 좋아요. 하지만 그들을 지지하는 사람들은 선량한 보통 유권자들이라는 말입니다. 증오감보다 소통의 자세가 먼저여야 하는 것 아닐까요.

어떻게 하면 싸가지 있는 정치를 할 수 있을까요? 지금 민주당의 주류가 이성 중독증에 이분법적 인간들이라면 그들을 대신할 새로운 세대와 세력이 등장하면 될까요? 『싸가지 없는 진보』에서도 이중개념형 인간을 말했잖아요? 두 가지 가치를 조화시킬 수 있는 정치인과 유권자가 늘어나야 한다는 건데요.

그런 이중개념형 인간들은 정치적으로 뜨기가 참 어려워요. 열정을 상품화하기가 어려운 사람들이거든요. 해방 정국에서도 그랬어요. 좌우 어느 한쪽이어야 대중의 피를 끓게 만들 수 있잖아요. 중도파는 장사가 안 되거든요. 언론도 그래요. 뉴스의 특성상 좌든 우든 강하게 내지르는 쪽의 기사를 키워요.

〈나는 꼼수다〉 이야기도 했잖아요. 요즘은 독설의 시대죠. 진보 쪽에도 독설가가 참 많아요. 김어준 총수 같은 사람들은 시원하고 통쾌하게 말하지만, 내 편이 한 사람 늘면 반대편도 한 사람씩 늘어요. 그런 사람들이 진보의 하나로 존재하면 바람직하거든요. 그 때문에 진보의 중심까지 흔들려버리면 안 됩니다.

이미 중심은 흔들려버린 것 같은데요. 김용민 PD가 민주당 공천을 받았을 때부터 뭔가 소용돌이에 휘말린 형국이었어요.
그게 치명적이었죠.

2011년 서울시장 선거의 승리가 싸가지 없는 진보성이 강화되게 만든 승자의 저주라고 말했잖아요?
그때 진보는 완전히 중심을 잃어버렸어요. 한쪽으로 치우쳐버렸죠.

이제 다시, 진보 혹은 민주당이 싸가지를 되찾는 게 가능할까요?
지금 정치 돌아가는 걸로 봐서는 어렵겠죠. 민주당은 점점 더 강경파 위주로 흘러가겠죠. 중간층에 속하는 사람들의 참여도 위축될 테고……. 결국 선거 때 표 던지는 것 정도로 끝나겠죠. 이제까지 나서지 않았던 사람들의 정치 참여가 필요합니다. 문제는 앞으로 오히려 참여가 줄어들 거라는 현실이죠.

PHOTOGRAPHY

답답하네요.

다수의 정치 참여가 필요하다고 해놓고 다시 그게 어렵다고 이야기하면서 답은 그것밖에 없다고 말하면 듣는 사람으로서는 어쩌자는 거냐고 되물을 수밖에 없겠죠.

어쩌자는 겁니까?

기대가 하나 있기는 해요. 역사를 거시적인 관점에서 보면 이제는 안 된다는 한계 상황까지 내몰리면 변화할 수밖에 없어요. 거기에 좀 희미한 기대를 걸죠. 약하지만. 이대로는 진보가 이길 수 없으니까요.

한때나마 안철수 의원과 안철수 현상이 희망처럼 보인 적도 있었죠. 교수님도 안철수 의원을 지지했잖아요?

안철수 의원을 지지했던 사람들은 기대가 실망으로 바뀐 상태죠. 사실 저는 그런 사람들에게도 양비론적이에요. 안철수 의원이 생각했던 것보다 정말 못 보여준 것도 문제죠. 하지만 안철수 현상을 대하는 우리의 태도에도 문제가 있었어요. 안철수 의원이 스스로 나왔나요? 사실은 우리가 불러낸 거였잖아요. 등 떠밀어서 내보냈죠. 그래 놓고 이제 다 알아서 해보라고 팔짱 끼고 보고 있었죠.

기대를 걸었다는 것은 다른 말로 하면 책임을 떠넘겼다는 뜻인 거군요.

안철수 의원 개인에게 모든 것을 묻는 것은 좀 비겁한 게 아닐까요? 안철수 의원을 지지했던 사람들도 무책임하다는 거죠.

민주당과 합당한 것만큼은 안철수 의원이 자신의 지지 세력을 배신한 격이었던 것 같습니다. 개인의 독단적 선택이었고 결국 실패했고……

안철수 의원도 새정치를 하겠다고 나섰다면 어떤 방식으로 싸우는 게 자신에게 유리할지 계산했어야 해요. 민주당에 들어가서 해본다? 거기 들어가는 순간 오랜 세월 정치판에 몸 담아온 정치 선수들과 그들의 방식대로 게임을 하게 됩니다. 그것은 이길 수 없죠.

안철수 의원은 현실 정치에 뛰어드는 순간 무조건 이기고 다 가지려다가 다 잃었다고 비판했습니다.

저는 안철수 의원이 끝났다고 보지는 않아요. 현실 정치에서 권력을 잡아야만 성공이라고 보지는 않거든요. 오히려 정치인 안철수는 이제부터라고 보는데요?

이제부터요?

저는 인물을 도구로 보는 쪽이에요. 노무현도 시대의 도구이고 안철수도 시대의 도구예요. 시대의 도구로 쓸 만한 인재가 나타났으면 그의 장점을 골라서 써야 할 것 아닙니까? 함부로 버리면 우리 시대만 손해예요. 안철수 의원은 평생 컴퓨터만 갖고 살아온 사람인데 처음부터 정치 9단이기를 바라는 것은 무리잖아요?

안철수 의원에게 메시아를 기대했다면 그것은 유권자들의 문제죠.

오히려 이 사람이 내세운 어떤 그 하나. 당대에 민심을 포착했구나. 그거 하나만으로도 그 사람은 가치가 있는 거고 그것을 이용을 해야죠. 안철수 의원의 한계를 이제 우리 모두 알았잖아요? 그렇다고 버려야 하나요? 우리는 자꾸 지도자가 모든 것을 구현해주길 기대해요.

지도자는 도구일 뿐인데…….

노무현 대통령이 우리의 지도자인데 누가 감히 비판하냐고 말하면 안 돼요. 그를 이용해먹기 위해서 그를 비판하고 그를 몰아가는 거죠. 알아서 다 해주는 게 아니거든요.

요즘은 좌파 혹은 좌빨이라는 표현이 멍에가 되었어요. 예전에는 보수냐 꼴통이냐는 말이 멍에였는데요.

진보라고 하면 더 욕을 먹는 분위기죠. 낙인이 되고 퇴짜 맞아요.

원인은 싸가지인 걸까요? 진보니 좌파니 하는 사람들은 잘난 척만 하고 상대를 무시한다는 뉘앙스가 있다는 거죠.

『한겨레』의 임석규 논설위원이 『싸가지 없는 진보』를 이야기하면서 이런 말을 했어요. 제 책 때문에 진보는 싸가지가 없다고 낙인이 찍혀버리면 부당한 게 아니냐고요. 저는 참 사태를 낙관적으로 보고 있다고 느꼈어요. 낙인이 될 수 있다가 아니라 낙인이 되어버린 상태잖아요.

그것도 정치 엘리트와 언론 엘리트들의 자기중심주의일 수도 있겠네요.

언제나 그런 자기 편향 오류가 문제라니까요.

교수님은 진보의 과잉지식인화를 지적했습니다. 유권자들에게 논리적으로 정책을 설명해주면 진보를 지지할 거라고 믿는 거죠. 그래서 온갖 지식들로 중무장을 합니다만 지식을 선보일수록 유권자들에게서 멀어지게 되는 거죠.

그렇다면 그런 진보적 지식인들에게 물어보자고요. 지식의 전당이라는 대학교에서도 동료들과 학문적 지향점과 사상적 논리 같은 걸로 사이가 갈린 적이 있냐고요. 대부분 싸가지 문제예요. 지식인들조차 왜 내 전화를 싸가지 없게 받았냐로 싸우죠.

내용이 본질 같지만 어쩌면 싸가지가 본질이네요.
우리 주변에서도 싸움은 왜 반말이냐에서 시작해서 너 몇 살이냐로 끝나죠. 오히려 콘텐츠는 부차적인 겁니다. 싸가지만 있으면 무리한 협상조차 대화와 타협으로 해결할 수 있어요. 싸가지가 메시지를 압도합니다.

민주당에서는 한때 조지 레이코프의 『코끼리는 생각하지 마』가 필독서였잖아요?
사람들이 책을 엉뚱하게 반쪽만 읽었어요. 모든 게 프레임의 문제라고만 받아들인 거죠.

앞쪽만 읽었네요.
프레임의 문제라는 부분만 받아들여서 모든 게 조중동 프레임이 걸렸다고 주장한 거죠. 자신들에 대한 비판과 질책을 프레임 때문에 그런 거라면서도 자기정당화하기 바빴죠. 조지 레이코프의 진짜 메시지는 안 받아들인 겁니다.

지금 진보적 가치들은 사람들이 직관적으로 받아들이기 어려운 것들이 대부분입니다. 가난한 사람들을 위해 사회안전망을 확충해야 한다. 무분별하게 소비하지 말고 제화를 공유해야 한다. 환경을 걱정해야 한다. 세금을 많이 내서 복지 제도에 투자해야 한다. 이게 다 보통 사람들의 평범한 먹고사는 욕망과는 상충되는 것들입니다. 누구나 세금 덜 내고 소비 더 많이 하고 기름 많이 드는 큰 차 타고 싶고 남들 상관없이 나만 잘살고 싶잖아요. 1987년까지만 해도 진보 혹은 민주화 세력의 주의주장은 간단명료할 수 있었어요. 대통령 직선제였

"제가 제기한 싸가지 문제에 동의하는 분들은 적극적 정치 참여자들은 아닐 수 있어요. 의견 표현이 많지 않다는 거죠. 반면에 동의를 안 하는 분들은 열성적이고 적극적인 정치 참여층이 많아요."

"아무리 진보적인 정책이라고 해도 이것을 지속 가능하게 만들고 결실을 맺게 하려면 할 일이 무척 많아요. 부작용에 대한 미시적 대안이 있어야죠. 지금 진보는 총론만 있고 각론이 없어요."

죠. 대통령만 국민이 직접 선출할 수 있게 되면 많은 것이 바뀐다고 외쳤어요. 그게 사실이든 아니든 그 한마디로 진보의 가치를 설명할 수 있었죠. 유권자들에게도 와 닿는 설명이었고요.

하긴.

지금 진보의 가치들은 이성적·논리적 설명이 필요한 것들이 대부분이라는 겁니다. 지난 세월 동안 진보가 적잖은 목표들을 성취해왔기 때문에 이제 더 진보적이려면 더 고도화될 수밖에 없다는 거죠. 그것을 설명하려다 보니 논리적이고 체계적이고 이론적이 됩니다. 난이도가 높아져요. 당연히 유권자들은 그런 이야기들이 당장 먹고사는 문제와는 무관하다고 느낄 수밖에요. 진보는 진화의 한계에 처한 게 아닐까요?

그게 바로 넓은 의미에서 강남 좌파의 문제입니다. 강남 좌파가 꼭 강남에만 있는 것은 아니거든요. 지위와 계급의 불일치가 강남 좌파 현상이죠. 결국 강남 좌파가 제기하는 어젠다는 절박성과 현실성이 좀 떨어질 수밖에 없어요. 자꾸 이론적으로만 가죠. 거칠게 말하면 약간 겉멋이 들었죠. 발등에 떨어진 불을 해결하는 것은 아주 사소하게만 봅니다. 항상 어렵게 가는 거예요. 현실 세계와는 동떨어진 자기들만의 논쟁 시장을 형성해버리죠.

강남 좌파로 통칭되는 계급과 지위가 불일치하는 사람들은 다른 계급의 문제를 대신 고민해주기 때문이겠죠. 자기 문제가 아닌데 주어진 지적 지위 때문에 간접 체험을 통해 고민하다 보니 현실성이 떨어질 수밖에요.

인문학 열풍이 불고 온갖 진보적 논쟁들이 이어지지만, 우리 현실에 관련된 이야기는 얼마 없어요. 결국 그것은 누가 발로 뛰느냐가 문제가 되거든요. 그런데 강남 좌파는 발로 뛰지는 않는 거예요.

저를 가르켜서 말하는 것 같습니다.

진보 정당들도 그런다니까요. 신 기자뿐만 아니라 저도 해당됩니다. 똑같은 거죠. 우리가 내놓는 진보적 대안이라는 것들을 한번 봅시다. 부작용에 대한 대안은 거의 없어요. 김대중 정부나 노무현 정부 때 나왔던 진보적 어젠다들을 보세요. 일단 인권의 문제이고 존엄의 문제라고 정의내려지면 이것을 반대하면 무조건 쳐죽일 놈이 됩니다. 그러니 부작용에 대한 대비책을 세우자는 이야기를 누가 할 수 있겠어요?

정책이 그 자체로 정의롭다면 그 부작용은 인정할 수 없겠죠. 부작용은 정의로운 정책에 대한 부정한 저항일 뿐이니까요.
서민들도 이제는 진보의 정책을 믿지 않는 겁니다. 뒷감당을 못한다는 이미지가 있는 거예요. 진보가 사회적 약자 편에 서겠다는 선언만 있지, 그것을 어떻게 실천할지에 대한 세부 대안이 없는 거죠. 세부 실행 계획이 없는 정책을 제대로 된 정책이라고 할 수는 없죠. 우리 진보의 단계가 그 정도입니다.

진보의 진화가 한계에 다다른 게 아니라 진화 자체가 안 돼서 이 지경이 된 거군요.
진보는 선언적 수준에 머물고 있어요. 선언적 수준으로는 지금까지 나올 수 있는 거의 모든 진보적 정책은 다 나왔죠. 진보가 선언적 수준으로는 다 나온 이유가 그것만으로도 상대편을 논리적으로 압도할 수 있어서거든요.

도덕적·논리적으로 우위에 설 수 있으니까요.
아무리 진보적인 정책이라고 해도 이것을 지속 가능하게 만들고 결실을 맺게 하려면 할 일이 무척 많아요. 공부를 해야죠. 전셋값 문제만 해도 그래요. 법으로만 되는 게 아니에요. 부작용에 대한 미시적 대안이 있어야죠. 지금 진보는 총론만 있고 각론이 없어요.

진보 혹은 민주당은 노무현 시대의 패러다임을 극복해야겠네요. 노무현 시대는 모든 정책이 정의로웠어요. 하지만 정의로운 정책들은 무수한 부작용을 만들어 냈고 오류투성이가 되었죠. 다음 진보 정권은 그 한계를 넘어서야겠죠.
지금 진보 정책들은 자기 존재 입증 수준을 넘지 못하고 있어요. 책임 윤리를 실천해야 해요.

보수는 어떻습니까? 보수는 참 싸가지가 있어요. 하지만 나쁜 정책을 쓰죠.
나쁘다기보다는 내용 없는 정책을 쓰죠.

박근혜 정부는 국민 건강을 우려해서 담뱃값을 이상한다고 설명했습니다. 최경환 경제부총리는 부동산 부양책을 쓰면서 동시에 부동산 자산 가치가 올라야 국가 경제에도 도움이 된다고 설명했죠. 참, 싸가지가 있어요. 담뱃값 인상은 사실상의 증세지만 태도에서만큼은 예의바르죠. 부동산 부양책은 가계 부채를 증가시켜서 경제를 살리겠다는 것인데, 한편으로는 국민 경제가 나아질 것처럼 말하거든요. 보수는 싸가지의 정치를 완벽하게 이해하고 있고 적절하게 이용하고 있죠.
그렇게 진보와 보수가 차이가 나고 있죠. 보수는 사업가적 마인드가 있어요. 장사를 할 줄 알죠. 우리에게 이익이 되겠다 싶으면 받아들입니다. 열려 있어요. 진보는 그게 왜 안 될까요? 진보는 아직도 당의 이념에 사로잡혀 있거든요. 물론 뒤집어보면 훨씬 더 순수하다는 겁니다만…….

착한 사람들이죠.
미련하죠. 자기들의 정당성을 그렇게 순수하고 착한 것에서 찾죠.

그것을 버리면 스스로 진보가 아니라고 느끼는 거죠.

거기에 대해 이의를 제기하는 사람은 쳐죽일 놈이고요. 반면에 장사는 개의치 않는 겁니다. 아니 실용주의 대 개혁주의라는 구도가 말이나 됩니까? 그게 어떻게 대립되는 개념인가요? 자기들 마음에 안 들면 실용이라는 딱지를 붙여요. 한국 사회 수준에서 실용이라도 제대로 되면 얼마나 대단한데요. 그런데 실용의 이론적인 문제들을 들먹거리면서 논쟁을 벌여요. 진보의 커다란 착오죠. 비동시성의 동시성이 진보 안에서 벌어지고 있는 겁니다. 전근대성과 최첨단이 현재에 뒤섞여 있는 거죠.

진보는 자기들만의 세상에 갇혀버린 형국이네요. 바깥 세상과 소통하는 법을 잊어버린 게 싸가지의 문제로 나타난 거고요.

다수지만 참여성은 떨어졌던 진보적 유권자들이 정치를 향할 수 있게 해주어야 해요. 그래서 안철수라는 정치인이 할 일이 아직 많다고 봐요.

사람들을 끌어들일 수 있는 힘이 있었죠.

이제라도 마음을 비우고 다시 나와야죠. 새정치의 핵심은 이거였다. 그런데 우선순위를 잘못 잡았다. 실토해야죠. 그러나 여러분이 정치에 참여해주지 않으면 절대 안 바뀐다고 이야기해야죠. 어떤 메시아도 오지 않습니다. 그것을 값비싼 경험을 통해 배웠습니다. 이제는 여러분이 나서주세요. 그렇게 안철수 의원이 해주어야죠. 제가 안철수급이었다면 확 바꿨어죠. 정작 이렇게 옳은 소리를 해도 안 먹히잖아요.

수십 년째 엄청난 속도로 책을 내고 있습니다. 도대체 어떻게 많은 자료를 모으고 정리하나요? 이게 가능한 겁니까?

비결은 딱 하나입니다. 질이 떨어지죠.

겸손의 말씀인 것 같은데요?

두 가지예요. 저는 질을 희생하고 양으로 승부를 봅니다. 또 하나는 거의 모든 시간을 글쓰기에 투입합니다. 친한 친구들은 제가 불쌍하다고 해요. 사는 게 참 비정상적이거든요. 운전 안 하니까 돌아다닐 일이 없어요. 저녁 약속도 거의 안 잡아요. 골프도 안 쳐요. 남들이 일상적으로 쓰는 시간이 거의 없어요. 오직 글을 읽고 쓰는 것뿐이죠.

하루종일?

매일 몇 시간씩 자료를 정리하고 읽고 글을 써요.

자료도 방대할 것 같아요.

인터넷이 아니었다면 제가 자료왕이 되었을 겁니다. 인터넷 때문에 자료를 모을 동기부여가 안 되더군요. 갖고 있는 자료는 예전에 비하면 많이 줄었죠. 예전에는 파일 수천 개에 인물별로 자료를 다 분류해놓았어요. 나중에 공간이 없어서 몇 톤을 내다버렸죠.

신문은 무엇을 보세요?

예전에는 20개 이상 보았어요. 지금은 『조선일보』, 『중앙일보』, 『한겨레』, 『경향신문』을 봐요. 양쪽 2개씩요.

스티브 잡스가 창의적인 인간은 수도사적인 삶을 살아야 한다고 이야기한 적이 있어요. 교수님께서도 수도자에 가깝게 사는 것 같은데요?

수도자라기보다는 중독자에 가깝죠. 예전에 글쓰기 중독에 대한 책을 보았는데, 제가 그 중독 증상에 상당히 가깝더군요. 남들이 볼 때는 지겹지도 않나 싶은데 혼자서는 재미나죠.

대부분의 책들이 인용이 상당히 많잖아요. 책을 읽을 때 이미 교수님 머릿속에서 분류와 정리가 되어 있을 거라고 짐작했습니다.
책 읽다가도 표시해두고 입력해놓고 그렇게 하죠. 그러니까 책 읽는데도 시간이 많이 걸리죠. 즐기는 독서라기보다는 필요한 독서죠.

소설은 거의 안 보실 것 같습니다.
김용옥 선생도 비슷한 말씀을 했던데, 소설은 저에게는 비생산적이고 비경제적인 텍스트거든요. 소설이 나쁘다는 게 아니라 저에게는 다른 읽을거리가 많다는 뜻입니다. 조정래 선생의 대하소설들은 다 보았습니다만…….

『태백산맥』도 인문서죠. 당시 시대 상황을 보여주는 텍스트니까요.
그래서 많이 인용해먹었죠.

교수님께서 전주에 사셔서 이런 가공할 생산성이 가능하다 싶기는 해요.
서울에서는 안 되죠.

서울의 번잡함에서 자유로워져야 자기만의 시간을 가질 수 있으니까요.
그래도 텔레비전은 열심히 봐요.

집에서는 교수님이 이렇게 비정상적이지만 생산적인 삶을 살게 많이 도와주나요?

사무실이 따로 있어요. 연구실 말고……. 책은 대부분 그쪽에 있죠. 자식이거나 부모거나 다 그래요. 누구 한 사람이 반복적으로 같은 행태를 보이면 결국 포기하고 받아들여주어요. 그렇게 주변 사람들이 전부 저에게 길들여져 버렸죠.

지금까지 쓰신 책이 몇 권인지 아세요?

몇 권인가요?

책 제목만 프린트해서 보니 A4로 2페이지가 넘더군요. 주제를 어떻게 잡으세요? 화제가 되었던 책 중에 『김대중 죽이기』라는 책도 있었죠. 『노무현 죽이기』도 있었고요. 교수님이 죽이면 대통령이 된다는 이야기도 있었죠. 『증오 상업주의』나 『강남 좌파』란 책도 화제였어요. 생산성도 놀랍지만 시대의 키워드를 잡아내는 감각도 탁월합니다.

큰 흐름으로 보면 그때그때 제가 처했던 상황이나 관심사와 맞아떨어지는 것 같아요. 『김대중 죽이기』때까지는 정치 중심의 글을 썼다가 민주당 분당을 겪으면서 한동안 정치 글은 안 썼죠. 그러다 다시 정치 쪽을 들여다보니까 사람들이 이렇게까지 대화가 안 통하는구나 해서 감성의 문제를 건드리기 시작했죠. 행동경제학적인 관심사를 보였다가 역사에 천착했다가 그랬어요. 제가 기본적으로 갖는 관심은 기록입니다. 이 시대를 기록해나가는 과정에서 책을 쓸 주제들을 만나게 되는 거죠.

기록을 하는 과정에서 갈래길처럼 나오는 게 책인 거군요. 게다가 지적 호기심이 수십 년째 계속 왕성하네요.

재미있잖아요. 책을 읽고 평가하고 또 쓰고 하는 과정이……. 좋은 책을 만나면 대단하다고 느끼고 반갑고……. 그런 재미가 참 쏠쏠하잖아요?

낙樂이 무엇인지 여쭤보지 않아도 될 것 같네요.

저는 낙에 중독이 된 지 오래죠.

PROFLLE

전남 목포에서 태어났다. 성균관대학교에서 경영학 학사를 받았다. 1981년 문화방송 라디오 PD로 일했으며, 1982년 『중앙일보』 수습기자로 활동했다. 1984년 조지아대학 대학원에서 신문방송학 석사학위를 받았고, 1988년 위스콘신대학 메디슨캠퍼스 대학원에서 신문방송학 박사 과정을 수료했다. 1989년 3월 출간된 『정보 제국주의』를 시작으로 『김대중 죽이기』, 『대중문화의 겉과 속』, 『노무현과 국민 사기극』, 『한국 현대사 산책』, 『강남 좌파』, 『갑과 을의 나라』, 『감정 독재』, 『싸가지 없는 진보』 등 총 240권의 단행본과 저널룩을 출간했다. 현재 전북대학교 신문방송학과 교수로 재직하고 있다.

한상진
나는 야당을 비판한다

안철수라는 정치인에 대한 기대는 그만 접어야 합니까?

그동안 안철수라는 인간과는 무관하게 안철수 현상이 있었다고 봅니다. 안철수 현상은 자체 동력을 갖고 움직였죠. 그런데 이번에 모든 것은 아니지만 어떤 면에서는 안철수의 진면목이 드러났어요.

제1야당의 당 대표를 맡게 되면서 정치 실력이 드러나 버렸달까요?

정치인들 사이에서도 그렇고 국민들에게도 그렇고요. 그렇기 때문에 앞으로도 안철수 개인과는 무관하게 안철수 현상을 계속 자체 동력을 갖고 움직이기를 기대하기는 어렵다고 봐야 해요.

안철수 의원이 정치적으로 재기하지 못하는 한 안철수 현상도 여기서 멈출 수밖에 없는 거겠네요.

정치는 늘 고정되어 있지 않거든요. 상황은 변해요. 다만 지금 상황을 변화시킬 수 있는 첫 단추는 안철수 의원에게서 나와야 해요.

안철수 현상이 정치인 안철수를 이끌어왔다면 앞으로는 안철수 의원이 안철수 현상에 동력을 실어줄 수 있어야 한다는 거군요.

2012년 대선 때 안철수 의원은 "통절하게 반성한다. 느낀 점이 많다. 새로운 모습으로 돌아오겠다"고 말하고 미국으로 갔어요. 돌아온 다음에 국회의원에 도전해서 당선이 되었죠. 그런데 대선 과정에서 통절하게 느꼈던 그 무엇이 지지자들의 마음을 울리는 고백이 없었어요.

어쨌든 현실 정치로 뛰어들기는 했죠. 창당을 준비했고······.

민주당과 합당을 통해 자신의 정치적 리더십을 발휘할 수 있는 기회를 얻었죠. 공동대표라고는 하지만 실로 막강한 권한을 얻었던 겁니다.

초선 의원이 제1야당의 대표가 되었던 거죠.

이번에야말로 안철수 의원은 자기 성찰과 반성을 해야 합니다. 대선 때처럼 반성했다는 말뿐인 반성만으로 재기는 불가능하다고 생각해요. 어떻게 달라지겠다고 확실하게 약속하고 그것을 실천으로 옮기는 모습이 필요합니다. 그렇지 않고서는 기대는 하겠지만, 과거처럼 따르지는 않을 겁니다.

안철수 의원이 낙마하면서 안철수 현상도 끝나버린 걸까요?

안철수 현상이 생겨난 이유가 안철수 개인에 대한 기대 때문만은 아닐 겁니다. 한국 정치는 중도 개혁 성향의 상대적으로 젊고 교육 수준이 높은 유권자들에게 실망만 안겨주었어요. 무언가 새로운 발전을 갈망하고 있는데, 현실 정치는 정말 멀어지고 있었죠. 한국 정치의 현실에 대한 실망과 환멸이 열망으로 바뀌면서 찾아낸 새로운 돌파구가 안철수 현상이었죠.

안철수는 없어도 안철수 현상으로 대변되는 새정치에 대한 열망은 남은 것 아닌가요? 그런 열망을 하나로 모아줄 구심점이 없어서, 안철수 의원이 인용했던 표현처럼 미래가 흩어졌을 뿐이죠.

이제 정말 새로운 미지의 영역인 겁니다. 안철수 의원은 안철수 현상이라는 열망이 존재한다는 것을 증명해주었어요. 그것만으로도 의미는 커요. 이제 그 열망이 어디로 흐를지는 두고 봐야죠.

안철수 현상은 교수님께서 오랫동안 주장해온 중민 현상이 발화된 것이라고 봐도 될까요?

안철수 의원도 중민이고 안철수 의원을 지지했던 핵심 유권자층도 중민이죠.

중민이 존재한다면 안철수라는 구심점이 사라졌다고 해서 중민의 의지마저 꺾이는 것은 아니지 않을까요?

그것을 다시 어떻게 끌어낼 것이냐가 한국 정치의 새로운 숙제가 되었죠. 사실 중민 이론은 안철수 의원에게도 여러 번 이야기했어요. 안철수 캠프 쪽에서도 어떤 유권자가 자신을 지지하는지 알고 싶어 했거든요. 저는 여러 차례 전국 조사를 했어요. 그 결과를 놓고 보았더니 안철수를 지지하는 가장 대표적인 집단이 바로 제가 주장해온 중민이었어요.

1980년대부터 중민 이론을 주장해왔습니다. 중산층이라는 경제적 계층과는 다른 중도개혁 성향의 젊고 혁신적인 집단이 존재한다고 보았죠. 그것을 중민이라고 이름 붙였고요. 중민 이론은 한국 정치 사회학계가 발견한 독창적 학설로 인정 받고 있습니다. 그리고 안철수라는 중민이 마침내 정치 리더로 부상한 거죠. 안철수 의원을 물심양면으로 도와주었던 것은 어찌 보면 당연한 일이었다 싶습니다.

중민이 안철수 의원을 지지했던 것은 나눔의 리더십 때문일 겁니다. 나눔의 리더십이란 공존을 지향하는 리더십입니다. 노블레스 오블리주라는 말로도 설명되죠. 그런 가치가 거의 사라진 한국 사회에서 안철수라는 인물이 등장했죠. '희망 콘서트'를 통해 나누는 리더십을 실천했고, 그게 정말 귀한 것이라 대중의 공감대가 순식간에 커졌던 겁니다.

중민의 지지를 얻었던 거군요.

중민은 1980년대 상황으로 가면, 생활수준은 넓은 의미의 중산층인데 의식이나 행위는 민중 지향적인 사람들이거든요. 그들을 중민이라고 호명하기 시작한 건 1987년부터지만, 중민의 존재를 처음 발견한 건 1985년이었던 것 같아요. 한국의 중산층은 모두 보수적이라는 주장은 틀렸다는 사실을 발견했던 거죠.

중민의 가장 큰 특징은 무언가요?
합리적으로 이해할 수 없는 권위주의적 권력에 대해 저항하는 겁니다. 그런 기질이 매우 강했어요.

나눔의 리더십에 대한 지지와도 이어지네요.
맞습니다. 당시에 중민의 저항은 군부독재로 집중되었죠. 사실 합리적으로 수용할 수 없는 권력 체계라는 것이 반드시 군부독재에만 국한되는 것은 아니에요. 결국 또 다른 중민적 특징은 검증 정신입니다. 사회에서는 당연시 여겨지는 것들을 치열하게 검증하려는 정신이죠.

검증 정신이요?
과거부터 전해져온 인습을 타파하고 검증하려는 정신을 치열하게 내면화한 사람들이 중민입니다. 검증의 대상은 정치만이 아닙니다. 사회 저변으로 확대될 수 있죠. 단순한 저항이 아니고 검증을 통해 더 발전한 새로운 모델을 만들려고 하는 잠재력을 지닌 사람들이죠.

당시로서는 386세대에 공통적으로 발견되는 특징이었겠네요.
그렇죠. 그런데 안철수 의원이나 안철수 의원에게 매력을 느꼈던 유권자들은 1980년대의 386세대와는 또 달랐어요. 권위주의 체제에 저항하고 적극적으로 참여하고 투쟁하는 측면만이 아니라 새로운 사회발전 모델을 검증하고 추구한다는 점이죠. 안철수 의원은 그것을 누구보다 정확하게 포착하고 있었어요. 소수의 카리스마적인 지도자가 이끌어가는 사회는 이제 안 된다는 거죠. 기업을 포함해서 통상적으로 이야기하는 조직의 지배권이라는 게 있잖아요. 흔히 톱다운top down 방식이나 하향식이라고 불리는……. 그런 식으로는 우리 사회를 이끌어갈 수 없습니다.

단순한 저항보다 좀더 근본적이네요.
전문가들이 적극 참여하고 시민들이 동참해서 새로운 가능성을 검증하고 합의를 이루어서 사회가 발전할 수 있다는 모델을 안철수 의원은 보았어요. 저 역시 기회가 있을 때마다 그것을 이야기했죠. 저항 모델에서 발전 모델로 이해할 수 있는 연결 고리를 잡은 거예요.

안철수 현상의 본질은 새로운 사회발전 모델에 대한 시대적 요구였네요.
그것을 잘 잡아야 미래에 대한 비전이 보이는 겁니다. 나눔의 정신이란 저항 정신에서 나아가서 새로운 발전 모델을 찾을 때 나오는 마음이에요. 사회적 약자에 대한 부채 의식이 있기 때문에 생겨나는 거죠. 나아가서는 민족에 대한 부채 의식이죠. 안철수 의원은 놀라울 만큼 분명한 사회적 부채 의식을 갖고 있었어요.

안철수 의원은 대선 출마 선언을 할 때도 시대의 요구에 응한다는 표현을 썼죠.
그래서 안철수 의원에게 모였던 거죠.

2013년 4월에 대한상공회의소에서 중민 이론을 통해 안철수 현상을 바라보는 세미나를 개최한 적이 있습니다. 당시만 해도 대선 패배 이후 안철수 현상을 어떻게 지속시킬지를 놓고 설왕설래가 있던 상황이었죠. 교수님의 중민 이론이 새삼 주목 받았던 것도 안철수 현상을 제대로 이해할 수 있는 이론적 틀이어서였을 겁니다.

세미나가 끝난 다음에는 안철수 의원도 왔죠. 그때 분위기도 좋았어요. 안철수 의원이 뒷풀이까지 남아서 한 사람 한 사람의 이야기를 경청했죠. 안철수 의원의 약점이 흔히 스킨십 부족이라고 하죠. 어느 정도는 사실일 겁니다. 민주당에서도 안철수 의원의 연락을 기다렸지만 전화 한 통 받지 못했다는 의원들이 있을 정도니까요. 하지만 그날만큼은 달랐어요. 사람들과 대화하는 데 매우 적극적이었죠.

그때 교수님께서 기조 발제를 하면서 했던 토로가 기억이 납니다. '중민들에 대한 견제가 필요했는데, 너무 지나친 낙관론 때문에 그 책임을 방기한 것 같다'고 통렬하게 반성했죠. 386세대로 대변되는 중민이 변질되는 것을 보면서 느꼈던 실망감을 표현한 말이라고 이해했습니다.

그랬죠. 그런 상태였죠.

누구보다 안철수 의원에게 큰 기대를 걸었던 것도 같은 이유일 거라고 보았습니다. 안철수 캠프에 자문위원으로 참여하고 적극적으로 도와주었던 것은 안철수 의원이 변질되지 않은 중민이라고 보았기 때문일까요? 현실 정치 속에서 안철수 의원도 변질된 게 아니냐는 의문이 든다는 겁니다.

어떤 면에서죠?

안철수 의원은 또 다른 386세대였을 겁니다. 1980년대 대학 캠퍼스에서 운동 대신 공부를 했던 386세대. 그 대신 사회에 나와서 새로운 발전 모델을 고민하고 실험하고 실행했던 세대. 그런 실험이 시장에서 일정 정도 성공을 거두면서 사회적 존재감을 획득한 세대. 동시에 기존 사회질서에 저항할 수 있는 자기만의 사회발전 모델에 대한 확신을 지닌 세대. 결국 기존 중민의 대안인 거죠.

비교적 정확한 표현이에요. 이른바 386세대라고 하면 두 집단으로 나누어져야 하거든요. 하나는 모집단으로서 386세대죠. 이 세대는 여전히 일정한 지분을 갖고 있고, 가치관을 공유하고 있거든요. 또 하나는 386세대라는 이름으로 현실 정치에 입문한 사람들이죠. 김대중 정부 때 조금 들어갔고 노무현 정부 때, 특히 2004년 총선 때 대거 진입했죠.

이른바 탄돌이였죠.

그들은 정치권 안에서 독자적인 정체성을 갖는 데 실패했어요. 완전히 기득권 민주당 안의 권력 구조 안에 편입되었죠. 일종의 권력 행사의 전위부대가 되었달까요? 쉽게 현실 정치에 타협하고 기득권이 되고 특권을 누렸죠. 원래 그들이 가졌던 민중에 대한 부채 의식을 정책으로 구현할 기회도 거의 갖지 못했죠. 모집단으로서 386세대들은 처음에는 그들에게 많은 기대를 했죠. 시간이 지나면서 완전히 그들을 버렸어요. 국민들보다도 386세대 유권자들이 386정치인들을 가혹하게 비판했죠.

자신들을 대변하지 못한다고 느낀 거겠죠.

오히려 자신들의 이미지를 심각하게 훼손하고 있다고 느꼈어요. 그때 안철수가 등장합니다. 중민을 가로지르는 특징 가운데 하나가 기존 권위에 대한 방법론적인 검증과 저항, 약자에 대한 부채 의식이거든요. 민주주의를 발전시켰지만 이제는 민주주의를 넘어서는 새로운 발전 모델을 찾아내야 한다는 혁신에 대한 요구가 강했죠. 그것을 정치만이 아니라 사회 각 분야로 확산해야 한다는 거고요. 이 기대를 안철수 의원이 자극했던 겁니다.

안철수 현상이 발화되었던 거군요.

수많은 전문가가 안철수 의원 주변으로 모여들었죠. 그냥 일반인도 아니고 각 분야의 전문가들이…… . 안철수를 통해서 자신들이 갖고 있는 전문적인 지식을 사회발전에 연결시킬 수 있겠다는 희망을 본 거죠.

교수님께서도 그중 한 분이었죠. 안철수 의원은 중민 이론의 총화같은 존재니까요.

저도 희망을 보았죠. 지금은 안철수 의원이 자신을 지지하는 집단이 누구인지에 대한 정확한 인식을 했는지조차 의심스러워요. 무언가 할 수 있었는데, 하지 않은 부분이 참 많거든요.

민주당과 합당할 때부터 잘못된 걸까요?

저는 이렇게 주장했어요. 들어가는 것은 좋지만 대단히 위험할 것이다. 민주당 안에서 당신을 써먹고 용도 폐기할 가능성이 항상 있다. 그것을 경계해야 한다. 자칫 잘못하면 당신을 지지하는 집단을 당신이 스스로 버리는 꼴이 될 수도 있다. 혼자 들어가서 혼자 끝난다. 당신을 지지하는 집단을 항상 염두에 두어야 한다. 이것에서 단절되면 정치인의 생명은 끝난다. 그런데 합당 이후의 행적을 보면 이 부분에 대한 배려가 거의 없었어요. 상당히 많은 사람이 떠났죠.

6·4 지방선거에서 전략 공천은 정말 뼈아픈 실책입니다. 상향식 사회발전 모델을 대변해줄 거라고 믿었던 안철수 의원이 전형적인 총재정치를 해버렸어요. 자신이 왜 지지 받고 있는지 전혀 몰랐다는 거죠. 권위주의를 해체하라고 했더니 권위주의 그 자체가 되어버렸죠.

안철수 의원이 통렬하게 반성해야 합니다. 약간 구름 위에 떠 있었어요. 만나보면 늘 열심히 하겠다고 이야기하고 기대를 헛되이 하지 않겠다고 말했죠. 결의만 있었어요. 자기를 지지하는 사람들이 왜 지지하고 어떤 것을 원하는지에 대한 명확한 그림만 있었다면, 민주당에 들어간 이후에도 어떻게든 그 그림을 관철하려고 치열하게 투쟁할 수 있었겠죠. 당 대표로서 엄청난 파장을 불러일으킬 수 있는 기회가 있었거든요. 못했죠.

주변의 전문가들이 조언한 대로만 했더라도…….
안철수 의원에게 기대를 걸었던 선의를 가진 전문가들이나 시민들을 전혀 배려하지 않았어요. 다들 거의 개점 휴업 상태였죠. 그러다 딱 끝나버린 겁니다. 저도 참 놀랐죠. 어떻게 이렇게 허망할 수 있느냐. 자신의 뿌리를 잃었던 거죠.

안철수 의원은 쉬운 길을 선택했던 것 같습니다. 전략 공천도 쉬운 길이었죠. 사실 합당이란 것도 창당보다는 쉬운 길이었죠. 정치에서는 지름길이 독이 될 수도 있습니다. 오히려 돌아가는 길이 승리의 길인 경우가 종종 있어요. 안철수 의원은 그것을 몰랐던 것 같습니다. 쉬운 길만 가다가 지지 기반을 잃어버린 거죠. 더 근본적인 문제는 자신의 선택에 있었죠. 안철수 의원이 재기하기가 어려워 보이는 이유죠. 문제가 자신 안에 있으니까요.
미래를 바라보는 눈은 여러 개가 있는 것 같아요. 그동안 이른바 제3지대를 모색했다가 몰락한 수많은 사례를 관찰해온 전문가들은 안철수 의원은 끝났다고 봐요. 재기가 어렵다고 이야기합니다. 게다가 기본적으로 CEO 출신이 정치를 하는 것은 어렵다고 봐요.

나쁜 전례가 많네요.
그 말에는 약간의 진실이 있어요. 안철수 의원이 그렇게 될지는 두고 봐야 해요. 아직 한국 정치 지형은 안철수 의원으로 대변되는 새로운 정치가 필요해요. 전혀 개선되지 않았기 때문이에요. 안철수 의원에게 충분한 기회가 있었는지도 따져봐야죠. 선거에 임박해서 합당을 했죠. 선거는 정당의 사활이 걸린 문제죠. 계파간 갈등이 극렬하게 표출됩니다. 결국 안철수 의원은 6·4 지방선거와 7·30 재보궐 선거로 만신창이가 된 것 아닙니까? 결과적으로 안철수 의원이 모든 책임을 지고 물러난 거죠. 하지만 민주당도 책임이 있죠. 안철수라고 하는 대중 정치인을 영입해놓고 그에 상응하는 노력을 함께했느냐고 물어볼 필요는 있어요. 선거라는 특수 국면이었다고 하더라도 다른 노력을 하지 않았죠. 시간이 지나면 안철수 의원에 대한 동정론이 나올 수 있다고 봐요.

동정론이요?

안철수 의원이 이렇게 용도 폐기되어서는 안 된다는 거죠. 안철수 의원이 자신의 과오를 성찰하고 고치려고 하면서 동시에 민주당이 계속 혁신해나간다면, 안철수 의원의 실패를 대중이 이해할 수 있겠죠. 저는 그렇게 봅니다.

민주당에 대한 기대가 크지 않는군요?

저는 민주당이 그렇게 잘 전개되리라고 보지 않아요. 손학규 의원에 대해서 안타깝게 생각하는 사람도 있지만, 안철수 의원에 대해서도 마찬가지로 아깝게 생각하는 사람들이 있거든요. 지지 기반이 다 떠난 것은 아니니까요. 정치적 이해관계로 접근한 사람들은 100퍼센트 떠났다고 해도 과언은 아니죠. 가치관이나 미래에 대한 희망으로 함께했던 사람들은 아직 있어요. 사실 갈 곳도 없으니까요.

MBC 〈시선집중〉에서 박영선 원내 대표에 대해 신랄하게 비판하는 걸 들었습니다. 실제로 세월호 특별법 처리 과정에서 박영선 원내 대표는 심각한 리더십 약점을 드러냈어요. 세월호 특별법을 합의해주면서 야권 지지자들만 분열시켰죠. 당당하게 요구할 수 있었던 것을 불리한 상황에서 얻어내야 하는 상황이 되었죠.

안타깝죠.

사실 박영선 원내 대표는 법정관리 선고를 받은 회사의 임시 CEO 아닙니까? 당장 선거가 있는 것도 아니고……. 공천권을 행사할 일도 없죠. 이미 친노 그룹에서는 내부적으로 당권을 잡을 준비를 하고 있습니다. 2016년 총선 공천권이 달려 있으니까요. 대권보다는 당권이 중요한 정당이라는 이야기도 있으니까요. 어쨌든 이런 행태를 보이는 정당에 기대할 게 있을까요? 이대로 가다간 새 정치를 기대했던 유권자들은 정치에 환멸을 느끼게 될 겁니다.

그게 아주 무서운 부분입니다. 앞으로 민주당은 힘이 없을 거라고 봐요. 저는 정당에 가입한 적도 없고, 민주당에서 정치 활동을 한 적도 없습니다. 김대중 대통령을 1988년 총선 직후에 처음 만난 이후부터 굉장히 애정을 갖고 지켜봐왔던 것은 사실입니다. 지금은 절체절명의 위기예요. 굉장한 위기입니다. 이대로 가면 호남의 민심 이반은 가속화될 겁니다.

2014년 7월 재보궐 선거에서 이미 순천·곡성에서 이변이 일어났죠.

그게 호남 전반으로 확산될 겁니다. 전국적으로는 무당파가 굉장히 늘어날 겁니다. 안철수 의원이라도 있었기 때문에 그런 흐름이 어떤 정치적 전망으로 흡수가 되었던 건데요. 이제 그것마저 없으니까, 사람들은 정치는 집어치우자고 말하면서 탈출할 겁니다. 탈정치화죠. 그러면 야당으로서는 절벽이에요.

대안 없는 민주주의 사회가 되는 거네요.

그렇게 될 위험이 있어요. 지금이 위기죠.

민주당은 패착만 거듭하고 있습니다. 박영선 원내 대표가 세월호 특별법을 합의해준 것만 봐도 그래요. 세월호 참사라는 이슈를 통해 뭉쳐 있던 지지 기반을 스스로 붕괴시켰습니다. 안철수 의원이 했던 실수와 동일하죠. 야당은 자신의 지지 세력을 배신하고 있어요.

박영선 원내 대표의 주장에도 일정한 논리는 있어요. 문제는 그런 논리가 잘못 해석되면, 세월호 참사가 선거 쟁점이었다는 이야기밖에 안 되거든요. 세월호 참사로 선거에서 승부를 걸려고 했는데, 국민들에게 설득력이 없어 참패했어요. 이제 야당은 그 카드를 버린다고밖에 안 보여요.

당리당략이네요.

그렇게 해석할 수 있습니다. 야당이 제대로 하려면 반드시 양날개로 가야 해요. 싸울 때는 진짜 결연하게 싸워야 해요. 그런데 싸움만 하면 사람들이 짜증을 느낀다? 그것을 민생정치로 해결해야 해요. 민생정치와 정치적 싸움은 별거 아니거든요. 같이 가야 해요.

중도와 진보의 양날개론이군요.

그러자면 상당한 융통성이 필요해요. 이념으로 경사된 정당으로도 어렵고 쉽게 합의해주는 타협만으로도 어려워요. 확실한 자기 비전과 리더십이 있어야죠. 박영선 원내 대표가 민생에 대한 부담 때문에 그렇게 결정했다고 한다면, 그것은 완전히 잘못된 겁니다. 세월호 참사는 민주주의의 기본 원칙에 따라야 하는 겁

PHOTOGRAPHY 권영탕

니다. 유가족들이 있고, 여론이 있잖아요. 그 집단들과 교감을 통해 문제를 해결한다는 것은 기본이잖아요. 그것을 간과했기 때문에 절차상의 문제가 발생했고 지지 기반이 분열된 거죠. 정치는 협의의 과정을 거쳐야 해요. 서로 교감할 수 있어야죠.

교감 능력이야말로 정치인의 실력인 건데요. 실력 부족이죠.
문재인 의원마저도 잘못된 결정이라고 말하던데, 그렇게 비난 여론에서 슬쩍 한 발 빼는 듯한 태도를 취하면 안 돼요. 그것은 리더십이 아닙니다.

문재인 의원에게 정치 은퇴를 요구한 적도 있죠. 지금도 야권 정치인들에게 매서운 말씀을 계속하고 있죠. 이게 잘못하면 역풍이 될 수도 있잖아요.
그렇죠. 엄청나게 깨졌죠.

교수님은 서울대학교 명예교수입니다. 구태여 앞장서려고 하지 않아도 부족할 게 없습니다. 자신은 욕을 먹더라도 현실 정치에 대해 매를 드는 역할을 하려는 건가요?
저는 한 번도 정치를 해본 적이 없어요. 늘 지식인이었죠. 제가 평생을 지식인으로 살아오면서 가장 감명 받은 인물이 독일의 철학자 위르겐 하버마스예요. 그는 독일이 통일되고 난 다음에 신랄하게 비판해요. 독일 통일이 규범적인 차원에서 훼손되었다는 논리였죠. 굉장히 비판 받았습니다. 엄청난 역풍을 맞았어요.

통일이라는 신성한 가치를 비판했으니까요.
그를 만났더니 그런 이야기를 하더군요. '지식인의 역할이 뭐냐.

어떤 시대의 문제에 대해서 자신의 이야기를 하고, 역풍을 맞더라도 앞으로 나아가는 것이다. 왜냐하면 내가 우려하는 것을 이야기해주면 역풍이 일지만, 내가 우려했던 것을 극복하려는 노력이 일어난다. 지식인이 할 수 있는 일은 그것이다. 지식인이 직접 나서서 문제를 해결하는 것은 불가능하다. 그러나 역풍이 일고 그 사이에서 문제를 제기하면 인지하게 된다.'

여론이 형성되고요.

그것을 극복해야 한다는 공감대가 형성되고, 그 정도 하는 것이 지식인입니다. 하버마스의 길이 제 마음속에 있어요. 문재인 의원에게 퇴진하라고 이야기했을 때 다들 제가 안철수 캠프와 관련이 있으니까, 안철수 의원을 위해서 하는 거라고 해석했어요. 저는 그게 결과적으로 문재인 의원을 살리는 길이라고 생각했어요.

경고를 하는 것이 지식인의 길이라고 보는 거군요?

하버마스의 길이죠.

이렇게 야권이 지리멸렬해지면 정말 보수의 장기 집권 체제가 열리는 걸까요?

정말 위험한 상황이기는 하죠.

이제까지는 안보 이슈 때문에 한국 정치를 기울어진 운동장이라고 했다면, 지금은 경제 양극화와 인구 비례 측면에서 뒤집어진 운동장에 가까워지고 있어요. 그것을 야당이 극복해주어야 하는데, 계속 기울어진 운동장 타령만 하죠. 유권자들은 정치에 환멸을 느끼고 대안 없는 민주주의가 고착화되죠.

새누리당의 장기 집권은 아주 앞서간 이야기 같아요. 과거 경험을 되살리면 2004년 노무현 대통령 탄핵 파동이 있었잖아요. 그러고 나서 사태가 역전되었습니다. 거기에 대한 반작용으로 2004년 총선에서 이겨 다수 의석

"야당이 제대로 하려면 반드시 양날개로 가야 해요. 싸울 때는 진짜 결연하게 싸워야 해요. 그런데 싸움만 하면 사람들이 짜증을 느낀다? 그것을 민생정치로 해결해야 해요. 민생정치와 정치적 싸움은 별거 아니거든요."

"민주당이 현재의 체제로 정권 교체의 가능성이 무망하다고 국민들이 느낀다면 부담이 없어져요. 그러면 확실하게 새로운 정당을 만들어야 합니다. 어차피 정권 교체가 안 될 거라면, 부담은 줄어들어요."

을 차지했어요. 그때 의기양양했습니다. 세대 지형도 다 분석해놓고 의기양양했어요.

100년 정당이라고 했죠.

금방 무너졌어요. 장기 집권에 대한 생각을 한다는 것은 오만해지고 나태해질 가능성이 많아요. 치밀하게 준비해간다고 할 수는 있겠지만, 한국 정치가 그렇지는 않아요. 한국 정치의 특징은 야당이건 여당이건 두뇌화의 정도가 굉장히 약해요. 장기 집권이라고 하는 것은 두뇌화 정도가 높고 과학적인 정세 판단을 해서 그에 맞는 걸 척척 한다면 몰라요. 그게 아니고 감각적 수준에서 이야기를 많이 해요.

즉흥적인 측면이죠.

그런 생각을 하는 순간 더 위험해져요. 새누리당이 지금 그런 생각을 치겠지만, 쉽지 않을 거예요. 한편으로 탈정치화 같은 위험이 예견되기도 하는데, 그것을 어떻게 막느냐는 것은 참 어려운 문제에요.

정책적 차별성이 떨어지는 것도 탈정치화의 원인 같습니다. 누가 정권을 잡든 별 정책 차이가 없습니다. 사람들이 대안이 없다고 느끼는 것, 중민들이 보면 내 의견을 수렴할 수 있는 대의적인 정당이 있었으면 하는데, 그 정책을 세우고 있지 않는 거죠. 최경환 경제부총리의 양적 완화 정책도 여야 모두 서로 주장해왔던 정책이잖아요. 뻔한 부작용이 예견되는 상황인데도요.

동의하는 부분이에요. 그런데 경기부양책을 통해 양적 완화를 하겠다고 했을 때, 어떤 뚜렷한 정책을 내놓을 수 있느냐 하는 것도 문제인데요. 거기에 대해서 뚜렷한 대안을 민주당이 자신 있게 내놓기에는 사고의 틀에서 변별력이 없어요. 그것은 그럴 수밖에 없습니다. 새누리당에도 상당한 브레인이 있고 민주당에도 브레인이 있는데, 이 브레인들이 어떤 지점을 서로 공유하고 있어요. 그 안에서 정도의 차이가 있을 뿐이지 노선상 분명한 차이가 있는 것은 아니에요.

여야가 포장만 다르지 정책의 뿌리는 같은 거죠.
정책을 만드는 싱크탱크들의 면면을 보면 그 뿌리는 유사하죠. 거의 똑같은 관료 집단에서 선후배 사이죠.

그런 구조 안에서라면 혁신적인 정책 대안은 나오기가 어려운데요.
저는 그래서 쉽지 않다는 이야기예요. 복지 정책이나 경제민주화 이야기를 하지만 변별력이 없어요. 다른 프레임으로 우리 문제를 풀려는 노력이 필요합니다. 복지 문제를 재정적으로 풀려는 노력도 필요하지만, 사회 연결망에 착안하는 새로운 시도도 중요하다고 봅니다.

어떻게 그런 시도를 할 수 있을까요?
민주당이 지금까지의 체제를 바꾸지 않고 그대로 간다면 그래서 호남에서조차 지지 기반이 굉장히 엷어지거나 도전을 받는다면 새로운 기회가 올 수도 있지 않을까 합니다.

오히려 순천·곡성과 같은 선거 결과가 나올 수 있거든요. 야권이 죽어야 사는 거네요.
그동안 양당의 적대적 공존 관계에 많은 환멸과 실망감을 느꼈던 유권자들이 제3의 가능성을 찾는 것에 피곤을 느껴 정치에 대한 관심을 거둔다면, 한국 정치의 위기예요. 지금까지는 안철수가 새로운 정당을 만들 적에 아무리 좋은 명분이 있다 하더라도 새누리당에 어부지리를 주는 것 아니냐 하는 비판이 강했어요. 그

한 상 진 ★ 나 는 야 당 을 비 판 한 다

162

정서를 이해해요. 그러나 민주당이 현재의 체제로 정권 교체의 가능성이 무망無望하다고 국민들이 느낀다면 부담이 없어져요. 그러면 확실하게 새로운 정당을 만들어야 합니다. 어차피 정권 교체가 안 될 거라면, 부담은 줄어들어요. 그게 안철수 의원에게는 새로운 기회가 될 거예요. 또 유권자들이 정말 새로운 대안을 모색하는 기회가 될 거예요.

망가지려면 확실하게 망가져야 하는 거죠.
그때는 극단적으로 전망이 없는 민주당을 부수는 것이 그렇게 나쁜 것이 아니라는 국민적 공감대가 형성될 수 있거든요. 그러면 조금 자유로워지니까 과감하게 시작할 수 있고, 결과가 어떻게 될지는 모르지만 새로운 실험이죠. 적어도 탈정치화로 인한 위험은 막을 수 있는, 새로운 활력을 얻을 수 있는 가능성은 있지 않겠느냐고 조심스럽지만 이야기할 수는 있죠.

민주당에 대해 비판적인 발언을 더 크게 했던 것은 어쩌면 민주당 대선평가위원장을 맡고 나서부터 같습니다.
제 입으로 다 이야기하기는 좀 경솔한 것 같고요. 다만, 제가 하고 싶은 이야기는 그거예요. 현저한 인식의 격차가 있다.

인식의 격차요?
당시 당을 실질적으로 주도했던 집단들이 생각하는 민주당의 그림이 있어요. 민주당은 무엇이고, 대선은 어떻게 치렀고, 거기에 대한 평가도 있고요. 또 하나는 민주당 국회의원들과 당료들과 지방의원들이 생각하는 민주당의 그림이 있어요. 민주당은 어디로 가야 한다. 민주당은 무엇을 잘못했다. 마지막으로 지지자들을 포함한 국민들이 갖고 있는 민주당의 그림이 있어요. 이것들이 아주 차이가 많아요. 그것을 뼈저리게 느꼈어요. 그런데 이른바 실권파들은 자신이 민주당이라고 생각해요. 이들은 민주당의 정통성을 갖고 있고, 자신들이 하는 것이 민주당이고, 자신들의 말이 민주당이라고 확신해요. 자신들이 생각하는 것과 다른 것은 민주당을 해치는 것이라고 생각해요. 그런 생각이 배타적일 정도로 굉장히 강해요. 자신을 중심에 놓고 다른 사람은 제3자로 놓고 보거나 주변적인 것으로 보죠.

순혈주의군요.
심지어는 국회의원들과 전체 당료들 사이에도 인식의 격차가 있습니다. 그게 민주당의 현실이죠. 그러다 보니까 실권파들이 반드시 선거에서 승리하기보다는 당 안에서 자신의 지위나 특권을 유지하는 데 관심 있는 게 아니냐는 비판을 받는 거죠. 실제로 그런지는 자신 있게 이야기는 못하겠어요. 중요한 것은 실권파들의 사고방식이 굉장히 좁고 자기중심적이고 특권적이고 어떤 의미에서는 폐쇄적이에요. 그것을 저는 굉장히 많이 느꼈어요.

중민의 특성이라는 게 수평적이고 소통적이며 권위주의적인 불합리한 의사결정에 반한다고 했습니다. 사실 민주당은 중민의 여망과 가치관을 대변하겠다는 정당인데요, 그 안에서는 사실 굉장히 보수적이고 권위주의적이고 불합리한 형태의 의사결정이 이루어지고 있다는 이야기잖아요.
그렇죠.

386세대가 변질되었다면 그다음 세대는 어떻습니까? 이른바 '응답하라 세대'랄까요. 지금 막 40대로 진입하고 있는 세대일 텐데요. 그들에게도 중민의 가능성이 있지 않을까요?
아주 좋은 고민거리죠. 어느 정도 논의도 진행되었고요. 저는 현재 민주당이 자신의 뿌리에서 아주 많이 떨어져 나왔다고 생각합니다. 그 이야기를 풀어서 말하면, 민주당은 중산층과 서민을 위한 정당이라고 하는 가치를 많이 잃었어요. 이제 대안이 필요합니다. 대안 정당은 대안 세력이 있어야 지지 기반을 얻을 수 있죠. 그게 386세대 이후인 지금의 30대와 40대냐는 논의가 상당히 다양합니다. 사람들의 관심은 거시적인 수준에서부터 좀더 미시적인 수준으로 이행합니다. 이것은 세계사적인 추세입니다. 생활 현장에서는 젠더 문제도 굉장히 심각해요. 오늘날 젊은 세대는 386세대보다 훨씬 미시적인 생활 영역에 관심을 갖고 있고 검증 정신이 더 치열해요. 중민이 연속이냐 끝났냐 하는 것에 대해서는 그동안 글을 많이 썼는데, 중민의 기본 특징이 조직화된 검증 정신이고 그런 의미에서 탈인습이라는 말을 쓰거든요. 탈인습된 가치관으로 무장된 것이 중민 세대의 기본 특징이라면, 일단 습득된 가치관이라고 하는 것은 쉽게 증발되지 않는다고 봅니다.

7·30 재보궐 선거로 야권은 치명상을 입었습니다. 안철수, 손학규, 김두관, 김한길, 거기에 노회찬까지, 대선주자급 정치인들을 한꺼번에 잃었죠. 다시 문재인 의원에게 시선이 쏠리는 게 사실입니다. 여전히 문재인 의원에 대해서는 비판적인가요?

저는 문재인 의원에 대해서 전혀 악감정이 없어요. 한 인간으로서 한 정치인으로서 지역구 정치인으로서 문재인 의원은 사람이 좋고, 인상도 좋아요. 점잖아요. 그래서 그분에 대해서 사적인 감정이 있는 게 아니에요. 제가 이야기하는 것은 한 국가를 이끌어갈 대통령 후보로서 진정한 의미의 탈바꿈 없이 그 모습 그대로 다음에 도전한다고 하면 불가능하다는 이야기였죠. 변화를 요구하기 위해 비판을 한 겁니다.

문재인 의원이 다음에도 야당의 대선 후보가 된다면, 2012년 대선과 똑같은 형태의 구도가 짜일 가능성이 높죠. 2002년 대선을 치렀던 민주당의 정책 브레인들이 여전히 2012년 대선도 치르고 2017년 대선도 치르는 셈이죠.

제가 정말 우려하는 게 바로 그거예요. 문재인 의원의 자서전은 여러 가지를 암시해주어요. 문재인 의원 진영의 참모들은 한국의 정치 지형이 기울어져 있기 때문에 대선에서 패배했다고 생각해요. 환경 탓이죠. 그 대신 근소한 표 차이로 졌기 때문에 조금만 더 얻으면 된다고 보죠. 이 두 가지가 저는 엄청난 착시 현상이라고 생각합니다.

선거가 덧셈, 뺄셈은 아닐 텐데요.

진짜 착시 현상이에요. 특히 1,469만 표에 너무 과신하기 때문에 대선평가할 때 그 부분을 정말 열심히 분석했어요. 이 표가 어떤 표냐 문재인을 적극 지지해서 온 표가 아니다. 여러 가지로 증명을 해주었어요. 그리고 과거를 겸허하게 반성한다면, 두 개의 대립된 의견이 있어요. 하나는 안철수가 조금만 더 잘 도와주었어도 이겼을 텐데 하는 아쉬움이죠. 원망하는 것이죠. 또 하나는 절대 박근혜 후보가 되어서는 안 된다는 절박감이 있었기 때문에 젖먹이 힘까지 다 동원해서 총력을 기울였다는 거죠.

그렇게 했는데도 안 되는구나.

유권자들이 전력투구하면서 줄기차게 요구했던 것은 이거예요. 문재인 후보와 주변 사람들은 제발 기득권을 버려다오. 주변 사람들은 청와대나 정부에 들어가지 마라. 왜냐하면 주변 사람들은 그들이 굉장한 원한에 사무쳤다고 생각해요. 적개심이 굉장히 많은 사람들이라고요. 그 이미지를 과감하게 버려라. 그러면 이긴다고 하는 이야기가 빗발처럼 들어갔어요. 그런데 그렇게 하지 않았죠. 그 주변 사람들은 문재인 후보가 될 거라고 생각했어요. 승리감에 도취되어 어떻게 나누고 그런 이야기까지 내부적으로 들렸어요.

자기 혁신이 없네요.

패배 원인을 바깥에서 찾기보다는 안에서 찾아야지 발전이 되는 겁니다. 이런 사고방식으로는 안 되거든요. 기울어진 운동장도 절대 상수가 아니에요. 그것은 변수예요. 변화가 가능하고 가능하게 하는 것이 정당의 역할이에요. 그것을 상수라며 환경 탓으로 돌리는 것은 책임지는 정당의 모습이 아니에요. 그래서 제가 화가 나는 거예요. 사람들이 철저히 뭉쳐 있어요. 선거 기간에는 우리가 이길 수 있다고 하다가, 선거가 끝나자마자 기울어진 운동장을 이야기하는 거예요. 자기를 방어하는 거죠. 그것은 절대 아니다. 제가 그때 확신했어요.

민주당 대선평가위원장 하면서 미움을 많이 받았습니다.

처음부터 칭찬을 받기 위해서 한 것은 아니고요. 제 나이도 있고 생각한 것은 분명히 이야기하겠다고 다짐했어요.

오랫동안 한국 사회를 분석해왔습니다. 한국 정치는 진화하고 있습니까? 중민들이 퇴화하고 있는 것은 아닐까요? 안철수 의원의 몰락을 보면서 불안해집니다.

저는 진화하고 있다고 생각합니다. 진화를 이끄는 제도적인 측면에서 진화가 되고 있어요. 때로는 그 제도가 악용되고 있을 뿐이죠.

민주당은 어디로 가야 합니까?

그동안 야당을 줄기차게 비판하면서 개인적으로도 손실이 커요. 이해찬 의원과도 아주 가까웠는데 지금은 연락하기 어렵게 되었죠. 언젠가는 관계가 회복되기를 바라지만, 지금은 서로 접근을 거의 안 하고 있죠. 제가 생각하는 저의 정체성은 민주당을 버리고 다른 쪽을 위해서 일할 수 있는 사람이 결코 아니라는 겁니다. 저의 뿌리는 민주당이죠. 다만 현재의 민주당은 어렵습니다. 자신의 뿌리에서 멀리 떨어져 나왔고, 자신을 되돌아보지 않아요. 그래서 제가 한때는 그런 이야기를 썼어요. 김대중 대통령이 지하에서 통곡을 할 거다. 민주당은 자신의 뿌리로 돌아가야 해요. 다시 시작해야 합니다. 그 시작은 당 분열을 막는다는 명분으로 미봉책을 쓰지 않고 당 안에서 공론의 장을 활발하게 여는 것입니다. 그러면서 새로운 힘이 솟아나고 모일 것입니다.

PROFLLE

서울대학교 사회학과를 졸업했다. 미국 사우스일리노이대학에서 사회학 박사학위를 받았고, 독일 빌레펠트대학에서 포스트닥 연구원으로 일했다. 1981년부터 2010년까지 30년 동안 서울대학교 사회학과 교수로 재직했으며, 현재는 서울대학교 명예교수다. 1998년 노사정위원회 공익위원으로 활동했다. 1999년부터 2000년까지 한국정신문화연구원 원장으로 일했다. 1999년부터 2004년까지 외규장각 도서 반환 관련 민간 협상 대표로 활약했다. 2001년부터 2003년까지 대통령자문 정책기획위원회 위원장으로 일했다. 2005년부터 2007년까지 한국인권재단 이사장으로 재직했다. 2006년부터 김대중평화센터 안보와 평화 자문위원으로 활동하고 있다.

장하성

:

니는
'한국 자본주의'를
고치고 싶다

정태인

:

나는
'불평등 대한민국'이
싫다

장하성

나는 '한국 자본주의'를 고치고 싶다

정말 '한국 자본주의'를 고쳐 쓸 수 있는 겁니까?

고쳐 써야만 해요. 지금 자본주의가 살아남아 있는 것은 본질적으로 좋은 제도라서가 아니거든요.

『한국 자본주의』에서도 자본주의의 대안으로 공산주의와 사민주의가 등장했지만, 제 역할을 못했다고 지적했습니다.

그렇죠. 이제 대안이 없다는 게 분명해졌다면 고쳐 쓸 방법을 고민해야죠. 고칠 수 있는 방법이 있느냐? 무수히 많아요.

『한국 자본주의』에서는 고쳐 썼던 역사적 사례들을 제시했습니다.

고쳐 써서 잘 되었다가 잘못 손대서 망가졌던 사례들을 쓴 거잖아요. 그런데 왜 못 고치냐? 결국은 자본주의를 고치는 실행의 주체 문제죠.

정치죠. 그래서 '바보야, 문제는 정치야'라고까지 말했잖아요?

저도 안타까웠어요. 책의 마무리 부분만 1년 반 이상 고민했거든요. 끝내 결론이 정치로 가니까 허무해지는 거예요. 그렇다고 현실 정치에서 길이 보이느냐?

아니니까 더 답답해지죠.

한국 정치에서는 계층의 이해를 대변하는 정당이 존재하지 않아요. 2012년 대선 때도 결국 당이 하나였잖아요. 새누리민주당. 후보만 두 당에서 나온 거였죠. 새누리당은 보수 우파인데 선거 때만 진보 좌파의 이슈를 훔쳐서

사탕발림만 했던 거죠. 반면에 민주당은 총선이든 대선이든 제대로 이길 생각이 없었어요.

집권하는 것보다 자기 계파가 승리하는 게 중요하니까요.
사실 져도 좋아요. 제대로 져야죠. 패배하고 집권을 못해도 당이 분명하게 대변하는 계층이 있고 자기가 지향하는 가치와 비전이 있다면 소수로 남아도 괜찮아요. 네덜란드나 핀란드의 사민당은 집권은 못했지만, 수십 년 동안 원내 제2당으로 견제의 힘을 발휘하잖아요. 그렇게 세상을 변화시키잖아요.

한국 정치는 가치 정당 혹은 계층 정당이 절실한데요.
강준만 교수가 쓴 『싸가지 없는 진보』를 보고 참 반가웠어요. 강준만 교수도 앞에서는 변명을 길게 했더라고요. 싸가지 없다는 게 나쁜 말이 아니라는 것을 어떻게든 설명하고 들어가려고요. 마음속으로 강준만 교수도 이럴 때가 있구나 싶었어요.

그만큼 조심스러웠던 거죠. 잘못 하면 길바닥 싸움을 하게 되니까요.
사실 진보는 싸가지만 없는 게 아니라 게으르고 실력도 없거든요.

『한국 자본주의』에서도 한국의 자본주의 이야기만 고집스럽게 했습니다. 일단 한국의 자본주의가 고쳐야 할 만큼 망가졌느냐부터 따져보아야겠죠. 사실 자본주의가 고장났고 고쳐 써야 한다는 것은 전 세계적인 고민거리잖아요. 토마 피케티의 『20세기 자본』이 나왔고, 조지프 스티글리츠나 폴 크루그먼 같은 교수들도 한결같이 그 이야기를 하고요. 한국에서 자본주의의 대안은 없다는 말이 고쳐 쓸 필요도 없다는 말로 오인되는 경우가 종종 있습니다. 대안이 없는 거지

완벽한 것은 아닌데……

『한국 자본주의』에서 제가 던지고 싶었던 메시지도 그것입니다. 성장이 중요하지 않다는 이야기가 아니에요. 자본주의적 성장의 목적이 뭐냐는 거죠. 어차피 잘사는 사람들이 얼마나 더 잘살게 되느냐는 일반 국민들에게는 중요한 게 아니잖아요. 국민의 절대다수인 중산층이나 서민의 삶이 나아지느냐가 중요하죠. 결국 국민의 삶이 나아지지 않는데 경제성장은 왜 하냐는 질문이 강하게 제기되어야 하거든요.

문제 제기는 되었던 게 아닐까요? 몇 년 동안 분배 정책과 복지 정책이 정치권의 주요 화두였잖아요. 그래서 경제민주화 이야기가 나왔고요. 실행이 안 돼서 그렇죠.

아니죠. 최근에 재분배 이슈가 강하게 제기된 것은 사실입니다. 그런데 재분배라는 것은 다시 분배한다는 뜻이잖아요. 분배가 일정하게 이루어졌다는 것을 전제로 그것으로는 충분하지 못한 소외 계층에는 국가가 세금을 거둬서 복지 정책으로 재분배를 해준다는 개념입니다. 한국 자본주의는 복지와 재분배의 전 단계인 분배부터가 안 돼 있어요.

재분배가 문제가 아니고 분배가 문제다?

세금 거둬서 복지하고 재분배하는 것은 2차적 이슈예요. 1차적으로는 국가가 경제 발전을 하면, 다시 말해 기업이 생산해내는 부가가치들이 국민들에게 1차적으로 분배가 되어야 할 것 아닙니까? 그다음에 1차적 분배에서 소외된 계층에 복지나 재분배를 통해 문제를 풀어야 하잖아요. 정작 한국 자본주의는 1차적 분배의 문제를 한사코 외면해요.

2차적 재분배의 주체는 정부일 수 있겠죠. 1차적 분배의 주체는 기업이어야 합니다. 그런데 기업이 분배에서 빠지고 곧바로 책임을 정부에 떠넘겨버린 형국이군요.

국가의 경제 주체라는 게 셋밖에 없잖아요.

가계, 기업, 정부.

국가의 총부가가치는 정부가 세금으로 가져가든지, 기업이 사내 유보금으로 갖고 있든지, 개인이 갖고 있든지, 셋 중 하나의 형태로 존재할 수밖에 없어요. 한국 자본주의는 기업에 몰려 있죠. 개인의 소득은 계속 줄어들고⋯⋯. 그렇다면 기업이 분배를 하게 만들어야 해요.

그게 가능합니까?

가능하고 가능하게 만들어야죠. 그게 정치이고 정책입니다. 우리는 기업이 분배를 하도록 만드는 것을 기업을 망하게 한다거나 경제를 망치는 것처럼 여기죠. 국민들이 그렇게 믿게 만들어서 불안감을 조성하거든요. 그런 담론이 기득권이나 기업이나 언론이나 심지어 진보 쪽에서도 생산되죠.

진보 쪽에서도요?

삼성을 보호해주는 특별법을 만들자는 주장이 나오잖아요. 황당하죠. 1차적으로 분배를 엉망으로 해놓고 세금 걷어서 복지하자? 세금 걷어서 재분배하자는 이야기를 진보 쪽에서 먼저 더 큰 담론으로 만들어버렸어요.

진보가 대기업을 분배의 의무에서 벗어나게 만들어준 꼴이네요. 순서가 잘못된 거네요. 사실 교수님께서는 먼저 순서를 맞추셨잖아요. 1990년대 후반부터 벌인 소액주주운동이 그거였죠. 기업이 임금을 올리고 배당하도록 압박했습니다. 그런데 왜 일부 진보는 소액주주운동을 주주자본주의의 앞잡이짓인 것처럼 색칠을 해버리고 싶어 할까요?

그게 진보의 실력 부족이죠. 제가 지금까지 이런 비판이나 비난에 대해서 응답을 한 적이 없어요. 텔레비전 출연을 해본 적도 없고, 『한겨레』나 『조선일보』에 글을 쓴 적도 없어요. 책도 쓴 적이 없습니다. 그래서 『한국 자본주의』에서 이제까지 제가 하고 싶었던 이야기들을 아주 정교하게 정리했어요.

『한국 자본주의』는 한국 자본주의에 대한 이론을 집대성한 것 같습니다.

이제 와서 이야기지만, 소액주주운동 하면서 이재용 부회장과 삼성에 대한 문제 제기를 한 게 어떻게 주주자본주의를 위한 겁니까? 주주자본주의를 위한 거라고 해도 신경 안 써요. 어차피 주주자본 아니면 기업을 견제할 대안도 없어요. 일부 게으른 진보들은 자꾸만 주주와 노동자가 충돌하는 것처럼 이야기해요. 주주들에게 배당을 해서 임금을 못 준다는 식이죠.

근거가 있나요?

제가 그래요. 그런 통계나 논문이 있으면 하나만 가져와라. 그럼 그쪽에서는 그래요. 미국과 유럽에서는 그렇다고요. 그럼 그런 이야기는 미국이나 유럽에 가서 해야죠. 왜 한국에서 미국과 유럽 사례를 근거로 듭니까? 사실 한국은행 통계에 따르면 한국의 배당액은 임금의 4.7퍼센트에 불과해요. 얼마 전에 민주당 최재석 의원이 국정감사에서 낸 자료를 보니까, 배당소득이 근로소득의 2.7퍼센트더군요.

자본주의에 대한 비판은 필요하지만 근거가 없는 비판들이 오히려 제대로 된 비판을 못하게 만드는 방해물로 작용하네요.

한국에서는 수입된 논쟁만 반복하고 있죠. 우리의 현실을 분석해서 거기에 근거한 논쟁을 하는 게 아니라 미국이나 유럽에서 이렇다는 이야기를 하면서 논쟁해요. 한국의 현실에 대한 분석이 없다는 거죠. 심지어는 노조와 재벌이 대타협을 한다고 하면서 스웨덴 모델을 자꾸 들잖아요.

노무현 정부 시절에 사민주의 이야기를 하면서 북유럽 모델 이야기가 많이 나왔죠.
그것을 성공회대학교 사회과학부의 신정완 교수가 한마디로 날려버렸잖아요. 스웨덴에서는 재벌과 노조가 대타협을 할 때도 기업 경영권은 논의한 적도 없다는 거죠.

사실 한국에서는 대타협의 주체인 노조의 존재감이 크지 않다는 게 현실적인 한계인데요.
한계를 넘어서 불가능하다는 거죠.

『한국 자본주의』를 집필하고 제목도 '한국 자본주의'라고 쓰신 이유를 알 것 같습니다. 이제 우리도 한국의 자본주의를 제대로 이야기해볼 때라는 말이잖아요. 사실 한국의 자본주의를 이야기하고 싶어도 자료도 부족하고 이론도 부박하고 근거도 많지 않아요.
제가 답답했던 게 그런 부분이에요. 한국의 자본주의를 논의하는 분들이 있어요. 정작 보면 마르크스주의 경제학을 공부한 분들이거나 외국 사례를 공부한 분이 많아요. 우리의 현실에 근거한 게 아니라 자신의 이념적 지평에 의거해서 주장하는 거죠. 물론 그런 가치관도 존중받아야죠. 다만 한국의 현실과 사실에 근거해야 하는데 그게 약한 거예요. 남의 사진을 보면서 자기 얼굴을 찾는 격이죠. 옆 병실에서 약을 얻어다 먹는 꼴이고요.

한국 자본주의가 서구 자본주의와 유사한 증상을 보이고 있다고 해도 병의 원인이 다르기 때문에 처방도 달라야 한다는 말이죠?

그래서 왜곡된 진보의 담론이 굉장히 많아요. 보수의 담론은 오히려 깨기가 쉬워요. 적어도 우리 사회에 근거해서 이야기를 하거든요. 반면에 진보는 존재하지도 않는 사실을 존재하는 것처럼 전제하고 논쟁하는 경우가 많아요. 일종의 허수아비 논쟁이죠. 토마 피케티도 마찬가지예요. 『21세기 자본』에서는 세계적 불평등을 이야기하고 있죠. 하지만 왜 서구의 잘사는 나라들의 불평등 문제에 한국 사람들이 열광해야 하죠?

토마 피케티가 이야기한 자본주의의 필연적인 불평등 구조 문제는 한국 자본주의에서도 중요한 이슈라고 끌고 올 수는 있을 것 같습니다.

제가 바로 그 이야기를 하고 싶은 거예요. 토마 피케티의 가장 큰 기여는 잘사는 나라에서조차 불평등이 심하다는 것을 실증한 거잖아요. 그렇다면 한국에서 논쟁은 우리의 불평등은 어떠냐는 방향으로 전개되어야죠. 정작 그런 이야기들은 온데간데없어요. 한국에 대해서는 단 한 줄도 없는 책에만 열광하면서 한국 자본주의에 대해서는 제대로 모르는 사람의 이야기에 귀를 기울이는 것으로 끝나버리는 거죠.

한국 자본주의의 불평등 문제는 2012년 대선의 화두였잖아요. 그래서 경제민주화 이야기가 나온 거고요. 진보와 보수 둘 다 경제민주화를 주장했죠. 문제는 보수가 승리하면서 진보 쪽에서는 불평등 문제를 제기할 정치적 동력을 상실했다는 겁니다. 보수도 경제민주화를 내걸었으니까 이제는 공약을 이행하기를 기다리는 수밖에요. 그런데 아무리 기다려도 안 하죠. 토마 피케티는 불평등 논쟁을 재점화시키는 외부의 동력으로 활용할 수 있지 않을까요?

그 정도라면 차라리 다행이죠. 오히려 토마 피케티 논쟁이 내부 갈등만 확산시키는 꼴이죠. 토마 피케티를 지지하는 쪽에서는 이래요. 장하성 교수의 책을 읽지는 않았지만, 장하성 교수가 틀렸고 토마 피케티가 옳다. 장하성 교수는 토마 피케티 식으로 계산 안 한 것 같다.

책을 안 읽었는데 어떻게 틀린 걸 알 수가 있습니까?
안 읽어도 좋아요. 관련된 부분이라도 살펴보았어야죠.

한국에서는 경제성장률이 자본수익률보다 높다고 지적했습니다. 토마 피케티는 자본수익률이 경제성장률보다 높아서 돈이 돈을 버는 속도가 빠르다고 지적했습니다. 한국에서는 자본수익률이 낮아서 거꾸로 자본의 파업을 걱정해야 한다고 했잖아요.
저를 비판하는 쪽에서는 최근 자본수익률이 5퍼센트이고 경제성장률은 3퍼센트인데, 제가 무엇을 잘못 알고 이야기한 것 같다고 말하죠. 사실 제가 계산한 통계 자료는 책뿐만 아니라 책에 표기된 인터넷사이트에 다 나와 있어요. 그게 핵심 어젠다도 아니고요. 한국에서 왜 불평등이 생겼는지를 놓고 논의해야지 토마 피케티 식으로 계산한 수익률이 맞으니 틀리니 하는 게 얼마나 소모적인 논쟁입니까?

토마 피케티를 생산적인 논쟁으로 발전시켜야 하는데요.
경제성장을 했는데 가계소득이 늘지 않는 것은 부가가치를 기업이 가져갔기 때문이라는 명쾌한 내용에 대해서는 아무런 논쟁이 없어요. 토마 피케티가 한국에 와서 세금을 걷어서 교육에 투자해야 한다고 말한 것에 대해서만 이야기하죠. 지금 그거 몰라서 토마 피케티를 부른 게 아니잖아요. 분배부터 안 되고 있는데 재분배를 이야기하고 있으니……. 한국의 진보는 정말 싸가지만 없는 게 아니라 게을러요. 토마 피케티로 인해 중요한 모멘텀

momentum이 만들어졌다면 그것을 우리 것으로 만들어야죠.

여기서 논쟁이 멈추면 그렇게 되겠죠.
몇 년 전에도 그런 일은 있었어요. 마이클 샌델의 『정의란 무엇인가』가 100만 부가 넘게 팔렸다더군요. 한국 사회에서 정의에 대한 열망이 타올랐던 시기였죠. 정작 『정의란 무엇인가』를 읽어보면 한국 사회에서는 동떨어진 이야기가 많아요.

정의도 소비해버린 거네요?
코미디죠. 토마 피케티도 그런 느낌이 들어요. 정의라는 중대한 화두를 소비해버린 것처럼 소득 불평등이라는 중요한 화두를 허비해버리는 게 아닐까? 한국 사회에서 정의란 무엇이냐에 대한 논쟁은 없었듯이, 한국 자본주의의 불평등에 대해서는 아무런 논쟁도 없이 끝나버리는 게 아닌가…….

한국의 담론 문화는 한국화에 약하니까요. 중국은 모든 것을 중국화하더군요. 자본주의의 시장 운영 원리조차도 춘추전국시대 때 관자에서 유래했다고 주장하더군요. 애덤 스미스가 『국부론』을 쓰기 1,000년 전에 이미 중국에는 관자의 시장주의 사상이 있었다는 거죠. 한국은 한국적 자본주의에 대한 연구조차 안 돼 있는 거죠. 『한국 자본주의』를 보면서 이제 한국식 자본주의에 대한 학문적 연구가 전개되는구나 싶었습니다.
한국의 자본주의에 대한 이해가 있어야 고쳐서라도 쓸 수 있을 것 아닙니까?

한국 자본주의는 1990년대 초반부터 국가자본주의에서 시장자본주의로 넘어갔다가 1990년대 후반에 외환위기로 국가자본주의로 회귀하고 급격하게 시장자본주의로 전환되는 성공과 실패를 겪었잖아요. 이렇게 몇 차례 사이클이 도니까 비로소 한국 자본주의만의 특징들이 드러난 게 아닌가 싶습니다.

『한국 자본주의』를 탈고하자마자 무슨 생각을 했냐면 10년쯤 후에 책을 다시 써야겠다고 싶었어요. 한국 자본주의는 아주 다이내믹하거든요. 수많은 문제가 있지만 내부의 역동성이 있어요. 자연히 많은 변화가 일어나죠. 이번에 문제를 인식했다면 다음 번에는 또 어떤 식으로든 움직여갈 겁니다.

그렇게 계속 이론을 업데이트하다 보면 한국적 자본주의 운영 원리 같은 게 도출되지 않을까요? 미국의 경제학도 그런 과정을 거쳐서 주류 경제학의 지위에 올라선 거고요.
지금까지 이런 체제에 대한 책을 썼던 분들이 보면 제 책은 참 허접스럽게 느껴질 거예요. 거대 담론보다는 미시적 디테일에 집중하니까요.

거대 담론을 이야기하면 거창해 보여도 현실감은 없어지죠.
저는 책을 쓰면서 철저하게 한국적 현실에만 근거해서 미시적으로 접근하겠다고 결심했어요. 물론 거대 담론을 하는 분들이 '한국 자본주의'라는 이름을 붙여놓고 이렇게 썼냐고 할 수도 있겠죠. 저는 그분들이 쓰신 책을 보아왔거든요. 결국 이런 식의 논리는 쟁점이 아니라고 볼 수 있어요. 그게 한국 사회의 진보가 가진 맹점이죠. 그리고 책을 쓰는 몇 가지 원칙을 나름 굉장히 오래 고민했어요. 그래서 『한국 자본주의』를 보면 도표가 없어요. 그래프도 없어요. 철저하게 한국 이야기만 하겠다. 세계가 어떻고 세계 불평등이 어떻고, 정말 지겨울 정도로 진보들이 이야기하는 한국과 관계없는 외국 이야기는 하지 않겠다. 객관화되지 않은 이야기는 한 줄도 쓰지 않겠다. 쓰더라도 이것은 주관적인 생각이라고 반드시 밝히자.

말하자면 씹어서 다 소화해서 쓴 거네요. 한국은 제대로 된 자본주의를 경험해본 적도 없잖아요. 노벨 경제학상 수상자들과 맞짱을 떠서 새로운 자본주의의 원리를 만들어내고 싶어 한다는 게 말이 될까요? 오히려 한국에 맞는 로컬화한 형태로 자본주의를 찾아내는 게 맞겠죠.

한국 언론도 재미있어요. 물론 국내학자의 책임도 있지만……. 한국 경제의 미래에 대해서 이야기할 때마다 노벨상 받은 경제학자들을 큰 돈을 주고 데려와요. 한국 기업에 관한 이야기를 하는데 와튼스쿨의 교수를 데려왔어요. 그 교수가 삼성이 얼마나 잘하고 있는지에 대해 계속 이야기하는 거예요. 제가 물었죠. 지금 당신이 말하는 게 삼성전자 말하는 것 아니냐. 그렇다는 거예요. 삼성에는 삼성전자 말고도 80개의 계열사가 있다. 그중에서 당신이 아는 회사 이름 3개만 이야기해보라. 대답 못하죠. 이게 한국의 현실입니다.

한국 자본주의가 시장 과잉이 아니라 시장이 제대로 성립되지 못한 채 흘러와서 문제라고 지적했습니다. 노무현 대통령은 '권력이 시장으로 넘어갔다'고 말했지만, 사실 권력은 재벌로 넘어갔다는 이야기를 한 거라고 지적했죠. 정작 진보 진영 안에서는 시장 이야기를 하면 신자유주의자로 몰리는 이상한 형국이 되어버렸어요.

외환위기가 원인이죠.

외환위기라는 외부적 충격을 받지 않았다면, 지금 삼성공화국이라고 불리는 2000년대의 상황이 전개되지 않았을 거라는 생각도 듭니다. 소수 재벌에 경제력이 집중된 상황이 그때 만들어진 거니까요. 시장과 정부가 재벌의 힘에 눌려버린 상황 말입니다.

그럴 수 있어요. 왜 일리가 있냐면, 지금 범4대 재벌의 경제력을 다 합하면 외환위기 이전보다 높거든요. 왜 그런 현상이 생겼느냐? 원인은 두 가지죠.

하나는 경제가 급하다고 보았던 거죠. 지금도 경제만 조금 어렵다고 하면 재벌들에 일자리 창출하라 투자 늘려라 이러잖아요. 노무현 대통령조차 그랬고, 김대중 대통령도 그랬죠. 그렇지 않은 사람이 없어요. 이명박 대통령은 대놓고 했고……. 결국 균형을 잃고 만 거죠. 당장의 조급함 때문에 시장 경제의 균형을 갖추는 작업을 간과했어요. 다시 말하면 기업의 생태계를 못 만들었어요.

한국은 머리만 큰 역삼각형 기업 생태계를 갖게 되었죠.
이제 성공신화가 한국에서는 나올 수 없는 구조가 되어버렸어요. 또 하나는 경제 권력이 우리 사회의 문화까지 바꿔버렸어요. 한국 최고 대학에 들어온 사람들이 입학과 동시에 세우는 목표가 삼성, 현대, LG, SK에 입사하는 겁니다.

대학은 전체 캠퍼스의 경영대학화가 진행 중입니다. 학생들을 만나보면, 등록금이 비싼 게 불만이 아닙니다. 그것은 이미 포기했고, 경영학과 수업을 못 듣는 게 불만이죠.
저 역시 학생들을 이렇게 가르쳐야 되나 상당한 회의를 느껴요. 다음 세대가 새로운 도전을 하는 길로 가는 게 아니라 기득권을 강화해주는 쪽으로 가니까요. 제가 고려대학교 경영대학장을 하면서 필수과목을 확 줄여버렸어요. 학부생들에게 수업을 강요해서는 안 된다는 거죠. 우리가 필수 과목을 줄여주어야 정치학도 듣고 심리학도 듣고 사회학도 들을 거 아니냐고요. 그런데 교수들이 엄청 반대했어요. 결국은 줄였거든요. 그게 장기적으로 굉장한 성과를 낼 거라고 봐요.

PHOTOGRAPHY 권영탕

한국 자본주의는 공생이 가능한 기업 생태계를 만들려고 애쓰다가 중간에 좌절된 상태로 10년째 공회전 중인 게 아닐까요?

한국의 기업 성공 신화는 20년 전에 끊겨버렸어요. 마지막 성공 신화가 김대중 정부 시절에 나온 IT쪽 몇 사람과 윤석금 회장(웅진)과 박병엽 부회장(팬택) 같은 분들인데 둘다 망해버렸잖아요. 미국도 우리처럼 불평등해요. 그래도 미국 자본주의가 한국 자본주의보다 강해요. 미국은 100대 부가富家 가운데 74명이 창업자거든요.

박근혜 정부는 집권 초반에는 입버릇처럼 창조경제를 이야기했습니다. 사실 기회는 시장이 창출하는 거잖아요. 정부는 기회를 직접 창출하는 게 아니라 시장의 생태계를 유지시켜주어야 하는 거고요. 정부가 창출할 수 있는 것은 뉴딜처럼 기회가 아니라 생존이죠.

이것도 역시 재분배와 똑같아요. 기업이 할 일을 정부가 떠맡아서 발생하는 일이죠. 이런 모순에 결정적으로 기여한 게 진보에요. 신자유주의를 자본주의와 동의어로 사용한 거예요. 한국에 존재하지 않았거나, 존재는 했지만 주류가 아니었던 신자유주의를 모든 것의 원인으로 규정해버렸죠.

진단이 틀리니 처방이 제대로 나올 수가 없는 거죠. 몸에 암이 없는데 항암 치료를 받으면 뭐합니까?

그것까지는 받아들이겠다는 겁니다. 신자유주의라도 비판했으면 최소한 대안은 있어야죠. 이제껏 귀담아 들을 만한 이야기는 협동조합 정도였어요. 협동조합은 보완적 대안이에요. 대체적 대안이 아니에요. 자본주의를 대체할 수 있는 시스템이 아니라 자본주의가 갖고 있는 여러 가지 큰 구멍을 메워줄 수 있는 보완적인 대안이죠.

어쩌면 이런 것들을 교정해야 할 시기를 놓쳐버린 게 아닌가 싶습니다. 특히 노무현 정부 시절이 기회였죠. 그때 진단을 잘못했으니 해법이 틀린 거죠. 2000년대 중반에 이건희 회장이 스웨덴에 가서 사민주의 모델을 접하고 오잖아요. 당시 재벌에 대한 압박이 거세던 시점이었으니까요.

냉정하게 판단하면 당시 노무현 정부 때 많은 기회를 잃었어요. 노무현 대통령은 많은 공과가 있죠. 적어도 경제 문제에서만큼은 재벌을 더욱 강화시켰어요. 당선자 시절 노무현 정부의 경제 밑그림을 삼성경제연구원에서 만들었다는 것은 알려진 이야기죠. 그러고 나서 갑자기 스웨덴 모델을 들고 나왔어요. 냉혹하게 이야기하면 스웨덴 모델을 제대로 이해조차 못한 겉멋든 소수 학자들이 내용 없이 한 이야기에 매몰된 겁니다.

이건희 회장은 시늉만 낸 거네요.

노무현 정부 때부터 노사정 위원회가 제대로 작동을 안 했는데, 노사정 대타협이 웬 말입니까? 그렇게 포퓰리스틱한, 심하게 말하면 배설하는 식의 진보 정책이 나타나면서 자본주의 문제가 흐려진 겁니다.

김대중 정부 초반에도 경제 정책에 깊이 관여했습니다. 정작 노무현 정부 때에는 정책 형성에 별다른 관여를 하지 않았습니다. 더 고장나기 전에 한국 자본주의를 고칠 수 있는 중요한 시기였는데요.

기회가 없었어요. 노무현 대통령 재임 기간에 한 번도 뵌 적이 없어요. 노무현 대통령이 민주당 후보가 되었을 때였어요. 『조선일보』와 함께 대선 후보의 경제 정책을 검증하는 글을 쓰기로 했죠. 먼저 이회창 후보에 대해 썼는데 이 글이 심각한 문제가 되었어요. 논쟁이 격화되면서 반론과 재반론이 오갔죠. 결국 제가 「이 후보의 재벌 편향」이라는 글을 썼어요. 당시 『조선일보』편집국장이 자기 자리를 걸고 인쇄기를 돌렸죠. 정작 노무현 후보에 대한 글은 『한국일보』에 썼어요. 노무현 후보에 대해서는 개혁성에 의구심이 든다고 썼죠.

양쪽 모두에게 미움을 받았겠네요.

노무현 대통령 시절 초기에 삼성카드와 LG카드가 있었어요. 저는 카드 회사 1~2개 망한다고 한국 경제가 무너지는 것은 아니라고 주장했죠. 구제 불가였죠. 자갈밭을 달리는데 브레이크를 밟아도 시원치 않은데 왜 자꾸 액셀을 밟아서 위험하게 만드냐는 거였죠. 결국 정부가 나서서 재벌 계열 카드사들을 구제해주었죠. 그렇게 초반부터 의견이 굉장히 달랐어요. 경제 문제라는 게 한 번 잘못 인식하고 판단하면 문제를 더 악화시키거든요. 제가 가까운 친구나 선후배지만, 진보에 대해 비판할 수밖에 없었던 것도 그래서예요. 이 사람들이 잘못 생산해내는 담론들이 한국 자본주의를 고치는 데 방해가 되고 있거든요.

진보 일각에서는 시장보다는 정부의 역할을 강조합니다. 잘 훈련된 엘리트 관료가 한국 자본주의를 고칠 수 있다고 보죠.

그것을 가장 철저하게 실천한 사람이 누군지 아세요? 노무현 대통령이에요. 노무현 대통령만큼 관료를 중용한 대통령도 없어요. 그렇게 해서 무엇을 이루었죠?

관료 조직 내부에 새로운 계파를 만들었죠.

관료는 기술자예요. 청와대의 비전을 현실화하는 사람들이지 그 사람들이 비전 자체를 만들어주지는 않거든요. 게다가 재벌들은 관료를 우습게 여기죠.

『한국 자본주의』에 외환위기로 사실상 정부 역할을 대신하고 있었던 김대중 정부 인수위에서 비공식 조직으로 활동한 시절 이야기가 나오잖아요? 왜 비공식적으로 참여했나요?

사실 돌이켜보면 김대중 대통령이 대단한 분이에요. 그때 저도 그렇고 비공식 경제자문 조직원이라는 게 다들 40대 중반의 젊은이들이었거든요. 우리에게 전적으로 일을 맡겼던 것도 아니에요. 저들은 진정성이 있으니까 믿고 한 번 시켜보자 정도였죠. 그런 위기 상황에서 그렇게 다양한 열린 채널로 조직을 운영할 수 있었다는 게 놀랍죠.

그때 왜 정부에서 아무런 직책도 맡지 않았나요?

저는 교수이자 학자로서 도움을 주는 것이지 정치를 하거나 정부에 들어가기 위해서 일한 게 아니었으니까요. 김대중 대통령이 취임하고 나서 보자고 했는데 가지 않았어요. 대통령이 불러서 일을 맡겼는데 40대 중반쯤 되는 사람이 면전에서 안 하겠다고 할 수도 없잖아요. 그러니 안 가는 게 상책이죠. 그 이후에도 무슨 사회적 이슈가 생기면 꼭 청와대에서 연락이 왔어요. 생각 좀 정리해서 보내달라고요. 더 중요한 것은 꼭 반응이 돌아왔어요. 그렇게 다양한 의견을 청취한 분이에요. 다른 이야기지만, 김우중 회장이 책을 내셨잖아요. 보도된 것만 보았습니다만, 저도 할 말이 많아지더군요. 한때 우리 경제를 일으켰던 분이 나이 들어서 하는 말씀이니까요.

『김우중과의 대화』를 보면 김대중 대통령이 신흥 관료들에게 포섭된 걸로 그려지더군요.

김대중 대통령이 관료들에게 포섭되었다면, 노무현 대통령은 관료의 포로였어요. 자신이 경제에 관해서 평소에 관심을 많이 가졌던 것도 아니었고…… 좀 심하게 말하면, 한국의 관료는 워낙 뛰어나서 어느 나라 국가 원수든 1시간 이내로 완벽하게 설복할 수 있어요.

"성장이 중요하지 않다는 이야기가 아니에요. 자본주의적 성장의 목적이 뭐냐는 거죠. 어차피 잘사는 사람들이 얼마나 더 잘살게 되느냐는 일반 국민들에게는 중요한 게 아니잖아요."

"어떤 정당이든 중산층과 서민을 대변한다고 한다면, 집권은 못하더라도 자기가 기반을 두는 계층 집단을 대변하는 분명한 비전과 정책과 가치를 내세우고, 그렇게 국민의 일부라도 결집해서 세상을 바꾸는 데 일조해야 한다는 겁니다."

관료는 정치인을 설득하는 게 제1덕목이니까요.

노무현 대통령이 돌아가시고 나서 노무현 정부에서 장차관을 지냈던 분들 중에 몇 사람이나 조문을 왔을까요? 일반 상식으로는 다 왔어야죠. 제가 아는 사람 중에도 안 온 사람이 꽤 됩니다.

관료적 처세군요.

아무리 정권의 이해관계가 중요하다고 해도 그들은 인륜을 어긴 사람들입니다. 장례비가 부족해서 얼마씩 보내달라고 했지만, 제가 아는 한 거의 안 보냈어요. 저도 봉하마을에 가서 이 사람들은 조문을 왔냐고 물어보았어요. 안 왔다는 겁니다. 나중에 장례가 다 끝난 다음에 물어보았어요. 안 왔대요. 관료는 기술자이지 비전과 희망을 제시하는 사람들이 아닙니다.

경제사학자 클라우디아 골딘은 미국의 불평등이 제2차 세계대전을 전후한 짧은 시기에 빠르게 줄어든다고 지적합니다. 계층간 격차가 줄어들어 대압축의 시대라고 하죠. 교수님도 자본주의가 고쳐질 수 있다는 사례로 이것을 들었어요. 토마 피케티의 『21세기 자본』에도 대압축의 시대에 대한 이야기가 나옵니다. 대압축이 일어난 원인에 대한 분석도 교수님과 같습니다. 한국 자본주의에서도 대압축이 필요한 게 아닐까요?

지금 미국의 불평등 정도는 역사적으로 보면 1940년대 초반 정도예요. 당시 불평등은 클라우디아 골딘의 분석처럼 정말 갑자기 줄어들어요. 프랭클린 루스벨트 대통령 때 전시 임금통제를 했거든요. 전시니까 가능했죠. 우리가 알고 있는 아메리칸드림은 그때 만들어져요. 열심히 일하면 중산층이 될 수 있다는 희망이 만들어진 거예요.

클라우디아 골딘은 그게 불과 몇 년 만에 이루어졌다고 분석했더군요.

5년? 그런 상태가 35년 동안 계속되었다가 1980년대 들어와서 악화됩니다. 미국의 학자들이 1981년 초에 로널드 레이건이 취임하고 몇 년 동안 계급 격차가 벌어지니까 그것은 일시적인 것으로 착각했어요. 그런데 이후에도 극도로 악화되어버려요. 무슨 이야기냐면, 정책을 통해서 아메리칸드림도 만들 수 있고, 정책으로 아메리칸드림을 깰 수 있다는 거예요.

자본주의는 얼마든지 고치거나 망가뜨릴 수도 있다는 말인가요? 토마 피케티는 그때 누진 소득세를 90퍼센트까지 올렸다고 지적합니다.

바로 그거예요. 그러니까 토마 피케티는 자꾸 재분배에 초점을 맞춰요.

교수님은 한국은 임금 인상부터 해주어야 하는 상황이라고 지적하는 거고요.

초점이 다른 거죠. 임금을 올려준다고 하면, 사람들이 왜곡을 하는 게 있어요. 현대자동차 노조를 보라는 거죠. 그 덕분에 전체 보이지 않는 노동자들이 지금 일종의 투명인간처럼 되었어요. 생전 자기 목소리 내보지 못한 노동자가 전체의 90퍼센트가 되는데, 노동계가 그 사람들을 대변해주지 않는 거예요. 진보가 그 사람들을 대변해주지 않는 거예요. 또 하나 아주 버려져 있고 방치되어 있는 게 자영업자들이에요. 2012년 대선 때 자영업자의 간이과세와 부가가치세 면제를 4,800만 원에서 9,600만 원으로 올리자고 했어요. 그게 대선 안이었거든요. 많은 사람이 엄청 비판했거든요. 특히 진보에서 비판을 많이 했죠. 왜 탈세를 조장하느냐? 작은 식당을 하는 자영업자는 말이 사장이지 사실상 노동자인데요.

한국은 임금을 올리기에는 노조가 약하고 조직화하기 어려운 자영업자 비율은 자꾸만 높아지는 구조잖아요.

점점 비정규직 비율은 높아지고 있죠.

한국 자본주의에서 대압축이 일어나려면, 미국의 프랭클린 루스벨트 대통령처럼 계몽적 지도자가 보수든 진보든 나타나야겠죠. 또 제2차 세계대전만큼 강력한 외부적 충격이 필요할 수도 있고요.

이 상황이 지속되면 국민들이 체제 부정을 하게 될 겁니다. 외부적 충격에 의해서 어쩔 수 없이 하는 수동 혁명을 하는 경우와 내부적 좌절에 의해서 체제 부정으로 가는 것은 차원이 달라요. 이것은 무서운 상황이 될 수 있어요. 국가가 왜 존재하는가? 나와 국가 발전은 아무런 상관도 없다. 이 말을 우리 국민들이 오래전부터 하고 있어요. 그것을 담아낼 사람이 없는 거예요. 경제성장을 왜 하느냐? 투표율이 왜 낮아진 줄 아세요? 저는 그거라고 봐요. 그래서 저소득층과 청년층의 투표율이 낮은 겁니다.

제2차 세계대전 때처럼 외부의 적이 있으면 내부에는 정책적 추동력이 생기잖아요. 그런데 한국은 내파內破되는 형태가 된다면, 일본처럼 시스템이 퇴행하는 장기 위기가 올 수도 있는데요?

민주당만 이야기하는 게 아니라, 어떤 정당이든 중산층과 서민을 대변한다고 한다면, 집권은 못하더라도 자기가 기반을 두는 계층 집단을 대변하는 분명한 비전과 정책과 가치를 내세우고, 그렇게 국민의 일부라도 결집해서 세상을 바꾸는 데 일조해야 한다는 겁니다.

기업의 초과 내부유보세를 주장했습니다.

초과 내부유보세가 아주 기술적인 것 같지만, 순식간에 바꿀 수가 있어요. 왜 그러냐 하면 2001년에 이 제도를 없애니까 순식간에 초과 내부유보금이 늘어나거든요.

최경환 경제부총리도 같은 문제를 제기했습니다.

공부 다 해서 책 쓰고 있는데 최경환 경제부총리가 그 이야기를 해서 정말 반가웠죠. 그래서 제가 뒤늦게 수정을 한 겁니다. 그런데 김무성 대표가 반대했잖아요. 정작 왜 반대한다는 것인지는 이유를 아무리 찾아도 안 나와요.

삼성전자의 실적이 별로입니다.

저는 이재용 부회장이 잘해주었으면 해요. 못해주면 큰일나니까요. 경영 능력을 인정받아서 총수 자리에 오르는 게 아니라 총수 자리에 올라서 경영 능력을 인정받으려고 한다는 게 문제지만, 지금으로서는 무조건 잘해주었으면 해요.

사실 이건희 회장도 이병철 선대 회장이 사망하고 5년 동안은 정말 헤맸습니다. 1993년 프랑크푸르트 선언을 할 때 겨우 자기 경영 전략을 수립하죠. 이재용 부회장도 별다르지 않을 겁니다. 누구나 시행착오는 있죠.

한국 경제가 개인 경력의 실험장이 된 꼴이네요.

현대자동차그룹의 움직임이 아주 빠릅니다. 2014년 9월 10조 원에 서울 삼성동 한전 부지를 산 것도 화제였습니다만, 결국 다시 삼성을 추월해서 재계 1위로 올라서려는 야심으로 읽힙니다.

이제는 삼성과 현대자동차는 사업군에서도 별 차이가 없으니까요.

현대자동차가 이끄는 한국 자본주의와 삼성이 이끄는 한국 자본주의는 좀 다를까요?

크게 다를까요? 물론 사람이 다르니 리더십의 차이는 있을 수 있습니다만……. 누가 낫고 누가 못하다는 뜻이 아니라, 사람이 다르니까 가치관도 다를 거고 경영권을 가져왔던 과정이 다르니까요. 물론 기업 구조상으로는 거의 유사해요.

각 나라의 자본주의 기업 생태계를 보면 자동차 기업이 이끄는 나라가 태반이잖아요. 일본도 도요타자동차가 이끌고, 미국도 애플, 애플 합니다만 결국 GM을 비롯한 자동차 3사죠. 영국이 망가지게 된 것도…….
자동차를 포기해버려서죠. 독일도 그렇죠.

자본주의 시스템은 자동차라고 하는 것을 기업 생태계의 플래그십flagshipm(주력 상품)으로 세우는 것이 전후방 영향력과 노조와의 관계와 거기서 파생된 사회적 관계에서 유리한 건가 싶어요. 물론 모순은 아주 없지는 않지만, IT 기업보다는 말이죠.
IT 기업은 전후방 효과가 자동차에 비하면 굉장히 제한적이죠.

전후방 효과가 떨어진다는 것은 사회적 소통과 이해 관계자들과의 이견 조율 능력도 상대적으로 떨어진다는 뜻이겠죠. 게다가 IT는 자동차에 비해서 고용률도 떨어지잖아요.
그래서 현대자동차가 잘되었으면 해요. 정몽구 회장은 이건희 회장과는 분명 다른 경영 행태를 보여왔어요. 그것은 분명해요. 황제 경영에서는 차이가 없지만……. 회사를 운영하는 방식과 기업의 다이내믹스가 분명히 달라요. 3세들 사이에서도 그 차이가 있을 거라고 봐요. 한 사람은 잘 알고 한 사람은 잘 모르니까 함부로 비교는 어렵지만……. 정의선 부회장은 제 제자잖아요. 어쨌든 달랐으면 해요.

한국에서 대압축이 일어나려면 기업이 분배를 하려고 해야 합니다. 기업이 분배를 하게 만들려면 시민과 정부가 압박을 해야 한다는 게 일반적인 생각이죠. 하지만 기업 내부에서 계몽적 경영 활동을 하고 그게 외부의 요구와 조응한다면 어떨까요? 기업인들이 스스로 수동 혁명을 일으키는 '낭만적인 상상'을 해보았습니다.

앤드루 카네기를 한번 보세요. 그가 피츠버그에서 US스틸을 세운 다음 전문 경영인(헨리 클레이 프릭)에게 맡기고 자기는 여행하고 기부하고 다녔어요. 그 사이에 파업이 일어나서 노동자들이 수없이 죽고 조폭을 동원하고 경찰들까지 와서 총 쏴서 죽고 어마어마한 사태가 발생하지 않습니까? 당시에 미국 자본주의의 수준이 그랬어요. 그래서 카네기가 부랴부랴 다시 피츠버그로 돌아와서 CEO를 해임하죠. 결국 최고의 적이 되잖아요. 그리고 경영에서 손을 떼고 모두 기부를 해버렸잖아요.

자본주의가 세대를 거듭하면 천박함을 벗어내고 기품이 생길 수도 있겠네요.

그렇다고 낭만적으로만 볼 수가 없는 게 지금 미국의 부자들은 창업자들이에요. 기득권을 갖고 태어난 사람들은 그것을 지키려고 할 수밖에 없어요. 기득권이 없는 사람들이 나와야 하죠. 근본적으로 재벌 2세와 3세에게 기대하기보다는 새로운 재벌이 나오도록 만들어야 해요. 윤석금과 박병엽이 살아남았어야 하는데⋯⋯. 그 뒤를 이어서 또 다른 신화가 나왔어야 했어요. 그러니까 이제 어떤 특정 개인이 선한 사람이 되기를 기대하는 것은 황당하고 말도 안 되죠.

한국 자본주의는 후계자가 제발 착한 분이기를 바라는 봉건적 상상을 하는 지경에 이르렀군요.

기업 생태계 안에서 그런 게 만들어져야 하는데, 기업 조직과 재벌가 안에서 스스로 그런 가치관이 만들어지기를 기대하는 거죠. 그래서 시장경제가 공정하게 제대로 작동되어야 한다고 강조하면 그것을 누구는 신자유주의니 자본주의의 앞잡이니 해버리죠. 이러면 할 이야기가 없는 거예요.

기업인의 신화화도 문제입니다. 신화가 되면 보통 사람들과는 다르게 느껴지니 젊은이들은 그냥 남의 이야기처럼 느껴버리죠. 기업인이 전례가 되는 것은 좋은데 신화가 되어 신탁이라도 받은 존재처럼 비춰지면 또 희망은 사라지죠.
우리 학교에서도 그런 이야기를 많이 해요. '너희들이 입학할 때는 다이아몬드 원석이다. 졸업할 때는 차돌맹이가 되어서 나간다. 대학 교육이 완전히 국화빵 찍어내는 공장이다.'

안철수 의원 이야기를 안 할 수가 없네요. 기업인으로서 희망적 존재가 되었고 정치인으로서도 기대를 한몸에 모았죠. 교수님도 안철수 의원에게 기대를 했고, 직접 대선 캠프에도 참여했죠.
그 당시에 많은 사람이 왜 그런 결정을 했느냐고 물어요. 제가 결정할 때 저 혼자 한 게 아니라 그동안 저와 소통했던 10여 명의 친구를 한자리에 모아서 난상토론을 벌이고 결론을 냈어요. 그때 이런 말을 했어요. "내가 젊었을 때 시민운동할 때는 무지개가 있는 줄 알고 좇았다. 나이가 들고 세상을 아니까 무지개가 없는 것을 알겠더라. 그래도 나 같은 사람은 무지개를 좇아가는 것이 맞는 것 같다."

무지개가 없다는 것을 알지만 그 방향으로 계속 가야만 한다?
'안철수 의원이 집권을 하든 못하든 중요하지 않다. 대안적으로 세상의 균형추만 된다면 충분하다. 제가 다른 선택을 하면 그것은 기득권에 가는 것이다.' 모두 저에게 어느 쪽도 가지 말라고 말렸죠.

정치적 비전을 갖고 자기 세대에 세상을 바꿀 수 있는 기회가 자주 오지 않는 것 같습니다. 교수님께서 더 나이가 들면 그것들을 하기가 더 어려워질 것이고, 지금 이 시점에 최선의 비전이 아니었던가 싶기도 합니다.

세월이 저에게 많은 것을 빼앗아갔지만, 아직도 젊었을 때 꿈은 빼앗아가지 않았습니다. 저는 아직도 무지개를 좇고 싶어요. 제가 할 수 있는 가장 활력 있고 희망 있는 일은 한국 사회의 미래를 꿈꿔보는 거예요. 그리고 『한국 자본주의』에 담지 못한 원고들이 있어요. 금융 문제를 하나도 다루지 못했거든요. 이제 또 시작했으니까 계속 써야죠. 아직 무지개를 좇고 있으니까요.

PROFLLE

고려대학교 경영학과를 졸업했다. 미국 알바니 뉴욕주립대학에서 경제학을 공부했고, 펜실베이니아 와튼스쿨에서 경영학을 공부했다. 1990년부터 고려대학교 경영대학 교수로 재직했으며, 경영대학 학장을 세 차례 역임했다. 1996년 참여연대 경제민주화위원회 위원장으로 시민사회운동에도 적극 참여하기 시작했다. 2006년에는 장하성 펀드를 만들어 재벌을 견제하는 현실적인 수단으로 소액주주운동을 전개했다. 김대중 정부 시절 인수위원회의 비공식 조직이었던 경제개혁정책 총괄책임자로 외환위기 극복에 일조했다. 제18대 대선에서 안철수 후보의 진심캠프 국민정책 본부장으로 경제정책을 총괄했다.

정태인

나는 '불평등 대한민국'이 싫다

토마 피케티의 『21세기 자본』과 이정우 교수의 해제를 읽으면서, 원장님과 새로운사회를여는연구원이 2012년 대선 직전에 펴낸 『리셋 코리아』가 자꾸 떠올랐습니다. 토마 피케티의 『21세기 자본』이나 『리셋 코리아』나 동일한 문제의식에서 출발합니다. 다만 토마 피케티는 300년 동안의 통계를 시계열時系列 분석해서 자본주의에 문제가 있다는 것을 증명하는 데 집중한다면, 원장님은 문제에 대한 해법을 제시하는 데 집중했다는 느낌입니다.

사실 해법도 비슷해요. 『21세기 자본』은 계층간 자산 불균형에 초점을 맞추었기 때문에 정책 대안도 누진 소득세를 제시한 거죠.

토마 피케티는 높은 누진 소득세를 모든 국가가 동일하게 매기는 세계적 차원의 자본세를 도입해야 한다고 주장하죠.

큰 틀의 문제의식은 비슷하다고 볼 수 있습니다. 토마 피케티의 핵심 개념은 노동 소득의 증가 속도는 자본 소득의 증가 속도를 따라잡을 수 없다는 겁니다. 결국 계층간 소득 불평등이 지속적으로 확대될 수밖에 없다는 겁니다.

그렇게 해서 21세기 자본주의가 19세기 후반의 도금 시대처럼 전락할 수 있다고 경고합니다. 『리셋 코리아』에서도 이미 지적한 문제잖아요? 사실 『21세기 자본』을 읽으면서 원장님은 좀 씁쓸할 수도 있겠다 싶었습니다.

왜요?

『21세기 자본』은 미국과 유럽 사회에서 큰 화제를 모았습니다. 그런데 막상 토마 피케티의 명제를 주변 사람들에게 설명하면 이런 반응입니다. '자본 소득 증가가 노동 소득 증가보다 빠르다? 그러니까 돈이 돈을 버는 속도가 일해서 돈을 버는 속도보다 빠르다는 이야기잖아? 그것을 누가 몰라?' 게다가 원장님을 비롯한 한국의 진보적 경제학자들도 수년째 지적해온 문제입니다. 토마 피케티가 주장했다고 귀를 기울이는 게 좀 새삼스럽달까요?

그렇지는 않아요. 일반인들도 최근에 빈부 격차가 심해지는 것은 당연히 알죠. 다만 주류 경제학에서는 그 사실을 극구 부정해왔거든요.

모든 사람이 다 아는 사실을 경제학만 모르는군요.

경제학은 이론 자체가 그래요. 빈부 격차가 벌어지는 것은 경제 주체들 개개인의 능력 차이 때문이라는 거죠. 예컨대 IT 혁명이 일어나면서 신흥 부자들이 생겨났잖아요. 그렇게 능력 차이 때문에 격차가 벌어졌을 뿐이지 자본주의 경제 시스템 자체는 정의롭고 공정하다고 주장하죠.

한국의 자유경제원에서 토마 피케티를 반박하면서 내세운 논리인데요.

그게 딱 주류 경제학의 시각이에요. 그런데 토마 피케티는 『21세기 자본』에서 주류 경제학의 논리를 붕괴시킬 만한 근거를 제시했어요. 그래서 일반인들보다도 경제학자들에게 엄청난 충격인 겁니다. 한국의 경제학 교수 가운데 95퍼센트가 미국에서 박사학위를 받았을 겁니다. 한국의 경제학계에서도 토마 피케티는 받아들이기 어려울 거라는 이야기죠.

토마 피케티 현상은 미국과 유럽의 지식인 사회가 의도적으로 확대시킨 측면도 있습니다. 생산적인 논쟁을 하고 싶어 한다는 겁니다. 문제는 해법을 제시해야 할 경제학이 불평등 문제에는 눈을 감고 있습니다. 이론가들이 문제가 없다고 해버리니까 해법을 제시해야 하는 정책 당국과 정치권도 손을 놓아버리고요. 이 책을 근거로 해서 지식인들이 머리를 맞대고 불평등 문제를 심도 깊게 논의해보고 대안도 찾아보자는 거죠.

조지프 스티글리츠나 폴 크루그먼 같은 경제학자들이 토마 피케티를 내세워 분배 문제나 불평등 문제를 경제학의 주요 이슈로 부각시키기를 원하는 겁니다. 반면에 주류 경제학에서는 토마 피케티가 틀렸다는 것을 증명하려고 애쓰죠. 성장이 되면 분배는 자동으로 각자 능력에 따라 이루어진다는 것을 입증하고 싶어 하죠. 양 진영 사이에서 지금도 한창 논쟁이 벌어지고 있죠.

『파이낸셜타임스』는 토마 피케티의 시계열 통계 분석에 오류가 있다고 지적했다가 오히려 역풍을 맞은 것 같던데요? 『뉴욕타임스』 같은 미국 언론들도 열심히 토마 피케티를 다루고 있더군요.
토마 피케티가 반박 논문을 내놓았죠. 『파이낸셜타임스』가 활용한 통계에 오류가 있다는 것을 밝혀냈거든요. 극심한 불평등 현상을 겪고 있는 영미권에서 특히 관심이 많죠.

토마 피케티 현상은 논쟁을 일으키고 문제의식을 대중적으로 환기하고 정책적 대안과 사회적 해법을 함께 모색할 때 더 큰 의미를 가질 겁니다. 한국에서도 토마 피케티 현상이 일어날까요?
보수 이데올로기를 가진 경제학자들이 가장 두려워하는 게 분배 문제가 핵심 이슈로 떠오르는 겁니다. 사실 제2차 세계대전 이후에는 분배 문제가 경제학의 관심에서 완전히 사라졌거든요.

경제가 고속 성장하면서 계층간 소득 불균형도 줄어들었기 때문이죠. 그때를 '대압축의 시대'라고 부릅니다. 그때를 기준으로 주류 경제학에서는 성장을 하면 자동으로 분배가 되고 낙수 효과trickle down effect를 통해 가난한 사람들까지 궁극적으로는 잘살게 된다는 논리를 펴왔죠. 실제로 전후 30년 동안에는 그런 현상이 나타났거든요. 성장 우선 이론이 압도적이 될 수밖에 없었죠. 그런데 토마 피케티는 전후의 고속 성장이 300년 자본주의 역사에서 아주 예외적인 경우였다는 사실을 밝혀냈습니다. 기껏해야 50년 동안 일어난 현상이었고, 나머지 시기는 늘 불평등했다고 이야기합니다. 토마 피케티를 논한다는 것은 한국의 경제학자들에게도 무척 불편한 일이죠. 한국이야말로 소득 불균형과 경제 불평등이 가장 빠르게 심화되고 있는 나라니까요.

토마 피케티 논쟁이 사회 변화의 욕구를 자극할 수 있다는 거네요. 이것을 막을 방법이 두 가지가 있어요. 하나는 묵살이죠. 아무것도 아니라면서 그냥 지나가는 거죠. 그런데 미국에서는 그럴 수 없었죠. 『20세기 자본』이 50만 권 이상 팔려나갔거든요. 또 하나는 그것을 비판해서 틀렸다는 것을 증명하는 겁니다. 『이코노미스트』나 『파이낸셜타임스』 정도 되면 논박을 해서 토마 피케티가 틀렸다는 것을 증명하고 싶어 해요. 한국 사회에서는 주류 경제학자들의 목소리가 그렇게 크지 않아요. 학교 안에만 머물러 있지 사회 바깥에서 건전한 논쟁을 일으키는 법이 별로 없죠. 한국에서 논쟁은 주로 조중동이 담당하고 있으니까요.

한국의 경제학자들이 적극적으로 토마 피케티 논쟁에 뛰어들어 논박하고, 그것을 언론이 받아서 대중적 관심을 환기하는 '지적 선순환'은 없다는 것이네요?

서울대학교 교수 중에서 지금까지 토마 피케티에 관해 논평을 낸 분이 한 분 있네요. 이준구 교수. 그분은 호의적이었죠.

『리셋 코리아』의 재현이 될 수도 있겠네요. 『리셋 코리아』에서 제기한 문제들도 대부분 묵살당했습니다. 정책 대안도 상당히 많이 제시했지만, 역시 묵살당했죠.
토마 피케티 논쟁은 좀 다를 수도 있다고 봐요. 단순히 묵살로만 일관하기에는 방대하고 정교하거든요. 300년의 통계를 바탕으로 일관된 기준에 근거해 자료를 산출해서 자기 주장을 입증했죠. 주류 경제학에서 설명할 수 없는 분배 불균형을 설명해냈어요. 사실 토마 피케티는 경제성장론 전공자거든요. 자신도 주류 경제학의 틀 안에서 불평등 현상을 설명하려고 했지만 실패했죠. 토마 피케티는 거기서 멈추지 않고 왜 설명이 안 되는지를 실증해낸 거죠.

새로운사회를여는연구원도 토마 피케티의 연구 방식을 빌려와서 한국의 불평등 정도를 분석했던데요. 『21세기 자본』에서는 이른바 β값이 중요하잖아요. 자본 소득과 노동 소득의 비율을 뜻하는 수치죠. β값이 높을수록 소득 불평등이 심각하다는 뜻인데요. 한국의 β값이 7.5 안팎이라고요?
한국은 통계 자료가 충분하지가 않아서 β값을 내기가 어려워요. 그런데 우연의 일치 같은 일이 일어났어요. 2014년 5월 한국은행이 국민대차대조표라는 통계를 내놓았거든요. 1990년대부터 각 나라가 자산에 대해 관심을 갖기 시작했어요. 그전에는 국민소득 이야기뿐이었죠. 소득은 플로flow잖아요. 자산은 스톡stock이고……

소득은 어느 시점의 현금 흐름만 보여주죠. 사실 국가의 경제 체질을 이해하려면, 국가의 각 경제 주체들이 얼마만큼의 금융과 비금융 자산을 보유하고 있는

지를 알아야 하잖아요. 연도별 증감까지 알면, 국가 경제의 자산이 어느 쪽으로 쏠려 있는지도 알 수 있죠.

그게 국민대차대조표의 목적이죠. 각국 중앙은행이 하니까 한국은행도 함께했던 거죠. 우연히 토마 피케티의 『21세기 자본』이 계산법을 제시한 시점에서 때마침 한국은행이 통계 자료를 내놓았던 거죠. 2000년부터 2012년까지밖에는 안 되지만, 적어도 12년 동안의 β값은 구할 수 있겠더군요.

그게 7.5군요. 이 정도면 제1차 세계대전 직전의 도금 시대와 유사한 건데요?

한국은 불평등 정도가 이미 도금 시대를 능가한 지 오래죠. 도금시대가 7 정도였거든요. 선진국 중에서 β값이 가장 크죠. 더 큰 문제는 β값의 증가 속도가 굉장히 빠르다는 겁니다. 1990년대 전까지만 해도 꽤 평등한 나라였어요. 거기서부터 세계에서 β값이 제일 커지기까지 불과 20년도 채 안 걸린 거죠.

토마 피케티 논쟁이 묵살당할까봐 걱정해야 하는 것은 결국 정치 탓인 것 같습니다. 경제적 논쟁을 일으키고 정책적 대안을 만들려면 이론의 정합성 못지 않게 정치적 힘이 필수적일 테니까요. 한국 정치권에 불평등을 해결한 정치적 의지가 있느냐는 거죠.

당연히 정치가 중요하죠. 사실 β값이 올라가는 것도 시장에서 만드는 게 아니고 정치적 요소가 크게 작용하거든요. β값이 떨어진 건 제1차 세계대전과 대공황과 제2차 세계대전 직후였죠. 당시 정치권은 β값을 내리지 않으면 국가 시스템이 붕괴될지도 모른다는 위기감을 느꼈어요. 토마 피케티의 주장도 같아요. 정책과 제도가 굉장히 중요하다는 거죠. 시장의 법칙이 절대적인 게 아니라는 거죠. 한국에서는 성장과 분배 이야기만 하면 우선 파이부터 키워야 한다고 말하죠. 또 분배는 하향 평준화를 의미한다고 해요. 그렇게 이데올로기 공방에서 분배 문제가 자꾸만 밀려왔어요.

분배 이야기가 나오니까 등장한 원리가 낙수 효과였던 거고요. 불평등이 문제가 되니까 나중에는 아예 상위 계층이 잘살아야 돈을 써서 중하위 계층도 잘산다는 논리를 만들어냈던 거죠.

토마 피케티 논쟁이 그런 공고한 주류의 믿음에 균열을 만들 수 있을 겁니다. 한국은행이 1970년대부터 2013년까지 국민대차대조표 통계를 2014년 12월까지 발표하겠다고 약속했거든요(2015년 3월 한국은행은 국민대차대조표를 잠정 발표했다). 사람들이 토마 피케티 이야기를 하니까 한국은행도 적극적으로 대응한 거죠. 국민대차대조표 통계가 나오면 β값이 1970년대부터 더 정확하게 나오겠죠. 그러면 지금 얼마나 극심한 불평등 상태에 놓여 있는지 드러나겠죠. 또 2014년 8월에 방한한 프란치스코 교황도 "낙수 효과는 작동하지 않는다"며 "규제 없는 자본주의는 새로운 독재다"라고 말씀하셨죠. 교황의 말씀과 토마 피케티의 『21세기 자본』을 잘 엮어서 읽으면 어떨까 해요. 그 두 사람이 한 달 간격으로 방한한 것도 우연은 아닌 것 같아요. 분배 문제를 진지하게 논의할 수 있는 드문 기회가 온 거죠.

원장님은 구체적인 정책 대안을 제시한다는 측면에서 장하준 교수나 토마 피케티의 이론을 넘어서는 측면이 있습니다. 문제는 정책을 실행할 정치 권력을 얻지 못했다는 건데요. 사실『리셋 코리아』를 읽으면서 그런 안타까움도 느껴졌습니다. 이 책을 보면 참여정부의 실패 원인을 깊이 분석했고, 다음 정권에서는 제대로 하기 위해 절치부심 준비해온 게 느껴집니다.

한번 정리해놓으면 또 발전시킬 수 있으니까요.『리셋 코리아 2』에서는 더 풍부하게 담아낼 수 있겠죠.

정치 권력을 얻지 못한 정책 대안은 가지 못한 미래 같습니다. 그나마도 토마 피케티와 교황의 방한 같은 외부 충격으로 수그러들었던 논쟁에 다시 불이 지펴지는 것 같지만요.

2~3년 안에는 한국에서도 분배 논쟁이 다시 점화될 겁니다. 2012년 대선에서도 분배가 분명 쟁점이었죠. 경제민주화나 복지 문제가 화두였으니까요. 그런데 그것을 박근혜 후보가 다 받아버렸잖아요.

박근혜 대통령은 집권 2년차로 접어들면서 경제민주화나 복지 문제는 다 접어두고 성장에 올인하기 시작했습니다. 선거 구호로만 받았지 내용을 받았던 게 아니었어요.

그것을 민주당이 제대로 공략을 못했죠. '저것은 가짜다'라고만 말했지 실제 내용을 갖고 제대로 따지지 못했죠. 거기에 새누리당이 툭 하면 쓰는 수법이 있잖아요. '너희도 똑같이 했잖아.' 박근혜 정부의 규제 완화 정책은 경제민주화는 끝났다는 선언과도 같아요. 규제 완화를 매우 빠른 속도로 진행시키고 있잖아요. 분명히 부동산에 목숨을 걸 겁니다. 성장률은 단기간에는 조금 오를지 모르지만 빈부 격차는 훨씬 악화될 거고요. 게다가 세계경제 상황이 나쁘다는 것도 문제예요. 거품 성장은 오래가지는 못할 겁니다. 결국 세월호 참사에서부터 시작된 어떤 불만 혹은 정의로움에 대한 갈증이 수년 안에 큰 이슈가 될 겁니다.

『리셋 코리아』 서문에 "청와대라는 곳은 관료에 둘러싸인 외로운 섬에 불과했다"고 썼던데요. 청와대 안에 있지만 실제로 할 수 있는 일은 그다지 없다는 건데요. 그래도 청와대에는 대통령이 있지 않나요? 청와대 정책실이 준비했던 「동반성장의 길」이라는 보고서 대신 한국개발연구원KDI의 보고서가 채택되었던 2005년 상황을 되돌아보면 정책과 정치의 관계가 잘 드러나요.

「동반성장의 길」이 지적했던 문제점도 토마 피케티의 『21세기 자본』과 같은 이야기입니다. 분배 불균형이 한국 경제의 성장을 가로막는다는 거죠. 10년 전에 이미 지금의 문제가 예견되었다는 거죠. 그런데 이 보고서를 끝내 노무현 대통령이 채택하지 않고 결국 정책화도 되지 않습니다.

그즈음부터 이른바 청와대 경제개혁 3인방이 다 잘렸죠. 정책 기조를 놓고 벌어진 싸움에서 개혁 세력이 진 거죠.

문재인 후보가 당선되었어도 개혁이 제대로 이루어졌을지 확신할 수 없다고 했잖아요. 진보 개혁은 외부의 적과 내부의 적을 동시에 상대해야 한다는 건데요. 당시의 패인은 무엇이었을까요?

자신이 없었던 거죠. 사회 정책에 대해서는 복지 정책을 추진하면서 어느 정도 과감하게 개혁을 추진했어요. 문제는 경제죠. 특히 성장에 관해서는 자신이 없으니까 관료들에게 맡긴 겁니다. 노무현 대통령은 처음부터 그럴 생각이었어요. 큰 국가 어젠다는 자신이 하지만, 경제성장은 관료들이 관리하는 게 맞다고 생각했어요. 성장은 기술적으로 관리하는 게 맞다고 생각했죠.

경제성장의 원리 자체를 바꿀 생각은 하지 않았던 거네요.

노무현 대통령도 경제 관료들과 청와대 참모들의 이야기를 다 듣고 판단하겠다고 했던 겁니다. 문제는 참모들 중에 관료들에 맞서서 반대쪽에서 이야기할 수 있는 능력이 있는 사람이 거의 없었어요.

10년 전 일이지만 지금도 그때 꼬인 것을 풀지 못하고 있잖아요. 새누리당이 지적하는 것도 진보 정부 10년 동안 빈부 격차가 확대되었다는 겁니다. 신자유주의 정책도 진보 정부들이 썼어요. '너희도 다를 바 없다'는 프레임을 깨고 '진보는 다르다'는 믿음을 유권자들에게 주어야 하는데 설득을 못한 거죠.

분명 양측은 차이가 있어요. 경제 지표를 보면 1995년경에 다 꺾입니다. 이 기점은 김영삼 정부의 세계화였죠. 재벌이 정부를 압도하기 시작한 것도 1993~1994년이죠. 『조선일보』가 국정 어젠다를 좌지우지할 수 있다고 생각하기 시작한 것도 그 무렵이고요. 그때 이건희 회장이 이렇게 말하죠. "국민은 일류, 경제는 이류, 정치는 삼류다."

민주당이 새누리당보다 왼쪽에 있을지는 모르지만 전체 이념 지형도 안에서 민주당이 왼쪽에 있다고 보기는 어렵잖아요. 오히려 오른쪽에 더 가깝죠.

내부 인맥도 그렇죠. 다르다고 하면 복지 정도일 겁니다. 노무현 대통령은 복지 시스템을 체계화하려고 노력했어요. 시장에서 빈부 격차가 광장히 빠른 속도로 진행되면 복지로는 메울 수 없다는 게 문제죠.

노무현 정부 때는 삼성과 기업의 영향력도 더 강대해지잖아요. 바깥에서는 참여정부의 로드맵을 이광재 국정상황실장을 통해 삼성경제연구소가 만들었다는 이야기가 기정사실로 되어 있어요.

그것은 아닙니다. 당시 이광재 실장이 삼성의 이야기를 노무현 대통령에게 계속 전달하는 통로였던 것은 확실하고, 국민소득 2만 달러 비전은 이광재 실장이 삼성에서 받아 노무현 대통령에게 전달한 거죠.

다시 집권한다고 해도 그런 구조에서 벗어나서 개혁을 초지일관 추진한다는 게 가능할까요? 그런데 진보의 싱크탱크가 태부족이니 준비가 부족하고 설사 집권한다고 해도 관료와 기업의 논리에 휩쓸리고 말죠. 지금 새누리당이 민주당보다 전략전술에서 뛰어나 보이는 것도 결국 싱크탱크가 우월하고 준비가 잘되어 있어서 같습니다. 꾸준히 새로운 인재들을 보수 진영으로 유입하고 있죠.

새누리당 뒤에는 재벌 계열 연구원들이 있죠. 또 조중동이라고 하는 강력한 지지 세력도 있고요. 사실 재벌들이 정보나 이론을 제공하면 그것을 구호로 만드는 것은 『조선일보』의 몫이죠. 박근혜 대통령과 최경환 경제부총리가 골든타임 이야기를 한 것도 사실 『조선일보』의 작품이거든요.

이대로라면 토마 피케티가 와서 논쟁을 벌여도 반짝 이벤트로 끝날 수밖에 없잖아요. 진보적 논쟁을 이끌어갈 싱크탱크조차 없다면…….

1990년대까지만 해도 진보를 지지하는 쪽의 인력 자원은 풍부했어요. 특히 저희 때만 해도 유학을 가지 않는 사람도 많았거든요. 그 사람들이 결국 교수 집단이나 지식인 집단을 형성하게 되었죠. 제가 한때는 100명이 넘는 대학원 과정 학생으로 정책 그룹을 한 적이 있어요. 그런데 86학번 때부터는 포기했어요. 국내에서 박사를 받아봐야 교수가 못 되니까 다들 유학을 가기 시작했거든요. 거기서 끊겼다고 봐야죠.

흔히 운동장이 기울어졌다고 하죠. 운동장뿐만 아니라 양측의 선수 숫자에서도 차이가 나기 시작한 거네요.

유학을 가서도 진보적인 연구를 해오는 친구들이 있기는 해요. 그러면 교수가 되기는 어렵죠. 특히 서울에서는 교수 되는 게 불가능하고요.

토마 피케티 논쟁이 일어나고 이것이 대중적 관심을 불러모으고 결국 정치인들이 '이게 표가 된다'고 느끼게 만들어야 정책을 만들 수 있는데, 이런 선순환

과정이 모두 다 끊어져버린 것 같은데요?

진보적 경제 정책에 관해서는 주류 경제학자들은 무시 일변도인 겁니다. 아예 말을 안 해버리죠. 논쟁을 안 하려고 하고요.

진보적 대통령이 청와대 입성에 성공한다고 해도 주류적 사고를 하는 관료들에게 설득 당하거나 심하게는 오염 당한다는 건데요.

관료뿐만 아니라 기업 집단도 있으니까요. 관료들은 1980년대 까지만 해도 엘리트 의식이 굉장히 강했어요. 발전국가의 관료로서 자신들이 국가를 건설한다는 자긍심이 있었죠. 2000년대가 되면서 그런 생각도 없어졌어요. 거의 시장만능론자가 되어요. 관료들과 이야기해보면 시장에 맡긴다는 생각이 굉장히 강해요. 특히 이명박 정부와 박근혜 정부 들어서면서는 규제 완화가 유일무이한 정책인 것처럼 주장하고 있죠. 관료들은 사실 이론적으로는 미국에 경도되어 있기 때문에 규제 완화 경쟁을 하는데 익숙해져 있죠.

관료들은 관행적으로 움직일 뿐이군요.

각 부처마다 고유한 성향이 있어요. 기획재정부나 국토교통부가 특히 강한 부처에 속하죠. 그런데 대통령이 그것을 부추겨버리면 과열되는 거죠. 관료들은 대통령에게 잘 보여서 한 급 올라가는 게 주된 관심사니까요. 요즘은 새로운 유행도 있어요. 실장 급에서 시장에 나가서 금융 위원이나 금융 관련 단체 회장이나 은행장 같은 걸 하고 장관으로 롤백rollback하는 거죠. 게다가 '시장 현실을 안다'는 평가까지 얻죠. 주로 김앤장이나 은행 쪽에 가서 돈도 벌고 타이틀도 얻고 오는 거죠. 미국과 같은 회전문 인사가 일어나고 있는 겁니다.

PHOTOGRAPHY 권영탕

막을 방법은 없는 건가요? 2005년에 청와대에서 나올 때를 되돌아보면서 쓴 글이 인상 깊었습니다. "우리는 대통령의 마음을 사로잡을 정도의 실력도 없었고 바깥의 시민사회와 청와대 안의 참모들을 조직해서 대통령을 설득할 정도의 정치력은 더더구나 부족했다." 결국 정책은 정치가 있어야 작동합니다. 노무현 대통령이라면 진보적 정책에 마음을 줄 것 같았는데요?

청와대가 힘이 있는 것은 대통령이 있기 때문이죠. 하지만 대통령 한 사람에게만 의존한다는 게 얼마나 취약한지……. 그래서 생각했던 게 정당이죠. 정당이 튼튼한 정책 기조를 갖고 있다면 대통령이 누가 되든 그 정책 기조를 지킬 수밖에 없다는 거죠. 한국의 정당은 자영업자들의 연합체이고, 그 자영업자들의 유일한 관심은 재선이거든요. 그러니까 튀는 정책은 수도권 의원들은 하지 않으려고 하죠. 호남은 원래가 보수적인 사람들이 의원이 되고요. 결국 전체적으로 보수적인 기조가 민주당 안에도 있는 거죠.

대통령도 안 되고 정당도 안 되면 진보 정책의 동력은 없는 건가요?
마지막이 시민들의 힘이죠. 사실 그 면에서 가장 뛰어났고 유리했던 분이 노무현 대통령이에요. 언제나 이 사람이 힘들 때만 국민들이 일어서서 도와주었잖아요.

그것을 이끌어낼 수 있는 정치력을 갖고 있었죠.
그런데 이상하게도 국민들이 구해주면 그다음에는 우향우해버렸어요.

노무현 대통령의 가장 큰 실책이 바로 지지 세력을 자꾸만 배반했다는 겁니다.

노무현 대통령이 탄핵되었을 때도 국민들이 일어나서 살려주었죠. 그러고
나서 열린우리당을 과반수 정당으로 만들어주었어요. 그런데 그것을 기반
으로 개혁한 게 아니라 자기들끼리 먹자고 나섰던 거죠.

중도를 넘어 보수표까지 먹어버리자는 거였잖아요. 그런 오만이 집권 후반기에
대연정 같은 실책으로 나타나죠. 노무현 대통령은 국민들이 언제까지나 자신을
지지해줄 거라고 믿었던 게 아닌가 싶어요.
진짜 여야의 지지를 받는 유일한 대통령이 되고 싶었던 거죠.

토마 피케티 논쟁에서 원장님이 도출한 정책 대안이 소득 주도 성장이잖아요.
물론 토마 피케티 이전에 『리셋 코리아』에서도 강하게 주장했습니다. 토마 피
케티가 입증한 계층간 소득 불균형을 무마하기 위해 정치권이 내세운 정책이
부채 주도 성장 전략이죠. 문제는 개인이 은행에서 돈을 빌려와서 소비를 하는
단순한 부채 주도 성장은 한계에 와 있다는 건데요.
문제는 최경환 경제부총리가 "가계소득의 증대가 성장의 기본이고 이것이
야말로 기존 정책의 대전환"이라고 이야기했다는 겁니다. 『한겨레』조차 마
침내 소득 주도 성장 정책이 전면에 나온 거냐고 환호하고 기대했죠. 그런
데 지금 나타나고 있는 것은 소득 주도 성장이 아니라 부채 주도 성장이잖
아요.

다시 부동산에 올인하고 있으니까요. 그런데도 가계소득을 증가시켜서 경제를
성장시키겠다는 정책처럼 보이게 했다는 게 교묘하죠.
새누리당에는 전략 집단이 있어요. 당의 상징색도 빨간색으로 바꾸고…….
부채 주도 성장을 소득 주도 성장으로 포장하려면 소득 주도 성장의 내용을
알아야 해요. 새누리당은 안다는 거죠. 그렇게 국민의 마음을 사로잡는 정

책 어젠다를 던져서 표를 모으지만 결국 껍데기와 내용을 다르게 채운다는 거죠. 상대의 용어를 가져와서 상대를 무력화하고 말을 못하게 만들어버리는 겁니다.

이것을 어떻게 깨야 하나요? 언론 지형까지 기울어져 있어서 논박을 해도 울림이 적은 상황인데요. 이것을 깨지 못하면 다음 총선과 대선도 쉽지 않을 텐데요.

그 이유를 잘 분석해야겠죠. 자꾸 한편에서는 국민은 언제나 올바르다고 이야기하는 것도 웃기는 거고요.

정치가 국민이 올바른 선택을 할 수 있게 도와줄 필요도 있으니까요. 국민들의 상향 이동성에 대한 믿음이 세계에서 제일 높다고 합니다. '나는 신분이 상승할 것'이라는 사회적 상향 이동성을 믿는 비율이 85퍼센트나 된다는 거죠. 실질적으로 사회적 상향 이동은 세계에서 제일 낮은 편이거든요. 일본 다음으로 낮아요. 올라가지도 못할 텐데도 '나는 올라갈 수 있다'고 생각한다는 거죠. 그것이 아이에 대한 투자로 나타나요. '우리 아이는 올라갈 수 있다'고 믿는 거죠. 그렇게 되면 지금의 빈부 격차는 그냥 두는 게 좋거든요. 나 혹은 내 자식이 위로 올라갈 거니까요.

사회적 상향 이동성에 대한 맹신은 경제적 역동성을 만들어내는 요인입니다만, 동시에 경제적 모순을 방치하는 보수적 선거 행위를 유발하는군요.

예전에는 상향 이동이 사실이었어요. 1980년대까지는 실제로 상향 이동이 있었거든요. 교육이 그 역할을 했고요. 지금은 오히려 교육 때문에 사회적 상향 이동이 가로막히고 있는 상태죠.

1997년 외환위기 이후 나만은 어떻게든 살아남아야 한다는 생존이 시대적 화두가 되었기 때문 같습니다.

혼자서는 살아날 길이 없거든요. 확률적으로 혼자서 살아 올라갈 확률은 얼마 안 되는데, '나는 생존자 안에 있을 거야'라는 생각을 하니까 오히려 역행하는 거죠. 집합적으로 다 같이 제도 모순을 해결하기보다는 '저것은 해도 비용이 굉장히 크니까 차라리 우리 아이한테 투자하자'는 식으로 바뀐 거죠. 외환위기 이후에 '부자되세요'나 '아무도 2등은 기억하지 않는다' 같은 광고 카피가 쫙 깔리면서 경쟁만 강화되었죠.

로버트 라이시는 『슈퍼 자본주의』에서 시민사회가 시장에 포섭되면서 가장 이기적인 소비자 집단이 되었다고 분석했잖아요. 한국 사회에서 진보가 지지 기반을 잃어가는 것도 한국적 슈퍼 자본주의 탓일 텐데요. 지금 그 마지막 시험대에 올라 있는 게 진보 교육감입니다.

교육이 마지막 상승 수단이니까요. 어쨌든 무상급식은 잘했죠. 별것 아닌 것 같지만, 엄마들도 도시락 싸기 싫으니까요.

토마 피케티는 자본주의를 과거가 미래를 잡아먹는 구조라고 이야기하죠. 지금 진보 정치와 정책도 과거가 미래를 옭아매는 구조 같습니다. 과거의 실책이 미래의 기회를 앗아가는 거죠. 박근혜 정부의 부채 주도 성장 전략이 2~3년 안에 한계에 부딪히게 되면 그때 새로운 기회가 올까요?

그렇게 되면 빈부 격차의 고통을 국민들이 감내하기가 어려워질 겁니다. 문제는 사람들이 겪을 고통이죠. 또 급격하게 힘들어지는 사람들 가운데 새누리당 지지자가 더 많다는 것도 역설이고요.

『코끼리는 생각하지 마』의 저자인 조지 레이코프의 주장이 설득력을 얻게 되는데요. 유권자는 일단 가부장적이고 권위적인 사고 체계에 갇히게 되면 설사 자

"토마 피케티를 논한다는 것은 한국의 경제학자들에게도 무척 불편한 일이죠. 한국이야말로 소득 불균형과 경제 불평등이 가장 빠르게 심화되고 있는 나라니까요."

"부의 불평등을 완화시켜서 사람들에게 희망을 주어야 성장률이 높아지는 것은 맞아요. 그 방향으로 갈 때 대파탄을 거쳐서 가느냐, 아니면 부드럽게 합의하고 그쪽으로 제도를 바꿔나가느냐의 문제죠."

신에게 불리한 정책을 쓰는 후보와 정당이라도 단지 권위적이라는 이유로 지지하게 된다.

하위 계층으로 갈수록 보수적인 가치를 더 중시하죠. 또 다른 문제는 야당이나 지식인 집단이 그것을 비웃거나 하면 갈등이 더 커진다는 겁니다.

최경환 경제부총리의 경제 정책이 실패했을 때 남길 후유증이 더 걱정입니다.

미국 연준의 양적완화나 아베노믹스처럼 정교하고 전격적으로 추진하지 못하면, 반짝 경기 부양 효과는 나겠지만, 결국 β값만 지금보다도 커지고 양극화가 확대되면서 경제성장률이 침체되는 쪽으로 갈 수도 있는데요.

한국은 일본과 달리 자산 시장의 거품이 아직 안 꺼졌거든요. 이때 부동산 가격을 다시 올려놓아서 부자들이 집을 사게 만든다는 게 최경환 경제부총리의 정책 요지죠. 부자들도 값이 오른다는 확신이 서야 집을 사니까요. 중산층도 덩달아 이번이 마지막 기회라면서 빚내서 집을 사고요.

전형적인 부채 주도 성장 전략인데요.

세계 경제의 경기가 안 좋다는 게 문제죠. 세계 경제가 잠시 회복되는 것처럼 보였지만 지금은 아니거든요. 무엇보다 중국 경기가 빠르게 둔화되고 있어요. 우리도 이제는 수출이 안 될 거거든요. 그래서 내수를 키워야 한다는 것은 맞아요. 그 내수를 상층부에 돈을 몰아주어 부동산 투기를 하게 만들어서 중산층이 빚을 내서 쫓아오게 만들어 키우겠다는 게 문제죠. 건설 경기를 일으켜서 흥청망청하게 만들겠다는 건데, 이게 세계 경제성장률이 좋을 때나 통하거든요. 수출이 잘되면 대기업이 투자를 하니까요.

수출 대기업의 투자가 가계 부채의 구멍을 막아준다는 말이네요.

수출이 안 되면 오직 주식과 부동산으로만 유지되는 거죠. 대기업 투자와 가계 소비가 늘어나면 실물이 늘어나니까 거품이 유지되는 겁니다. 수출도 안 되고 투자도 안 돼서 소비도 안 늘어나면 바로 거품이 꺼져버린다는 거죠.

가계소득을 올려줄 수 있는 근원적인 정책 처방이 있어야 한다는 말인데요. 라구람 라잔의 『폴트 라인』을 보면 보수적인 정치인들이 소득 주도 성장 전략을 마다하게 되는 이유가 잘 나와 있더군요. 소득을 증가시키려면 기업과 협상해서 인건비를 올려주어야 하는데 그게 어려우니까 금융을 통해 대출을 해주어서 부채로 소비를 하게 만드는 방식을 쓰게 된다는 거죠. 부채를 공급해서 중산층 이하가 소득을 늘었다고 착각하게 만드는 전략 말이죠.
부채 주도 성장이죠. 2008년 금융위기가 바로 그 거품이 터진 거죠. 그때는 좀 심하게 못 사는 사람들을 끌어들였으니까요.

그렇게 한 번 세게 무너져야 거기서 정책 대안도 나오는 건데요. 그 안에는 고통과 눈물이 있습니다만, 그 고통을 인내해야 새로운 정책 비전을 제시하는 새로운 정치 리더가 등장할 수 있는 여지가 생깁니다.
토마 피케티의 『21세기 자본』을 보더라도 두 차례의 전쟁과 대공황이 없었다면 부의 불평등이 극적으로 완화될 가능성은 없었다는 말이 되거든요. 어차피 부의 불평등을 완화시켜서 사람들에게 희망을 주어야 성장률이 높아지는 것은 맞아요. 그 방향으로 갈 때 대파탄을 거쳐서 가느냐, 아니면 부드럽게 합의하고 그쪽으로 제도를 바꿔나가느냐의 문제죠.

한국은 어떨까요?
박근혜 정부처럼 정책을 쓰게 되면 파탄이 난 다음에 바뀌는 거죠. 사실 미국도 금융위기가 있었기 때문에 아큐파이 월스트리트Occupy Wall street 운동 같은 게 일어나는 겁니다. 그때 1대 99 논리가 등장하는 것도 사실 토마 피케티의 영향 때문이었죠.

미국에 토마 피케티 현상이 불기 전이었을 텐데요?
토마 피케티가 부의 불평등 현상을 연구해서 논문을 발표한 시기는 2002년 경부터예요. 그런 연구 성과들이 1대 99라는 구호를 만들어낸 거죠. 그 전까지는 모두가 20대 80 사회만 이야기했죠.

한국도 그런 파탄 과정을 겪게 될 거라는 말이죠?
아마도요. 사실 지배 계층이 정말로 사회가 전복될 거라는 위험을 제대로 느끼면 수동혁명이라도 하게 되거든요. 비스마르크 개혁이 그런 경우죠. 영국의 보수당이 복지 정책을 받아들이는 것도 사회주의나 노동운동의 위협들 때문이었죠. 지금은 그런 위험들도 없는 상태니까요. 밑에서 올라오는 힘이 없다고 느끼니까, 아무리 현실이 위험하다고 가르쳐주어도 계속 무시하고 더 강화하는 쪽으로만 가고 있는 거죠.

가계 부채 증가 속도만 놓고 보면 위기는 시간 문제일 수도 있겠네요.
지금 가계 부채가 늘어나는 속도가 소득이 증가하는 속도의 2배거든요.

최경환 경제부총리의 경제 정책은 박근혜 정부 최악의 정책이 될 수도 있다고 보는군요?
박근혜 정부 임기 안에 터질 수도 있습니다.

임기가 끝나고 터지면요? 사실 한국의 정치는 보수든 진보든 거품을 터뜨리고 개혁을 밀어붙일 힘이 없어요. 일본이 잃어버린 30년으로 빠져든 것은 자산 거품을 터뜨리는 정치적 부담을 정치인들이 지고 싶지 않아서일 겁니다. 결국 경제를 고사시키고 말았죠.

한국은 일본형 장기불황보다 급격한 불황에 빠져들 수 있어요. 거품이 완전히 꺼지지 않은 상태에서 아베노믹스를 끌어다 쓰면 한꺼번에 빠질 수 있거든요.

낙폭이 클 수 있다는 말이군요. 최경환 경제부총리는 거품이 덜 빠졌으니까 일본과는 다르게 갈 수 있다고 보는 것 같은데요.

고름이 살이 될 수도 있다고 믿는 거죠. 그래도 일본보다는 한국이 시민사회의 힘이 강해요. 중앙정치의 역동성이 더 크고요. 일본은 소집단주의거든요. 밑으로 내려가면 소그룹끼리 무엇이든 참 잘해요. 그 대신 중앙에 대한 관심이 없어진지는 꽤 되었어요. 자민당이 50년 이상 장기 독재를 해왔기 때문이죠. 반면에 한국은 대집단주의이고 여전히 중앙정치에 대한 관심이 높죠. 그런 역동성에 기대를 걸어봐야죠.

정치의 역동성이 경제의 역동성으로 이어진다는 말인데요.

한국에서도 진보 정당 운동이 깨지면서 일본과 비슷한 현상이 일어나고 있어요. 지역 민주주의는 발전시키는데 중앙정치는 진보가 없는 상황이랄까요.

문제는 중앙정치에도 대안이 보이지 않는다는 건데요. 한때나마 안철수 의원이 기대를 모았지만, 정책적으로 준비가 전혀 안 돼 있었죠. 정책뿐만 아니라 정치를 잘 이해하지 못했죠. 정치를 없애려고 했던 것과 비슷했어요. 기존 정치에 대한 회의를 그저 회의로만 받았죠. 새로운 정치를 보여주었어야 했는데……. 새정치를 사실상 무정치로 착각했던 게 아닐까 해요. 이공계식으로 정치를 기술적으로 다룰 수 있다고 오해했던 것 같아요.

안철수 의원의 실패와 최경환 경제부총리의 실패 다음에 대안을 제시하는 세력이 다음 정권을 잡을 수도 있겠네요?
그럴 가능성은 있는데 현재로서는 대안이 많지 않죠. 유일하게 박원순 서울시장 정도가 있죠. 2014년 9·1 부동산 대책이 사실은 박원순 서울시장을 겨냥한 거라는 해석도 있어요. 서울시가 정한 재건축 가이드라인을 완전히 무너뜨렸거든요. 이러면 경제를 흥청망청하게 해줄 세력과 그것을 가로막는 세력과 힘겨루기를 하는 프레임이 되죠.

국민들이 그렇게 보겠네요. 박원순 서울시장도 서울역 고가 공원화 계획을 발표했는데요. 뉴욕의 하이라인 파크처럼요. 완공되면 청계천 못지 않은 정치적 파괴력을 지닐 수 있겠던데요.
박원순 서울시장의 정책 발표를 보면 대통령을 생각 안 한다고 볼 수 없죠. 거대 프로젝트 같은 것들이 막 나오니까요. 경제 클러스트 이야기도 나오는데, 그것도 참신하지는 않아요.

말씀하신 것처럼 최경환식 부채 주도 성장이 실패한다면, 소득 주도 성장을 이야기할 수밖에 없습니다. 국민의 실질소득을 어떻게 증가시킬 것이냐가 관건인데요.
대기업 위주의 경제 이외에 중소기업과 소상공인을 중심으로 한 네트워크 경제를 만들어야죠. 창조경제 이야기를 많이 합니다만, 그렇게 구호만 외칠 게 아니라 정말 중소기업과 소상공인들이 결합된 경제 생태계를 만들어야 해요. 그래야 일자리가 생기고 소득이 증가합니다. 국가는 그런 생태계에 대한 제도적 지원만 하면 됩니다.

중소기업 네트워크과 사회적 시민경제. 사실 몰라서 못하는 게 아니라 아는데 안 해서 문제인 건데요. 박근혜 대통령도 집권하자마자 중소기업중앙회부터 방문하면서 중소기업 대통령이 되겠다고 했지만 지금은 흐지부지되었죠.

임금을 올리는 방법이 있어요. 그러자면 노조가 강화되어야 하죠. 최저임금과 어느 나라에서도 해본 적은 없지만 최고임금까지 다루어야죠. 기업 최고경영자와 신입 사원의 임금 격차를 줄여야죠.

정책적 대안은 준비되어 있지만 실행 여부가 관건이네요.

그래서 단지 옳다고만 주장할 게 아니라 옳은 길로 사람들을 끌어들일 수 있는 매력적인 리더가 필요한 겁니다. 그런데 정당은 아주 허약하고 시민사회는 의지는 있지만 굉장히 중구난방이라 결국 한마디로 촛불입니다. 이것들을 어떻게 정치적으로 하나로 모을 것이냐가 중요하죠.

지금 한국 기업들도 3세 경영 단계로 넘어가고 있습니다. 이 과정에서 자산 집중 현상이 노골화되겠지만 또 한편으로는 기업과 정부와 가계가 새로운 계약 관계를 맺을 수도 있지 않을까요?

사실 기업들도 지금 어렵거든요. 삼성과 현대자동차 정도만 빼면 나머지 기업들은 수출이 더 줄어들면 파산의 위험이 있어요. 그렇게 되면 단순히 거품이 꺼지는 금융위기가 아니라 산업 전반과 맞물려 동시다발로 경제가 휘청일 수 있어요. 밖에서 터지는 외환위기가 아니라 내환위기가 되는 거죠. 기업들도 그것을 알아야 해요.

진보 진영은 다들 어떤 한계 상황에 직면해 있는 것 같습니다.

다음 대선이 아마 우리 세대의 마지막 시도일 겁니다. 진보를 이끌 다음 세대를 못 키운 죄죠. 예전에는 열정과 희망만으로 움직였지만, 지금은 어느 정도는 돈이 있어야 해요. 우리가 못하면 다음 세대가 성장할 때까지 일본처럼 가겠죠.

한국의 젊은 세대들은 일본의 청년들보다는 발랄한 것 같은데요? 일본 청년들은 정치적 무기력증과 경제적 패배주의에 빠져 있죠. 반면에 한국은 집 안 사고 결혼 안 하는 대신 가진 돈을 흥청망청 쓰고 있어요. 비록 돈이 얼마 없을지라도 쓰고 보죠. 무모한 낙관주의적 소비랄까요. 사실 중년 이후 세대는 부동산에 돈이 매여 있어서 쓸 돈도 없고 쓸 줄도 모릅니다.

중장년층은 미래를 위한 투자를 위해서만 쓰죠. 토마 피케티 논쟁을 하나 더 발전시키자면 계층별 불균형을 넘어서 연령별 불균형도 살펴보아야 해요. 일본에서는 노인들이 모든 것을 움켜쥐고 소비를 안 하죠. 언제 죽을지 모르니까요. 결국 총수요가 늘어나지 못하면서 경제가 조로(早老)해버렸죠.

좀 모순적인 말입니다만, 일본처럼 돈이 없다고 기가 죽어버린 사토리 세대들에 비하면 한국처럼 현재를 위해 돈을 쓰는 청년층이 그나마 나은 것은 아닐까요. 그래도 연애는 하니까요. 그런 무모함에서 희망을 찾을 수 있지 않을까요? 제가 청년들과 일해보면 기발하기는 해요. 저런 걸 왜 하나 싶지만 그래도 뭔가 하고 있죠. 그런 무모한 시도들이 늘어나는 것은 희망일 수 있죠.

이제 필요한 것은 정권 교체가 아니라 시대 교체라고 말한 적이 있습니다.

2007년에 심상정 의원을 위해 만든 말이었습니다.

87년 체제가 한계에 다다랐다는 것은 정치경제적으로 모두 인정합니다. 결국 다음 정권은 실제로 단순한 정권 교체가 아니라 패러다임 교체를 요구받을 수밖에 없어요.

시대 교체는 되기는 됩니다. 안 그러면 망하니까요. 그런데 부드럽게 가느냐, 아니면 수많은 고통 속에서 가느냐의 차이죠.

정책 전문가는 자신의 정책을 펼치게 해줄 정치인과의 만남을 꿈꿉니다. 한때는 노무현 대통령의 경제 가정교사라고 불렸습니다. 또 노무현 대통령 같은 정치인을 만날 수 있을까요?

이제는 지쳤어요. 젊은 사람들이 했으면 좋겠어요. 정책을 만들기는 하겠지만, 정치와 결합해서 제가 무엇을 좀 해야겠다는 생각은 없습니다. 늙어서 죽을 준비를 해야 하는데……. 잘 죽으려면 20년은 노력해야 하거든요.

PROFLLE

서울대학교 경제학과와 대학원에서 공부했다. 노무현 대통령의 경제정책 자문을 맡으면서 참여정부와 인연을 맺었으며, 청와대 국민경제 비서관과 대통령 직속 동북아경제중심추진위원회 기조실장으로 일했다. 국민경제자문위원회 사무차장을 맡고 있던 2005년 5월 서울 행당동 개발 사업 논란에 휘말리자 청와대를 떠났다. 2006년 2월 한미FTA 협상이 재개되자 한미FTA저지범국민운동본부 본부장을 맡으며 FTA의 부당성을 앞장서서 비판했다. 2008년 진보신당 창당 과정에 참여했다. 2011년부터 새로운사회를여는연구원 원장을 맡았고, 2015년부터는 칼폴라니사회경제연구소 소장을 맡고 있다. 저서로 『착한 것이 살아남는 경제의 숨겨진 법칙』과 새로운사회를여는연구원과 함께 쓴 『리셋 코리아』 등이 있다.

진실이란 무엇인가?

정관용
:
나는
오늘도 내 방송을
한다

왕상한
:
나는
소통하고
타협한다

정관용
나는 오늘도
내 방송을 한다

첫 질문은 조심스럽네요. 그래도 묻겠습니다. 그때 왜 우셨습니까?

그때 현장을 취재한 방송이 나갔잖아요. 저도 스튜디오에서 처음 보았습니다. 방송 후반부에 한 아이의 엄마가 이렇게 말했잖아요. "엄마가 기다리고 있을게. 꼭 오지? 엄마가 사랑해. 꼭 와. 모든 친구들 다 데리고 와." 그 순간에 저도 감정이 폭발했던 것 같네요.

겨우 "사고 6일째입니다"라고 말하고 한참을 말을 잇지 못했어요.

방송 끝나고 나니까 참 멋쩍더군요. 제작진에게 그랬어요. 왜 이렇게 슬프게 영상을 편집했냐고요. 유가족들이 오열하는 장면이나 지나치게 자극적인 사고 상황은 보여주지 않는 게 재난 방송의 원칙이에요. 왜 이렇게 최루 방송을 하느냐? 제작진을 탓했던 건 아니고 사실 저도 멋쩍어서 그렇게 이야기했던 거죠.

정관용의 눈물은 손석희의 눈물과 함께 두고두고 논쟁거리가 되었습니다. 눈물이 의도적이고 상업적이었다고 보는 사람들도 있었죠. 정관용이 일부러 눈물을 흘리며 최루 방송을 했다는 이야기죠. 사실은 전혀 다르군요. 방송을 하면서 영상을 처음 접했고 주체할 수 없어서 눈물을 흘렸고 끝나고 나서 자신이 더 겸연쩍어했다는 거네요.

저도 그날 방송을 하고 나서 몹시 멋쩍었습니다.

왜 멋쩍나요? 때로는 기자도 앵커도 언론인도 눈물을 흘릴 수 있어야 하는 것 아닐까요? 기자라면 누구나 현장에서 도덕적 딜레마에 빠지게 됩니다. 죽을 위기에 처한 아이를 구할 것인가, 그 아이의 사진을 찍을 것인가?
흠······.

인간에 대한 애정이 있느냐 없느냐에 답이 있는 것 같습니다. 눈물을 흘리고 싶지만 참고 취재를 하느냐, 눈물을 흘리고 싶은 마음이 없이 그저 취재만 하느냐. 요즘은 눈물을 흘릴 줄 모르는 언론이 늘어나고 있습니다. 그래서 정관용의 눈물에 시청자들이 더 크게 반응했던 게 아닐까요? 때로는 감정을 솔직하게 드러내는 게 백 마디 말보다 설득력이 있습니다.
질문 자체에 판단이 깔려 있네요. 원칙은 보도 앵커는 자기 감정을 드러내면 안 된다는 겁니다.

왜 드러내면 안 됩니까? 정관용은 중립성과 공정성을 지켜온 토론 프로그램의 교과서라고 불리죠. 그래서 더 묻고 싶습니다. 왜 드러내면 안 되는 건가요?
감정이란 게 여러 가지가 있잖아요. 계속 눈물만 말하고 있는데 앵커가 자기 감정을 마음대로 표현하게 된다면, 마음에 안 드는 정치 집단을 향해서는 화를 내고 조롱할 수도 있겠죠. 그것은 보도가 아니죠. 원칙은 감정을 배제하고 이성적이어야 한다는 겁니다.

그런데 눈물을 흘리셨네요.
제가 울어서 결과적으로 더 많은 사람이 울었을 수 있잖아요.

저도 다시 영상을 보면서 울었습니다.
그것을 좋게 보는 분도 있겠지만 비판하는 분도 있죠. 어쨌든 저는 그렇게 감정을 드러내게 만든 영상을 탓할 수밖에 없었다는 겁니다. 제가 멋쩍어서. 그 말이에요.

KBS 사태는 어떨까요? 세월호 유가족들은 현장의 목소리가 제대로 전달되지 않는다고 느꼈어요. 재난 보도 준칙에 따르면 유가족들의 비극을 보여주지 않는 게 맞죠. 결과적으로는 시청자들에게 현장 상황을 왜곡해서 보여준 꼴이 되었습니다. 시청자들이 현장에서 대대적인 수색 작업이 이루어지고 있고 정부가 앞장서서 사고를 수습하고 있다고 믿게 만들었죠. 시청자들은 현장의 비극에 공감하고 싶어 하고 공감할 필요가 있었는데 언론이 오히려 그것을 막은 거죠. 지상파3사 로비에 가면 다들 반성문을 써붙여놓고 있어. 현장의 슬픔을 제대로 전달해주지 않아서 잘못했다는 겁니다.

제가 다른 언론 보도에 대해 언급하고 평가하기는 좀 그러네요. 다만 KBS 사태는 유족들의 슬픔을 보여준다 만다의 차원이 아니잖아요. KBS가 유족들의 슬픈 모습을 안 보여주었다고 유족들이 분노했나요? 그것은 아니잖아요. KBS 보도국장이 세월호 참사를 교통사고에 비유한 사실이 알려져서 그런 거죠.

KBS 보도국장의 발언은 계기일 뿐이었죠.

KBS 보도국장의 발언은 기자들과 식사하는 자리에서 나온 이야기였잖아요. 그런 발언이 바깥으로 알려지게 되었다는 것은 KBS 보도국 안에도 보도에 대해 불만을 갖고 있었던 기자가 많았다는 이야기가 아니겠어요? 거기서 불만의 초점은 유족들의 슬픔을 보여주냐 아니냐가 아니고 세월호 참사의 원인에 어떻게 접근해가느냐 하는 방법에 있었다고 볼 수 있죠. 유족들이 KBS나 MBC를 신뢰하지 않는 이유는 초기 대응이 어떻게 잘못되었는지를 계속 추적하고 추적해서 정말 문제의 근원이 무엇인지를 찾아내려고 애쓰지 않아서일 겁니다. 문제의 근원이라는 게 세월호라는 배, 선장, 청해진 해운이라는 회사만의 문제가 아니라 이 사회의 권력과 구조의 문제라는 문제의식을 갖고 접근하지 않아서 분개하는 것 아닐까요?

맞습니다.
그것은 눈물과는 좀 다른 거죠. jtbc는 바로 그런 측면을 집요하게 보도했기 때문에 시청자들의 신뢰를 얻은 게 아닐까요? 지상파 기자들이 자괴감을 느끼는 것도 바로 그런 대목일 겁니다.

그렇게 집요하게 보도하게 만드는 동기가 바로 유족의 슬픔에 공감하기 때문이라는 겁니다. 눈물을 흘릴 줄 아는 기자만이 비극의 본질에 집요하게 파고들 수 있습니다. 파고들지 않을 수 없으니까요. jtbc 보도가 신뢰를 얻고 있는 것은 집요함 때문만이 아니라 보도의 동기가 인간에 대한 애정이라고 느껴지기 때문인 것 같습니다.
그런 자세로 보도를 해서 국민과 유가족들이 jtbc를 신뢰하게 되었습니다. 진행자가 눈물을 흘려도 그들의 공감을 얻어낼 수 있었던 거겠죠.

한국 언론은 총체적 신뢰의 위기입니다. '기레기'라는 표현이 있다더군요. '기자가 쓰레기 같다'는 표현인 모양이더군요. 왜 이렇게 되었을까요? 언제부터 이렇게 되었을까요?
글쎄요.

언제부터인지에 대해서는 제 나름의 답을 갖고 있습니다. 진행하던 KBS-1 라디오 〈열린토론〉에서 하차했을 때가 어떤 기점이었던 것 같습니다. 물론 그전에도 언론이 건전했던 것은 아닙니다만 2008년

무렵부터 언론 지형도가 빠르게 왜곡되기 시작합니다. 그 뒤로 MBC 파업 사태가 이어졌고 언론에 대한 시청자들의 신뢰가 붕괴되어버렸습니다. 세월호 참사로 그렇게 내파된 언론 지형의 민낯이 드러나버린 거죠.

1980년대에는 누가 KBS나 MBC를 신뢰했습니까?

지금보다는 신뢰하지 않았을까요?

1980년대에 신뢰했다고요?

그렇군요. 권위주의 정부 시절이니까요. 땡전뉴스가 있던 시절이고요.

방송은 지배구조 자체가 권력의 영향권 아래에 있잖아요. 철권통치 시절에는 언론을 장악하고 조종하고 그러는 게 일상적이었죠. 민주화가 되면서 좀 나아졌죠.

1990년대를 거치면서요.

그것도 1990년대 말 이후에나 그래요. 김대중 정부까지도 크게 뭐가 달라졌나요. 물론 조금은 달라졌지만……. 노무현 정부 때 좀 변화가 있었죠. 오히려 노무현 정부 때는 지나치게 급변했어요. KBS 안에서는 오히려 중간 간부진들에 의한 게이트키핑 기능이 지나치게 위축되는 문제가 있었던 것도 사실이었어요.

거꾸로요?

일선 기자들이 통제가 안 된다는 거였죠. 어쨌든 그 시절에는 정권의 입맛에 맞춰서 보도하는 사례는 좀 줄어들었죠.

줄어들었다는 것은 노무현 정부 때도 없지는 않았다는 거네요?

노무현 정부 때 대통령 탄핵 사태가 있었잖아요. 그때도 KBS에서 토론 프

로그램을 진행하고 있었어요. KBS에서 이런 반론이 나왔어요. 탄핵에 대해 국민 대다수가 반대한다. 반대 여론이 훨씬 많으면 보도도 반대쪽 입장에서 해야 하는 것 아니냐고요.

권력의 속성은 정권이 바뀌어도 똑같군요.
저는 토론 프로그램을 진행했기 때문에 탄핵도 균형 있게 다루었죠. 그러다 보니까 노무현 대통령을 싫어하는 쪽에서는 정관용만 공정한 걸 보니 KBS는 정말 친노인 모양이라고 했죠.

자기 입맛대로만 방송을 본다는 거군요.
방송이 사회 여론에 끼치는 영향은 지대해요. 그래서 균형 있는 방송을 한다는 것은 더 어렵죠. 어쨌든 1980년대까지는 위에서 밑으로 끼치는 힘이 강했어요. 그런 힘이 완화되다가 노무현 정부 때는 너무 완화된 게 아닌가 하는 논란도 있었죠. 그런데 이명박 정부 이후 다시 위의 힘이 강해졌다는 말이죠.

반발이 있을 수밖에요.
그렇죠. 한때 밑에서 위로 가는 힘을 경험해본 일선 기자나 PD들이 반발을 하는 거죠. 반발을 하다 보니까 YTN과 MBC와 KBS까지 사태가 연달아 터지는 것 아닙니까? 방송의 경영진들은 정권의 입맛에 따라 선임되기 일쑤죠. 선임된 사장이 소신과 뚝심을 갖고 있는 사람이냐 정권의 입맛에 맞게 행동하는 사람이냐에 따라 언론사 내부 환경도 달라져버리죠. 그런 취재 환경이 뉴스보도에 음양으로 영향을 미치죠.

언론이 신뢰를 잃은 것은 외압 탓만은 아닌 것도 같습니다. 세월호 참사 취재 현장에서 유가족들이 기자들을 싫어하기 시작한 것은 진주 팽목항에서가 아니라 안산 단원고에서부터였습니다. 세월호 참사 초기 단계부터였다는 거죠. 부모님들은 우선 단원고로 모였습니다. 기자들도 단원고로 갔죠. 아이들의 생사를 몰라서 우왕좌왕하는 부모들을 언론은 뉴스거리로 취급했죠. 녹음기와 카메라를 들이대면서 취조하듯 멘트를 땄어요. 부모님들이 취재를 거부하면 기자인 걸 숨기고 위로하는 척 접근해서 몰래 녹음을 했죠. 인간을 보지 않았던 겁니다.

흠.

지금 대다수 언론사의 기자들은 데스크가 원하는 내용을 가져가야 한다는 수직적 강박에 시달리고 있어요. 기자로서 특종을 따야 한다는 강박까지 겹쳐 있죠. 눈 앞에 있는 사실을 있는 그대로 보도하는 게 아니라 데스크가 선호하는 내용을 보도하는 게 편리하죠. 보도 내용에 앞서 취재 태도에서부터 기자들은 신뢰를 잃어버렸던 겁니다. 언론으로서 신뢰를 잃었을 뿐만 아니라 인간적 신뢰까지 잃은 거죠. jtbc 뉴스가 대중적 신뢰를 잃지 않고 있다면 그것은 내용뿐만 아니라 태도 때문이 아닐까요? 기자 개개인이 사람에 대해 이야기하고 있다는 게 뉴스를 보면 느껴지거든요.

우리 언론 환경은 전반적으로 일그러져 있죠. jtbc 기자들이 살아 있다는 표현을 쓰셨다면, 그것은 손석희 사장을 비롯한 jtbc 경영진이 그만큼 일선 기자들이 뛸 수 있는 환경을 만들어주었기 때문이라고 보아야겠죠.

환경이요?

저는 jtbc에서 딱 한 프로그램만 진행한 사람이고 경영진도 아니기 때문에 잘 모릅니다만, 그렇게 느꼈다면 그런 것 아니겠습니까? 좀더 크게 말해서 우리의 전반적인 언론 환경이 일그러져 있다는 것은 사실이니까요. 1990년대 초반까지만 해도 관제 언론만 있었던 거잖아요. 민주화가 되면서 『한겨레신문』이 창간되었고 이른바 언론도 자리 잡기 시작한 거죠. 보수 언론이나 진보 언론도 그렇게 생겼고요.

왜 일그러진 걸까요?

김대중 정부 때 조중동에 대한 세무조사가 있었어요. 노무현 정부 때는 이른바 신문법 파동이 있었죠. 이명박 정부 때는 종편 논란이 있었죠. 이 세 가지 사례는 다 뭐냐면, 언론사의 직접적인 이해관계가 걸려 있는 사안이라는 겁니다. 정치적인 사안 같지만 결국 다 돈 문제라는 거죠.

언론의 이해관계에 얽힌 문제들이라는 거군요.

이해관계에서는 보수고 진보고 할 것 없이 다 마찬가지예요. 자기의 직접적인 이해가 걸려 있는 싸움을 하다 보니까 우리 언론들은 심판이 아니라 액터actor가 되는 거예요.

플레이어랄까요?

그렇죠. 특정 언론은 특정 정치 세력과 특정 시민 세력과 한 편이에요.

언론 지형이 진영 논리로 편가르기가 되어버렸죠.

진영 논리가 강해지면 사실에 기반해서 진실을 추구해야 한다는 언론의 기본을 놓치게 되어요. 이해관계에 따라 자신의 견해를 사실인 양 보도할 우려가 커진다는 말이에요. 언론의 기자 정신이란 철저하게 사실에 근거해서 진실을 추구해나가는 것이죠. 그게 언론의 기본 사명이죠. 자칫 사실에 근거하지 않고 자신의 견해를 사실과 진실인 양 보도하는 언론이 많아질 수 있다는 거죠.

이미 충분히 많아졌는데요.

거의 언론이라고 말할 수 없는 수많은 인터넷 언론이 생겨나다 보니까, 다들 그쪽으로 덩달아 뛰는 거예요. 더 강하게 견해를 말해야만 사람들이 관심을 갖는 식이 되어버린 거죠. 한국의 언론 지형은 보수와 진보 진영으로 양분되어버렸죠. 중도 언론 하면 뭐가 생각나세요?

과거에는 『한국일보』가 있었네요.

『한국일보』도 몰락해버렸죠. 지금의 일그러진 언론 지형에는 역사성이 있어요. 김대중과 노무현과 이명박 정부를 거치고 MBC나 KBS 사태를 겪고 채널A나 TV조선 같은 종편이 만들어지면서 이렇게 형성된 거죠.

jtbc는 다른가요?

jtbc는 설립 목적 자체가 좀 달라요. 홍석현 회장이 지상파와 경쟁할 방송국을 키우고 싶다는 목적을 갖고 출범시킨 것 같아요. 아마 그렇기 때문에 손석희 사장을 영입한 거고……. 손석희 사장도 그런 의지를 읽었으니까 수락한 거고요. 그런 바탕이 있어서 손석희 사장이 저보고 같이 하자고 도와달라고 했을 때 저도 같이 오겠다고 한 거고요.

손석희 사장이 직접 영입 제의를 했던 거군요.

채널A나 TV조선은, 글쎄 모르지만, 처음에는 큰 방송국을 만들어보고 싶었겠죠. 그런데 영 안 되니까 『동아일보』나 『조선일보』의 색깔보다도 세게 색깔을 드러내는 방송으로 흘러가고 있잖아요.

시청률 잡기죠.

제가 보기에는 사실상 전파를 타서는 안 되는 내용까지 내보내면서 시청률을 잡고 있다는 말입니다.

시청률도 잡고 정치 권력과의 관계도 돈독해지니까 안 할 이유가 없겠죠.

그러다 보니까 진영 논리나 편가르기가 더 극심해진 겁니다. 우리 모두 진영 논리와 편가르기에서 벗어나자고 앞장서서 이야기해야 할 곳이 사실 언론인데요. 정치권과 시민사회 모두 진영 논리로 갈라져 있잖아요. 우리 더는 이러지 말자고 말해야 하는데 오히려 언론이 부추기는 상황이라는 거죠. 이게 한국 언론이 처한 가장 척박한 현실입니다.

이런 환경에서 기자 개개인에게 인간적 보도를 기대하는 것은 무리라는 말이군요. 정관용은 그런 환경 속에서도 균형과 공정을 지키고 있다는 평가를 받습니다. 개인이 아니라 제도의 문제라고 말했지만, 개인이 홀로 그 길을 가고 있는 드문 사례죠. 사실 중도니 중용이니 하는 길은 좁잖아요. 왜 계속 좁은 길을 고집합니까? 시청률 잡기도 어렵고 편도 안 생기는데요. 어느 한쪽 편을 드는 게 훨씬 유리한데요.

기자들에게 강연 같은 걸 하게 되면 이렇게 이야기합니다. '그냥 어느 편에 속하면 기사 쓰기도 편하다. 베끼면 되니까. 써놓은 거다 짜깁기하면 기사가 끝난다. 하지만 그것은 진짜 기자가 아니다. 진짜 기자는 이게 정말 사실일까 되묻는 회의에서 출발해야 한다.'

합리적 의심이군요.

'정말 사실을 추구해나가서 그 속에서 이 사회의 진실을 드러내 보이려고 노력하는 자세가 진짜 기자 정신이다. 그러자면 자기가 지금 몸 담고 있는 언론사가 어떻다 하더라도 자기가 보도하

PHOTOGRAPHY 박남규

려는 내용에 대해서 더 진실을 추구하고 더 노력하는 자세를 가져야 한다. 지금 현실 속에서 혼자 언론사를 만들 수는 없으니까.' 그렇게 노력하는 자세로 기자 생활을 하고 있느냐, 아니면 그냥 편히 살려고 하느냐고 되물어요.

기자들 반응은 어떻습니까? 앞에서는 당연히 진실을 추구하겠다고 대답하겠죠.
그래서 기자들 개개인이 정말 무엇을 믿고 있느냐가 중요한 겁니다. 언론 환경이 이렇다 보니까 한국 사회에서는 양쪽의 극단적인 소수가 과잉 노출되고 있어요. 하지만 저는 우리 사회의 절대다수는 공정, 균형, 사실, 진실, 이런 것을 바랄 거라고 믿어요. 분명한 믿음을 갖고 있어요.

정말인가요?
극단적인 사람은 정말 소수예요. 우리 언론이 극단적인 사람들을 아주 과잉 노출시킨다는 거예요. 정치권에서도 좀 그런 경향이 있죠. 하지만 기자라면 그렇게 극단적이지 않은 사람이 더 많다는 것을 믿어야 합니다. 우리 사회는 우여곡절 속에서도 산업화와 민주화를 이루었어요. 큰 성취를 이루었죠. 물론 문제도 많이 있습니다. 우리 사회가 한 단계 더 앞으로 나아가기 위해서 제일 필요한 것은 진영 논리와 편가르기에서 벗어나는 겁니다.

언론부터 거기서 벗어나야 대중도 벗어날 수 있겠죠.
그런 소신이 있고 이게 정말 필요한 일이라는 믿음이 있으니까, 이 시대에 그냥 이렇게 버티고 있는 거죠.

MBC〈100분 토론〉진행을 맡았다가 그만두셨죠(2013년 8월부터 2014년 4월까지 진행을 맡았다). 기대가 컸는데 오래가지 못했어요. 2008년에는 KBS TV와 라디오에서 대표적인 토론 프로그램을 동시에 진행하다가 갑자기 그만두었죠. 그때 출연료가 너무 많아서 그랬다는 이야기도 있었는데요. 출연료가 그렇게 많으셨습니까?

그런데 2008년 이야기를 또 해야 하나요?

그렇게 명확한 이유도 없이 하루아침에 그만둘 수 있는 게 방송입니다. 마이크와 카메라는 참 값비싼 미디어예요. 마이크가 있어야 공정하고 균형 있는 방송이라는 것도 해볼 수 있는 것 아닙니까?

제가 방송을 참 오래 했어요. 정치 평론만 하던 1980년대 말부터 따져봐도 30년 가까이 되어가네요. 진행자를 맡기 시작한 것도 1996년이었던가요. 굉장히 많은 방송국에서 굉장히 많은 프로를 했고 굉장히 많이 잘렸어요.

방송은 참 잔인하죠. 하루 전에 그만하자고 통보하는 식이니까요.

저는 마이너 방송국의 마이너 프로그램에서, 마이너 방송국의 메이저 프로그램으로, 다시 메이저 방송국의 마이너 프로그램에서, 메이저 방송국의 메이저 프로그램까지 다 해보았어요. 잘릴 때도 있었지만 나름 차곡차곡 사다리를 타고 올라가듯이 여기까지 왔죠. 실제로 제가 진행해온 프로그램을 뽑아보면 나올 거예요. 그런데 이런 시사 프로그램 영역에서는 낙하산 진행자가 꽤 많거든요.

방송국 소속 아나운서들도 눈독을 들이는 자리죠.

외부인도 아주 많아요. 저는 아무튼 걸어온 길을 봐도 나오지만 차곡차곡 걸어왔어요. 공영방송의 꽃은 KBS잖아요. 시사 프로그램의 꽃은 토론 프로그램이고요. 텔레비전과 라디오의 토론 프로그램을 동시에 진행했죠. 그것도 5년 가까이나……. 사실 이제 할 것까지 다 해본 거죠.

방송을 다 해보았다?
제가 하루아침에 양쪽 모두를 그만두게 된 게 2008년 가을인가
그래요. 그리고 좀 쉬었다가 CBS 라디오를 시작했죠. 어쩌다 손
석희 사장에게 꼬여서 jtbc에서 〈정관용 라이브〉를 하게 된 거고
요(2013년 9월부터 2014년 6월까지 진행했다). 지금 저에게 중요한 것
은 하루를 더 할 수 있을지가 아니라는 겁니다. 단 하루를 해도
내 식으로 방송할 수 있느냐가 중요하죠.

내일 한 회 더가 아니라 오늘 한 회를 어떻게 할 것이냐?
나는 내 식으로 내가 추구하는 바대로 하겠다. 내 식으로 내가 추
가하는 바대로 하는 환경이 보장되지 않으면 이제는 안 하는 거
죠. jtbc에서도 손석희 사장이 그런 환경을 지켜줄 거라는 믿음이
있었던 거죠.

손석희 사장과는 이전에도 잘 알던 사이죠?
서로 잘 알고 신뢰하는 사이죠. 아무튼 손석희 사장이 jtbc에 오
면서 이야기했던 것도 이런 거니까요. 손석희 사장과 저는 언론
을 보는 시각이나 무엇이 필요한지에 대한 의견이 비슷하거든
요. 그런 믿음이 있으니까 제 소신대로 할 수 있겠다는 생각이 들
어서 온 거죠. MBC 〈100분 토론〉도 제가 조건을 걸었어요. 매
일 싸우기만 하는 것은 하지 말자. 한번 중립 시민패널로 가보자.
이것을 당신들이 받아들이면 하겠다. 그래서 그렇게 했잖아요.

그랬죠. 그런데 결과가…….

물론 기대했던 것만큼 큰 성과를 보지는 못했어요. 어쨌든 제가 똑같은 반복이 아니라 뭔가 새로운 변화나 제 시각이 들어 있는 새로운 시도를 요구해서 되니까 한 거라는 말이죠.

그만둘 때도 있잖아요.
그것은 뭐 각자 사정이 있겠죠. 그만두라고 할 때는……. 그 사정에 대해서 제가 구구절절 말하고 싶지는 않고요. 저야 방송에서는 프리랜서니까 그만두라고 하면 그만두는 거죠. 좀 건방지게 들릴지 모르지만 방송은 오래 했고 할 만큼 해보았고요. 무슨 방송에 대한 욕심 같은 것은 정말 없으니까요.

단 한 회를 해도 자기 방송을 하고 싶다는 말이네요. 기사 한 줄을 써도 제대로 써야 한다는 이야기겠고요.
아까 출연료 말했지만 저는 프로그램에서 섭외 문의가 와도 돈 이야기는 안 해요. 뭐 알아서 주는 거죠. 저도 이제 꽤 오래 했고 알려지고 했으니까 남들보다 아주 싸게 주지는 않을 것 아닙니까? 제가 뭐 꼭 얼마까지 달라고 이렇게 요구는 안 해요.

받고나서 후회할 수도 있는데요.
별 후회도 안 돼요. 그런 마음으로 방송을 하고 있어요.

정말 대다수 사람이 공정하고 균형 있는 보도를 좋아할까요? 그런 믿음을 갖고 싶지만 언론 지형도 정치 지형만큼이나 기울어진 운동장 같다는 느낌입니다.
그렇게 생각 안 해요. 낮 시간대 종편 시청률은 나와봐야 얼마 안 되거든요. 거기서 거기예요. 어쨌든 우리보다는 높다는 말이죠. 제가 나와서 스테이션 이미지를 키운 것은 분명히 맞지만, 낮 시간대를 계속 저에게 맡겨야 할지 방송국에서도 고민할 수밖에 없잖아요.

"진영 논리가 강해지면 사실에 기반해서 진실을 추구해야 한다는 언론의 기본을 놓치게 되어요. 이해관계에 따라 자신의 견해를 사실인 양 보도할 우려가 커진다는 말이에요."

"저는 사람들이 사실과 진실에 늘 목말라한다고 생각해요. 극단적으로 치닫는 것에 대해서는 혐오해요. 그런 건강한 시민의식이 있다는 믿음이 있어요. 합리성에 바탕을 둔 판단이 이 사회를 끌어갈 거라고 믿어요."

나중에 jtbc의 다른 방송을 할 수도 있겠네요.

이제 좀 지나면 다른 프로그램을 할 수도 있겠죠.

방송은 내일을 모르네요.

그래서 그런 것을 의식 안 한다는 겁니다. KBS-1 라디오 〈열린토론〉은 1,600회를 훌쩍 넘겼잖아요. KBS 〈심야토론〉도 제가 제일 오래 진행했죠. 한 회, 한 회 쌓여서 그렇게 되는 거죠. 처음부터 목적을 갖고 하는 게 아니라는 겁니다. 방송은 그래요.

방송을 듣다 보면, 알면서도 묻고 있구나 싶을 때가 있어요. 상대방이 답을 하도록 유도하는 거죠. 결코 이렇게 생각하는 게 아니냐고 단정 지어 묻지 않더군요. 이렇게 묻고 답을 기다리는 게 생각보다 어렵잖아요. 사실 저는 알고 있지만 카메라 앞에서는 몰라야 하는 거죠. 시청자들을 위해서요

청취자나 시청자의 눈높이에서 그 사람들이 궁금해할 만한 이야기들을 풀어가는 게 제 역할이니까요. 앞서가면 안 되거든요.

먼저 답을 말하고, 이것 아니냐고 되묻고 싶을 때는 없나요?

그렇게 하기도 하죠. 그런데 전화 연결이 되었든 출연이 되었든 말을 하러 나온 사람에게 말할 권리는 주어야 하는 거잖아요. 그 사람이 주장하는 바에 대해서 다른 견해도 있을 수 있다고 말해줄 수는 있죠. 이런 견해로 당신을 비판하는 것에 대해서는 어떻게 생각하느냐, 이것까지는 제가 해야죠. 그래서 그렇게 구성된 그 사람의 이야기를 청취자나 시청자가 최종적으로 듣고 판단하게 만드는 거죠. 저 사람이 진실을 말하고 있는지 아닌지는 대중이 판단하는 겁니다.

그런 진행은 교과서적인데다 매우 수준 높은 방식이죠. 요즘은 앵커 혹은 진행

자의 주관이 들어갈 때 훨씬 휘발성이 커지는 흐름입니다. 대다수 방송이 답을 내놓고 시청자들에게 그 답을 떠먹여줍니다. 시청자들도 편하죠. 능동적으로 판단할 필요가 없으니까요. 듣고 싶은 답을 들려주면 더 복잡하게 사고할 필요도 없으니까요. 종편뿐만 아니라 지상파도 이미 많이 오염되었죠. 점점 늘어나고 있어요.

좀 우려가 되기는 하죠. 그렇지만 오히려 또 그렇게 극단적으로 가면 갈수록 식상해하는 사람들도 늘어나요. 좀 긴 호흡을 갖고 가다 보면 좀 바로잡힐 수 있다고 믿습니다. 일본도 우리처럼 갑자기 채널이 확 늘어난 때가 있었어요. 그때 어떤 일이 벌어졌냐면, 밤 방송에서 여자 앵커가 수영복을 입고 진행을 했어요.

해외 토픽으로 본 것도 같네요.

옷을 하나씩 벗으면서 진행한 적도 있어요. 극단적인 경쟁이 상업주의와 결합되면서 극단적인 선정성까지 확대되는 아주 적나라한 막장을 보여주었다는 말입니다. 그런데 일본도 그렇게 몇 년을 거치고 나서 정화가 되었어요. 지금 우리 모습과 별다르지 않아요. 우리는 차마 수영복을 입고 못하니까 뉴스나 시사 보도에서 그렇게 선정적으로 가는 거죠.

극단적으로 비웃고 조롱하고 자극적으로 편집하죠.

가끔 보면 수영복 수준으로 하더군요. 북한 이야기라든지, 구원파 이야기라든지…….

선정적이기 짝이 없죠.

거의 막장으로 달리는구나 싶죠. 저는 뭐 큰 호흡에서 보면 바로잡힐 거라고 봐요. 그런 의미에서 제가 jtbc 방송을 하겠다고 결심하고 그동안 해온 것도 의미가 있다 싶어요. 지금 언론 환경이 워낙 척박하기 때문이에요. 공중파 방송이 제 역할을 못하고 게다가 종편이 점점 저런 식으로 가면 뭐 하나라도 좀 정신을 잡아주는 데가 있어야 하지 않느냐싶죠. 그런 생각에서 했던 거고요.

jtbc에 애정이 있으시네요.

신뢰도 조사에서는 jtbc가 1등을 했다고 하잖아요. 물론 절대적인 공은 손석희 사장에게 있죠. 제가 기대한 대로 가고 있다는 느낌은 있어요. 이런 걸 보면 아까 말한 것처럼 막장을 좋아하는 사람이 늘어나는 것은 아니라는 거죠. 그냥 재미있어서 웃으면서 욕하면서 볼 수는 있어요. 하지만 신뢰하지는 않아요.

MBC 〈무한도전〉에 출연한 일이 워낙 화제인 것 같던데요. 저는 〈무한도전〉을 즐겨보지는 않습니다만……

저는 아예 안 보던 프로그램이에요.

그런데 어쩌다가 출연한 건가요?

딱 한 가지예요. 6·4 지방선거를 앞두고 있었죠. 지방선거를 빗대서 만들었다고 하고요. 선거에 관한 국민의 관심을 높이는 게 필요하고요. 게다가 〈무한도전〉은 젊은층이 많이 보는 프로그램이고, 젊은층은 선거에 관심이 없는 사람이 많아요. 제가 그들의 요구대로 출연해주면 조금이라도 지방선거에 대한 관심을 높이는 데 기여할 수 있겠구나 했죠.

재미있으셨나요?

재미있는 경험이었습니다.

〈무한도전〉 출연 한 번으로 정관용이라는 이름이 인터넷에서 화제가 되었죠. 좋은 방송이었고 좋은 의도였지만 왜곡된 언론 지형을 보여 주는 측면도 있습니다. 한국에서는 예능 프로그램이 대안 언론 역할을 하고 있다는 말이죠. 사실 jtbc의 〈정관용 라이브〉나 CBS 라디오의 〈시사자키 정관용입니다〉 같은 프로그램에서 더 조밀한 사실과 진실이 나오잖아요. 그런데 예능 프로그램이 시사 프로그램을 대신하고 있죠.

자꾸 비관적으로 보네요.

일부러 자꾸 여쭤보는 측면도 있습니다. 지금 저도 답을 알면서도 되물어보지만, 한편으로는 실제로 비관적이라서 여쭤보는 측면도 있겠고요.

저는 사람들이 사실과 진실에 늘 목말라한다고 생각해요. 극단적으로 치닫는 것에 대해서는 혐오해요. 그런 건강한 시민의식이 있다는 믿음이 있어요. 합리성에 바탕을 둔 판단이 이 사회를 끌어갈 거라고 믿어요. 긴 호흡으로 보면 분명히 그래요.

제가 젊어서 조급한 걸까요?

사람들이 〈무한도전〉을 더 좋아하는 것은 당연하죠. 재미있잖아요. 시사 프로그램은 딱딱하니까 덜 좋아하겠죠. 그런데 재미있는 것을 좋아하는 사람들도 무엇이 진짜를 말하는지 거짓을 말하는지에 대한 감은 있다는 말이에요. 일부가 전부처럼 보인다고 해서 사회가 다 그렇다고 보면 안 됩니다.

"세월호 안에서 한국 사회가 침몰한 건 아닌가." 방송 중에 말한 내용입니다. 세월호 참사가 우리를 흔들어놓았기 때문에 우리가 지금 언론 지형에 대한 이야기를 나누고 있는지도 모르겠습니다. 그렇지 않았다면 첫 질문은 '무한도전' 이야기였겠죠. 유재석이 웃기냐 정형돈이 웃기냐였을 수도 있고요. 그렇게 〈무한도전〉까지 출연했지만 6·4 지방선거의 투표율은 낮았어요. 10명 가운데 5명이 투표를 안 했죠. 지방선거 결과에 대한 개인적인 의견을 말해주세요. 말씀 안 할 것 같습니다만.

이야기 안 합니다.

투표율에 대해서도요?

대신 세월호 참사 이야기를 합시다. 많은 사람이 다 진단한 것의 연장선상인데요. 부도덕한 기업을 만드는 과정에서 부도덕한 방식의 종교를 악용한 어떤 범죄적 집단과 거기서 무한 이익 추구를 해온 사회 문화와 그것이 가능하도록 음으로 양으로 방치, 조장, 뭐가 적합할지 모르겠군요, 어쨌든 그렇게 해온 관료와 이른바 관피아의……

방조했다고 표현하는 게 맞겠습니다.

하나의 구조가 이제 폭발적으로 튀어나온 사례가 세월호 참사죠. 방송에서 그런 이야기를 자주 했어요. 20년 전 서해 훼리오 사건이 났을 때요. 거기서 구조된 사람들은 단 1명도 외상후 스트레스 증후군이라는 장애를 들어보지도 못했고 심리치료를 받아본 적도 없었어요.

없었던 게 아니라 몰랐던 거죠.

20년 전 우리 사회의 수준은 그랬습니다. 그런데 지금은 정신과 의사들이 자발적으로 안산 단원고에 달려가고 대한신경정신의학회가 성명을 발표해요. 자발적으로 진도 팽목항에 가서 도와주고요. 수없이 많은 자원봉사자가 거기 가서 자기들끼리 자원봉사 매뉴얼인 준칙을 만들었잖아요. 정말 세세하더라고요. 말을 건넬 때는 무릎을 꿇고 한다. 음식물을 주면 무조건 받는다. 뭐 이런 것까지 아주 구체적으로 나와 있더라고요. 저는 그것을 보면서 20년 사이에 우리 사회의 민간 영역은 이렇게 성장했구나 느꼈어요. 우리 국민 모두가 어른들의 잘못이라고 속죄하는 마음을 가져야 하는 것은 맞아요. 그렇지만 누가 얼마나 잘못했는지는 분명히 가려야 하는 거예요. 그래야 타깃이 명확해지거든요.

타깃이요?

이제부터 우리가 무엇을 바꿔야 하는지에 대한 타깃이요. 전국민도덕재무장운동? 그것은 잘못 짚은 거예요. 저는 분명히 우리는 그만큼 성장했다고 봐요. 달라지지 않은 것은 공공 영역이에요. 그중에서도 제가 이런 표현을 씁니다. 많은 사람이 관심을 갖고, 또 속된 표현으로 악악대면서 바뀌어야 한다고 주장하고 요구해온 영역들은 조금씩 바뀌었어요. 바뀌어왔고 바뀌고 있습니다. 그런데 그렇지 않은, 많은 사람이 관심을 갖지 않는 그런 공공 영역 안에서는 절대적 권력과 권한을 갖고 있는 공공 영역은 그대로죠. 그게 바로 해양경찰청, 해양수산부 이런 곳이란 말이죠. 보통 사람들은 관심이 없잖아요. 그 분야 종사자들에게만 관심 있는 곳이지요.

사회적 감시가 미치지 못한 곳이죠.

원래 고인 물이 썩는다고 감시가 없는 곳은 절대 권력이 생기고 부패해요. 세월호 참사에서 우리는 우리의 공공 영역의 현주소를 본 거죠. 그중에도 사회적 감시와 견제와 관심이 부족했던 영역의 부도덕함과 부패함이 응축적으로 드러난 겁니다. 그래서 우리가 세월호 참사를 겪으면서 이루어나가야 할 것은 공공 영역의 개혁이에요. 특히 우리가 감시하지 못했던 곳의 빈 구멍이 없는지를 철저하게 조사하고 따져야죠. 그래서 시민들이 거기에 더 관심 갖고 외쳐야 또 변화하거든요. 그렇게 저는 타깃이 명확해져야 한다고 생각해요.

PROFLLE

충남 천안에서 태어났다. 서울대학교 사회학과를 졸업했다. 국민대학교 대학원에서 정치외교학 석사학위를, 한양대학교 대학원에서 신문방송학 박사학위를 받았다. 1990년 CBS에서 해설위원을 맡았다. 1993년 대통령비서실 행정관으로 활동했다. 2001년 『프레시안』 정치에디터로 활약하다가 2004년 『프레시안』 정치상임편집위원이 되었고, 2005년 『프레시안』 이사가 되었다. 2006년 경희대학교 언론정보학부 객원교수로 활동했다. MBC 〈100분 토론〉과 jtbc 〈정관용 라이브〉를 진행했으며, 현재는 EBS 〈초대석〉, CBS 라디오 〈시사자키 정관용입니다〉를 진행한다. 저서로 『문제는 리더다』(공저), 『나는 당신의 말할 권리를 지지한다』, 『우울한 세상과의 따뜻한 대화』 등이 있다.

왕상한

나는
소통하고 타협한다

2014년 7월 시진핑 중국 국가 주석이 다녀갔습니다. 시진핑 주석은 박근혜 대통령과 한국 정부에 어려운 과제를 던져주었습니다. 중국이 주도하는 AIIB(아시아인프라개발은행)에 가입하라고 제안했잖아요. 처음에는 한국 정부도 적극적이었던 것 같더군요. 중국은 이미 한국의 최대 무역 상대국이잖아요. AIIB에 가입해서 중국과의 통상 협력 관계가 확대되는 게 한국에 나쁠 것은 없으니까요. 그런데 미국 백악관의 시드니 사일러 NSC(국가안전보장회의) 한반도 담당 보좌관이 "한국은 AIIB 가입에 신중해야 한다"며 대놓고 반대하고 나섰어요. 교수님은 로스쿨에서 통상법을 가르치고 있잖아요. 이럴 때는 어떻게 해야 합니까?

제가 통상법을 가르치면서 학생들에게 강조하는 게 있어요. '통상법은 법이 아니다.' 통상법을 하려면 시야가 넓어야 해요. 그 시대의 이데올로기와 상대국의 역사와 문화와 종교와 정치까지 다 섭렵해야 통상을 제대로 다룰수 있어요. 법만 알아서는 풀리지가 않는다는 거죠. 통상법의 핵심은 협상력에 있거든요. 통상법과 함께해야 할 공부가 있다면 그것은 아마 협상론일 겁니다. 협상의 본질은 흔히 줄 건 주고 받을 건 받는 거잖아요.

역시 기브 앤드 테이크죠.

최상의 협상은 받을 건 받고 줄 건 안 주는 거겠죠. 반대로 최악의 협상은 받을 것도 못 받고 주지 말아야 할 것까지 주는 거겠죠. 국가 간 통상 관계에서 유리한 위치에 서려면 협상을 잘해야 합니다. 협상을 잘하려면 무엇을 주고받을지 알아야 합니다. 결국 상대가 무엇이 필요한지 알아야 하죠. 한중 관계를 어떻게 가져갈 것이냐, 중국이 AIIB 가입을 한국에 제안하면서 원하는 게 대체 무엇이냐? 이것을 먼저 알아야 한다는 겁니다. 큰 틀에서 보면 우리의 동맹은 미국입니다. 우리에게 파트너로 하나만 선택하라고 하면 미국이에요. 그것은 분명한 전제예요. 문제는 미국과의 관계를 어떻게 가져갈 것이냐죠. 파트너는 미국이지만 각론에서는 달라질 수 있죠. 맹목적인 상명하복 관계가 바람직한 것이냐, 우리에게 최대 이익을 가져다줄 수 있느냐.

맹목적으로 충성하는 상대에게 무언가를 주는 경우는 없죠.

외교는 실리예요. 외교만이 아니라 삶도 실리라고 봐요. 혹자는 그것을 기회주의라고 폄훼할 수도 있어요.

기회주의냐 아니냐는 선택에 명분이 있느냐에 달렸죠.

그렇게 볼 수도 있죠. 그런데 바깥으로 드러나는 명분보다 중요한 것은 자기 자신의 양심에 관한 문제예요. 자신의 가치관에 배치되는 선택을 하면 그게 기회주의죠. 내가 생각하는 나의 모습을 놓고 보았을 때 선택과 가치관이 양립할 수 없다면, 그것은 기회주의인 거예요. 반면에 자기 자신의 가치관과 지속적으로 부합한다면 그것은 실리라고 할 수 있죠.

국가 간 관계에서도 국가의 가치관과 외교적 선택이 부합하느냐의 문제라는 거군요?

인간 관계에서든 국제 관계에서든, 가장 중요한 것은 무얼까요? 그것은 신뢰예요. 신뢰가 깨지면 다 잃는 거고 되돌릴 수가 없어요. 한미간의 관계에서도 신뢰가 중요해요. 하지만 그 신뢰를 어떻게 구축해나갈 것이냐는 각론이죠. 신뢰가 곧 한미 관계의 가장 중요한 가치인 거죠. 실리적 선택을 할 때 이 신뢰를 깨는 행동을 하게 되면 안 된다고 생각해요.

그렇다면 AIIB 가입은요?

한중 관계에서 한국은 실리를 추구해야 합니다. 한미 관계에서 한국은 신뢰를 지켜야 합니다. 미국과의 신뢰를 깨지 않는 선에서 한국이 실리를 어디까지 추구할 것이냐의 문제죠. 한국은 AIIB에 들어가는 게 맞다고 봐요. 1차적으로 보면 미국과 상명하복 관계에 놓이는 것은 양국간 관계에서 바람직하지 않아요(2015년 3월 한국은 AIIB에 가입했다).

신뢰는 지켜야 하지만 신뢰가 깨질까봐 두려워서 아무것도 못하면 안 된다는 말이군요.

더 나아가서 신뢰를 지키려면 적당한 긴장감이 필요하거든요. 부부든 나라든 너무 편한 관계가 되어 서로에게 함부로 하면 안 돼요. 모든 관계가 다 그래요. 긴장감을 주어야 해요. 게다가 AIIB는 한국에 실리를 주죠. 중화경제권에 한국이 참여하는 것은 경제적 실익이 커요. 동시에 미국과의 관계에서도, 적당한 긴장을 야기하면, 그게 잃는 걸로 보일 수도 있지만, 사실 얻는 게 있다고 보는 거죠.

AIIB에 참여해서 잃을 수 있는 것은 무얼까요?

일단 미국 백악관에서 신호를 보냈잖아요. 그것은 미국도 경제 외적인 측면에서 이 문제에 접근하고 있다는 뜻이죠. 결국 MD 문제까지 나아갈 수도 있겠는데요.

미사일 방어 체제요?

사람이든 나라든 나와 친한 놈이 나와 좀 껄끄러운 놈과 좀 친하게 지내려고 하면 불편하거든요. 그때 가운데 있는 사람이 양쪽 관계를 풀어가는 게 중요한데, 결국 양쪽이 나에게 무엇을 원하는지 아는 게 먼저죠.

그게 실력이라는 말이군요. 통상 협상력이고 곧 외교력이고요.

미국에 한중 관계가 걱정되면, 일본과 아베 정권을 먼저 정신 차리게 하라는 신호를 주어서 그게 먹혀 들어가게 하는 거죠.

미국은 한국과 중국이 지나치게 가까워지고 있다고 보고, 오히려 일본에 원하는 것을 들어주는 분위기가 아닐까요?

그것은 보기 나름이죠. 결국 한미, 한중, 미일 관계를 유리하게 끌고 가려면 각 나라에 보여줄 우리만의 칩이 있어야 한다는 거죠.

미일 관계를 견제하려면 한중 관계를 끌고 가야 한다는 말이군요.

모든 관계는 기브 앤드 테이크지 일방적인 관계라는 것은 없어요. 자기 상품성을 높여야 해요. 그런데 일본은 한국을 견제하느라 '한국은 어차피 중국에 갈 거다'라고 미국에 말하죠.

미국의 정치학자 즈비그뉴 브레진스키가 이런 말을 했잖아요. "한국은 한미 관계와 통일을 맞교환하게 될 것이다."

그런 우려가 미국 외교가에도 널리 퍼져 있죠. 그것을 일본이 계속 자극하고 있고요. 그럼 거기서 우리는 어떤 자세를 취해야 할까요? 미국이 한국을 놓을까요? 그럴 수도 있겠지만 알 수 없죠. 결국 매 순간마다 다른 판단을 할 수밖에 없어요. 한미 신뢰를 맹목적으로 이해해서는 안 된다. 오히려 그런 관계가 한미 관계에도 바람직하지 않다. 그럼 각론으로 들어가서, 한국이 어떤 실리적 선택을 하려면, 그것을 동맹국인 미국에 충분히 설명하려는 최소한의 노력이 필요하다는 겁니다. 실리적 선택을 하더라도 뒤통수를 때려서는 안 돼요. 사전사후에 충분한 커뮤니케이션이 있어야 해요.

우리가 실리적 선택을 해도 상대가 우리와 대화를 계속하게 만들 칩이 필요하다는 건데요. 한국이 중국과의 관계에서 얻을 수 있는 최대치는 무얼까요? 경제 협력보다 큰 것은 역시 통일이겠죠? 정작 시진핑 주석은 경제 분야의 숙제를 잔뜩 던져주었는데 통일 외교에 대해서는 발언을 자제했어요.

역시 통상 수업에서 학생들에게 이런 이야기를 해요. '통상법적인 측면에서 가장 높이 평가 받을 만한 대통령은 리처드 닉슨이다.'

핑퐁외교 때문인가요?

닉슨은 소련과 중국과의 외교에서 명분과 실리를 모두 취했어요. 소련에 가장 먼저 깃발을 꽂은 게 닉슨이었거든요. 헨리 키진저와 리처드 닉슨이었죠. 당시 사회주의 경제권은 먼저 침 바른 놈이 임자였어요. 그들을 상대로 자본가들이 장사를 하는 것은 정말 쉬운 일이었죠. 게다가 동서 데탕트를 추구하면서 군비를 확 줄였고, 안보 분담론을 내세웠죠. 서방의 모든 군비를 미국이 책임질 수는 없다. 닉슨의 탁월한 선택이었죠. 반면에 지미 카터는 인권 외교를 내세웠지만 실리를 다 털어먹었죠.

명분은 있었겠죠.

외교통상에서는 명분보다는 실리예요. 늘 그래요. 물론 명분이냐 실리냐는 결국 그 시점의 의사결정권자의 성향과도 깊이 관련이 있죠. 어쨌든 한미 관계나 한중 관계에서도 명분보다는 실리여야 한다고 봐요.

통일은 명분이지만 경제는 실리라는 말이죠?

실리 있는 명분이어야 하죠.

강단에서, 방송 현장에서, 교수님은 실리주의자입니까?

아니요. 저 개인만 놓고 보면 이론과 현실이 다르죠. 강의도 이렇게 해요.

글도 이렇게 써요. 방송에서도 이렇게 말해요. 그런데 당신은 어떠냐고 물으면 고민스러워요. 어떤 것은 실리였지만 어떤 것은 명분이었죠. 일관되지는 않았어요. 하지만 명분이 없는 실리를 찾은 경우는 거의 없었던 것 같아요. 실리의 덩어리가 클수록 명분 없는 실리를 선택할 가능성이 높아져요. 결국 기준은 자신에게 물어보아야 찾을 수 있어요. 사람의 마음속에는 가치관이 두 개가 아니거든요. 하나예요. 그 기준에 맞는 선택이냐죠. 사람들의 기준은 다르지만 한 사람의 기준은 하나죠. 그것은 명분이고 자존심이고 정체성이죠.

외교는 그 시점의 의사결정권자의 성향과도 관련이 깊다고 했습니다. 한국의 최고 의사결정권자는 박근혜 대통령입니다. 대통령은 외교통상에서 명분과 실리 가운데 어떤 것을 중시한다고 보입니까?
박근혜 정부 들어서 외교통상에 관한 주요 결정을 내린 것은 없어요. 노무현 정부 때 있었어요.

한미FTA 말이군요.
이명박 정부 때는 쇠고기 협상이 있었죠. 박근혜 정부에서는 아직 통상적 측면에서 큰 논란이 될 만한 결정을 내린 게 없어요. 앞으로 어떻게 할 것 같으냐고 묻는다면, 미국에 끌려갈 것 같지는 않아요.

대통령 취임 초기부터 중국 중시 외교 노선을 슬쩍 드러냈던 것 같은데요. 시진핑과의 개인적 친분도 강조했죠.
중국 중심에서, 중심이라는 단어는 꼭 빼야 하고요. 단지, 어느 쪽으로 일방향적인 외교를 펼칠 것 같지는 않아요. 실리와 명분에서도 어느 한쪽만 고집할 것 같지도 않아요. 그랬다면 한일 관계가 이렇게까지 되지는 않았겠죠. 실리를 생각했다면 한일정상회담은 당연히 했을 테니까요.

일본과의 냉담 관계에 대해서는 어떻게 보세요?
실리를 완전히 포기한 것처럼 관계가 치닫고 있죠. 하지만 저는 이 부분은 잘한 결정이라고 봐요. 단기적으로는 실리에서 잃은 게 많아 보일 수도 있어요. 장기적으로 보면 얻는 게 있을 거예요.

무엇을 얻을 수 있을까요? 사실 한일 관계는 국내 정치의 측면에서 활용되는 부분이 있습니다. 일본과의 관계가 냉담해질수록 대통령 지지율은 올라간다는 거죠.
그 속내를 알 수는 없죠. 그게 대통령 지지율 때문이든 아니든 저는 그 선택을 지지해요. 경제적 측면에서는 한국이 잃는 게 더 많을 수 있어요.

현재의 원화 가치 상승도 한미일 관계에서 그 근본 원인을 찾아야 할 텐데요.
한일 관계에서 센 모습으로 나가는 것은 지금 단계에서는 관계가 팽팽해져서, 우리가 칩을 더 가져가기 위한 수단으로 보이기 때문에 찬성해요. 노무현 대통령 때도 왜 한미FTA를 했느냐. 과정은 중요하지 않아요. 한미FTA를 추진했다는 사실이 중요하죠. 그것에 대해 평가하는 거죠. 똑같아요.

한미FTA 때 영화 스크린쿼터에 대해 비판적인 발언을 서슴지 않으셨죠.
그것 때문에 방송하게 되었잖아요.

노무현 대통령은 한미FTA를 추진하면서 국익을 추구했지만, 그 대신 지지자들에게 명분을 잃었죠.

노무현 정부는 출범할 때는 좌측 깜빡이를 켰어요. 그런데 이어진 행보를 보면 오른쪽으로 간 게 제법 많았어요. 왜 그랬을까요? 궁금한 대목이기는 해요. 노무현 대통령을 국회의원 시절에 만나본 적이 있어요. 그분은 기억 못하셨을 거예요. 제가 본 그분은 순수하다는 느낌이었어요. 이데올로기든 지지율이든 그런 걸 떠나서, 그 시점에서 가장 필요한 게 뭔지 순수하게 그것만 보고 판단한 게 아닌가 싶어요. 또 한 가지는 승부사적 기질이 있어서 그런 선택을 할 수 있었던 게 아닐까 싶어요.

정치는 묘하게도 명분을 좇으면 실리가 따라오는 분야 같습니다. 노무현 대통령도 명분으로 실리를 얻었죠. 박근혜 대통령도 한일 관계에서 명분을 좇아서 일단은 정치적 실리를 얻고 있고요.
실리가 무얼까요? 현실적인 떡만 실리일까요? 아니에요. 자기 만족도 실리예요. 자기 기준에 부합하는 선택을 했다는 자기 만족도 얼마든지 실리일 수 있어요. 자기 가치관에 부합할 수 있다면 남들 눈에는 손해를 봐도 자신에게는 실리일 수 있죠.

정치인에게 필요한 실리는 그런 명분 있는 실리라는 말이네요.
명분과 실리에 앞서서 자신의 삶의 가치관이 중요하다는 거죠.

교수님의 가치관은 무언가요?
더불어 함께예요. 저는 저 혼자가 아니에요. 더불어 함께 가요. 가깝게는 내 옆에 있는 사람, 옆에 옆에 있는 사람, 다 함께. 저 혼자만 잘살고 잘 먹는다? 절대로 불가능해요. 제 주위가 편해야 저도 편하고 제 주위가 잘되어야 저도 잘되어요. 사촌이 땅을 사게 해야지, 사촌이 땅을 샀다고 배가 아파지면 절대로 안 돼요.

왕상한이 방송을 하는 명분과 실리는 무엇입니까?

이 질문을 참 많이 받아요. 제가 통상법 전문가는 잡다한 것을 알아야 한다고 말했잖아요. 결국 오지랖이거든요. 다른 법은 법률이 있고 법을 해석하면 그게 다예요. 그런데 통상이라는 것은 상대를 알아야 해요. 법이 법이 아니니까요.

우리의 법이 그쪽 법은 아니라는 거죠.

결국은 협상이죠. 법은 협상 수단의 일부일 뿐이죠. 그러다 보니까 시사 문제에서 자유로울 수가 없어요. 통상이 어려운 이유는 법이 계속 바뀌기 때문이거든요. 정말 매일 바뀌어요. 법이 있더라도 이게 확실한 구속력이 있는 법이 아니거든요.

법 없이도 사는 법이네요.

좀 다른 이야기지만, 한국처럼 WTO 때문에 공무원들이 벌벌 떠는 나라는 없어요. WTO가 무슨 헌법이에요? 무슨 통상 현안만 이야기하면, WTO 규약 때문에 안 된다고 해요. 그것을 한국 정부에서 이야기해요. 제가 쓴 『WTO 유통업 개방의 반성과 대안』이라는 책이 있어요. 재래 시장 보호를 위한 법제가 WTO에 가면 깨진다는 공무원들의 주장을 반박하는 내용이에요. 설사, WTO에 반한다고 해도 필요하면 해야죠. 가서 깨지더라도요.

법이 아닌 통상법을 헌법처럼 이해하는 거네요.

그게 무슨 헌법이에요? 중요한 것은 국익인 거죠. 국내법이 WTO와 충돌하면 국익을 위해 상대국과 제소를 해가면서도 싸워야 할 일이고, 결국 지면 그때 가서 어떻게 선택할지 결정하면 될 일인데, 왜 알아서 기느냐는 거죠.

그 책 때문에 통상교섭본부에서 교수님을 몹시 미워했겠습니다. 예전에는 교수

님도 외교통상부 통상교섭본부에서 일했는데요.

많이 그랬죠. 그렇다면 방송을 왜 하느냐. 저는 시사 프로그램과 토론 프로그램을 오래 했어요. 일주일에 몇 분씩, 그것도 해당 분야의 전문가들을 만나죠. 방송으로 끝나요? 아니에요. 그분들과 사적으로도 만나서 대화를 나누죠. 배우는 게 무지하게 많아요. 사람을 많이 빨리 깊게 알 수 있는 방법 가운데 하나가 방송이에요. 그동안 만난 사람의 수가 얼마나 될까요? 1년이면 200명, 10년이면 2,000명. 거기에다 같이 만난 사람까지 합하면……

그 2,000명이 모두 해당 분야의 전문가죠.

저에게 오랜 습관이 있어요. 엑셀 파일에 다 정리를 해요. 만난 날짜, 이름, 직함, 주요 내용, 대화 내용, 제가 받은 느낌, 이게 다 데이터로 남아 있어요. 웬만한 사람들은 다 들어가 있을 거예요. 이 사람이 토론장에 나와서 누구와 사이가 좋고 나쁘더라까지요. 처음부터 의도했던 것은 아닌데, 지금은 상당히 유용한 자료가 되었어요.

대한민국 인맥 지도 같은데요?

저에게 방송은 뭐냐. 왜 하느냐. 실리가 뭐냐. 말했죠? 각계각층의 사람들을, 그것도 방송이 아니었으면 못 만났을 사람들을, 그렇게 빠른 시일 내에 다 만나는 거예요. 그리고 그들에게서 듣는 내용들은 제 전공과 무관하지 않아요.

통상은 오지랖이니까요.

통상에서는 1+1=2 이렇게 이야기 못해요. 1+1=11도 될 수 있고요. T 자가 될 수도 있고요. 십자가가 될 수도 있고요. 이게 통상

PHOTOGRAPHY 권영탕

이에요. 고정관념이라는 게 없고 사고가 유연해야 해요. 그래야 실리를 볼 수 있어요. 방송을 하면서 그런 것을 많이 배우는 거죠.

사람들은 이상합니다. 카메라 앞에만 서면 평소에는 이야기하지 않던 아주 솔직한 속내를 이야기해요. 그게 카메라의 권능같기도 하고요. 또 진행자의 권위 같아요. 교수님은 그런 권능을 갖고 상대방에게 질문을 할 권력을 갖고 있는 거죠. 질문하는 힘 말입니다.
묻는 방법도 다양해요. 위압적인 자세에서 할 수도 있고, 비굴하게 할 수도 있고, 프랜들리friendly하게 할 수도 있죠.

왕상한은 방송을 협상가처럼 한다는 느낌을 받았습니다. 출연자와 밀당을 한달까요? 가끔은 몰아붙여요. "그것은 아니지 않습니까?"
그렇게 느껴주면 고맙죠. 사실 뉴스나 토론은 굉장한 책임이 따르는 일이죠. 가치 판단이 개입되니까요. 특히 한국처럼 이념 갈등이 심한 사회에서는 옳고 그름의 시각을 어떻게 가져갈 것이냐는 참 어려운 문제예요. 무엇이 재미나고 무엇이 연성軟性 뉴스이고 무엇이 경성硬性 뉴스인지 구분하기도 어렵죠. 프로그램의 오프닝은 제가 쓰는데요, 며칠 전 방송에서 김명수 교육부 장관 후보자의 논문 표절에 대해 언급했어요. 『중앙일보』 칼럼에도 썼고요.

MBC 〈세계는 우리는〉의 오프닝 말이군요. 그 방송하는 것을 들었습니다만, 아주 잘라 말하던데요.
아니, 어떻게 그것을 표절이 아니라고 말을 해요. 관행이라니요. 방송은 아프게 찔러야 해요. 찌르려면 상대가 찍소리 못하게 찔러야 해요. 청문회를 보니까, 여당 의원들은 김명수 후보자가 제자 사랑이 남다르다고 하더군요. 여당은 후보자를 보호하고 싶겠죠. 그러려면 세련되게 보호해야죠. 청문회라는 게 검증을 위한 자리인데 당사자가 하지도 않은 이야기를 하면서 그러면 어떻게 합니까? 정작 후보자는 '그렇습니다'라고밖에 대답하지 못하는 질문을요.

청문회를 보는 사람조차 얼굴이 화끈거릴 정도죠.

제가 야당이었으면 이렇게 되받아쳤을 거예요. 그러면 장관이 되었을 때, 그렇게 끔찍하게 위하는 제자들이 도와달라고 하면 잘못된 선택이라도 하겠습니까? 찌를 때는 아프게 찔러야 한다니까요. 세월호 참사 때 다이빙 벨 이야기요. 그때도 저렇게 찌르는 게 맞나 싶었어요.

다이빙 벨 논란 말이군요.

실종자 가족들의 답답한 마음이야 잘 알고 있죠. 하지만 다이빙 벨 논란은 수색 작업을 하는 사람들에 대한 매도라고 할까 그렇게 갔죠. 무조건 다이빙 벨을 왜 안 쓰냐는 거였어요. 다이빙 벨만 쓰면 무조건 다 구하는 건데 왜 안 쓰냐. 그렇게 몰아가는 게 과연 옳았을까 하는 생각을 계속 했어요.

그때 진행자는 어떻게 물어야 할까요?

진행자도 또 하나의 패널이에요. 예컨대, 이 질문이 나와야 하는데 안 나온다? 그러면 대신 찔러주어야 해요. 한쪽으로 기운다? 그러면 반대편에 서서 균형을 맞춰주어야 해요. 더 나아가서 제가 생각하는 것이 이것이라면 저도 같이 토론해야 해요.

토론에 들어갔다가 또 나왔다가, 그러는 거군요.

진행자의 역할이 형식적이고 기계적인 중립은 아니라는 거예요. 그게 일관되게 편향적이라면 문제죠. 하지만, 새누리당과 민주당 어느 한쪽이 모든 이슈에서 항상 옳고 그른 것은 아니잖아요? 이런 건 기회주의가 아니에요.

어떤 것은 새누리당이 맞아요. 어떤 것은 민주당이 맞아요.

기회주의라고 하는데, 누가 왕상한의 진행을 놓고 기회주의적이라고 비판합니까? KBS 〈심야토론〉을 진행했을 때 왕상한이 편파적이라고 비난하는 경우는 보았습니다만……

아니요. 기회주의적이라는 이야기는 못 들었고, 요즘은 새누리당 대변인 하려고 하냐고 하죠. 예전에는 민주당 대변인이냐고 했죠. 정권에 따라 달라져요.

그런 '실질적 중립'을 위해 경우에 따라 이렇게도 이야기하고 저렇게도 이야기한다는 건데요. 듣는 사람으로서는 내 왼쪽처럼 느껴졌다가 내 오른쪽처럼 느껴졌다고 하는 거네요.

저도 패널이에요. 왜 저는 의견을 넘기는 역할을 하냐는 거예요. 저는 이건 네가 옳고 이건 네가 옳다고 이야기해요.

그러자면 토론 이슈에 대해서 진행자의 입장부터 명확해야 할 텐데요.

제 생각은 이것은 네가 옳고, 이것은 네가 옳다는 거예요. 둘 중 하나가 옳다가 아니라는 거죠. 다만 경우에 따라서 제 생각이 딱서 있는 경우가 있어요. 남북 문제에서 제 이데올로기는 분명해요. 3대 세습, 북한 인권, 북핵 문제, 이것은 단호하게 반대해요. 이것에 대해서는 네가 옳고 너도 옳다는 것은 없어요.

다른 문제에 대해서는 황희 정승이라는 말씀이네요. 기회주의라기보다는 유연하다고 표현해야겠네요.

이건 네가 옳고 이건 쟤가 옳은데, 이런 건 네가 잘못한 거 같아. 그러니까 그것을 내가 좀 찔러줄게. 그렇게 거들기도 하고 넘기기도 하고…….

방송에서 아나운서로 훈련 받은 분들은 이런 유연함이 상대적으로 덜한데요. 그래서 재미가 없죠.

없어요. 대본이 있고 그것을 전달하는 분들이니까요. 전달력은 훌륭하지만 유연성이나 순발력에는 익숙하지 않을 수 있죠.

사실 중립은 재미가 없죠. 요즘 추세가 아닐 수도 있습니다. 실제로도 중립적인 토론 진행자는 도태되는 추세인데요. 반면에 교수님처럼 적극적으로 개입을 하면서 토론을 진행하면, 자칫 양쪽 모두에게 미움을 받을 수 있어요.

왜, 아니겠어요. 아까 말했잖아요. 저도 제가 기회주의자처럼 보일 수 있을 거라고 생각한다니까요?

정치하실 생각은 없습니까?

그런 질문을 한두 번 받아보았겠어요? 시사 프로그램을 시작하는 순간부터 받았어요. 제 첫 직장이 어딘지는 알죠? 『조선일보』예요. 기자 출신이죠. 유학을 다녀왔고 지금은 교수죠. 정치 할 거냐는 이야기는 기자 할 때부터 들었어요. 정치라는 게 무얼까요? 국회의원만 정치하는 걸까요? 지금 제가 하고 있는 것은 정치가 아닐까요?

광의의 정치라고 할 수 있죠. 지금도 정치를 하고 있다고 생각한다는 거죠?

광의의 정치. 제가 말하는 정치는 사회 참여예요. 사회 참여를 통해 자기 주장을 하고 그 주장을 실현하기 위해 실천하는 거죠. 대부분의 사람들이 다 정치를 하고 있어요.

정치평론가 고성국 박사가 이런 이야기를 들려주더군요. 자신은 정치인이 아니

"통상에서는 1+1=2 이렇게 이야기 못해요. 1+1=11도 될 수 있고요. ㅜ 자가 될 수도 있고요. 십자가가 될 수도 있고요. 이게 통상이에요. 고정관념이라는 게 없고 사고가 유연해야 해요."

"너는 틀렸고 나만 옳다고 주장하는 세상에서는 더불어 잘살 수가 없어요. 너도 옳고 나도 옳다는 것을 인정해야죠. 상대방의 다양한 의견을 경청하고 이해해야죠."

라, 인플루언서influencer, 그러니까 영향력을 미치는 사람이라고요.

그게 정치예요. 영향력의 정치죠. 정치라는 게 상대방을 내 뜻에 따르게 만드는 거잖아요.

막스 베버가 내린 권력의 정의죠. 왕상한도 인플루언서고, 언론을 통해 상대방을 설득해서 뜻에 따르게 만드는 방송 권력을 갖고 있는 건데요. 그 권력을 무엇을 위해 어떻게 쓸 것이냐를 묻게 되네요.

조심해서 써야죠. 더불어 다 같이. 어찌 보면 저는 아주 이기적인 사람이에요. 제가 잘되기 위해 더불어 잘되기를 바라는 사람이니까요. 제가 아는 한, 나만 잘살 수는 없어요. 나만 행복할 수는 없어요.

왕상한은 방송 권력으로 더불어 잘사는 사회를 만들려고 한다?

진영 논리에 사로잡혀 너는 틀렸고 나만 옳다고 주장하는 세상에서는 더불어 잘살 수가 없어요. 너도 옳고 나도 옳다는 것을 인정해야죠. 상대방의 다양한 의견을 경청하고 이해해야죠. 세상에는 다양한 생각이 있다는 것을 알아야 해요. 제가 방송을 통해 그런 것을 들려줄 기회를 제공하면 좋겠어요. 방송 권력을 어떻게 쓸 것이냐의 답입니다. 사람들을 몰아가고 싶지 않아요. 몰아갈 수도 없어요. 사람들이 바보예요?

왜 몰아가려고 할까요?

그런 것은 금방 드러나요. 시간이 오래 걸리지 않아요. 왜 몰아가려고 그랬을까요? 공격하기 위해서죠. 싫으니까요. 제일 중요한 것은 언론이 몰아가면 안 된다는 거예요.

누구보다 언론을 잘 알잖아요. 여론은 조작이 가능하잖아요?

언론은 여론을 몰아가려고 하면 안 된다는 겁니다.

다이빙 벨 정도라면 대중도 몰아간다는 것을 금새 눈치챌 수 있어요. 하지만 좀더 교묘한 여론 조작도 있잖아요. 예전에 최경환 경제 부총리가 LTV(주택담보대출비율)나 DTI(총부채상환비율)를 풀겠다고 했죠. LTV나 DTI 규제 완화는 부동산 시장을 위한 것 같지만, 사실 은행 살리기죠. 은행 수익률이 떨어진다는 기사는 독자들이 부동산 규제 완화에 동의하게 만들죠. 이것은 교묘한 겁니다.

LTV나 DTI 문제는 금융 수단이에요. 부동산 수단이 되면 안 돼요. 그런데 금융 수단을 갖고 부동산과 연결시키는 행동은 우리가 보고 있는 거고요. 어쨌든 그렇게 여론을 끌고 갈 수는 있죠. 하지만 저는 그게 나쁘다고 말했고요. 그렇다면 이게 정말 팩트에 대한 거냐, 아니냐가 중요할 거고요. 그런데 팩트를 잘못 알수가 있어요. 이게 조작이냐, 아니냐 역시 이후에 상황을 보고 어떻게 하는지를 보면 알아요. 예컨대 다이빙 벨에 대해선, 사과를 했다면, 그렇게 보도한 것에 대해서, 그러면 적어도 몰아가려고 한 것이 아니었던 거죠.

왕상한은 방송을 하면서 청취자를 끌고 가려고 했던 적은 없나요?
단언컨대 제가 원하는 방향으로 제 방송을 듣거나 보는 시청자들을 제 의도대로 끌고 가려고 했던 적은 단 한 번도 없어요. 제 생각을 이야기한 적은 있어요. 하지만 그게 따라와라 그런 게 아니었어요. 제 생각은 이렇다였어요. 그것을 통해서 생각해보라는 거였죠. 이런 생각도 있다는 거죠.

사실 뉴스 프로그램에서 여론의 향방을 좌우하게 되는 것은 전달 과정보다도 취사선택에 있잖아요. 어떤 뉴스를 다룰 것인가?
아주 좋은 지적을 했는데요. 프로그램은 PD가 있고 작가가 있고 진행자가 있어요. 각각의 역할이 있어요. 단 한 번도 어떤 아이템 선정을 제가 한 적이 없어요. 아이템 선정은 PD가 해요. PD의 고유 권한이에요. 방송사의 고유 권한이에요. 저는 추천을 할 수 있고, 의견을 이야기할 수 있어요. 이것을 넘어서서 진행자가 모든 것을 결정하게 되면 그것은 진행자의 월권이에요. 선장은 PD예요. 그리고 작가라는 사람들은 요약거리를 가져오는 사람들이에요. 진행자는 그것을 손님에게 내놓는 사람이에요.

분업이네요.
제가 '왜 이렇게 했어?' 이렇게 물어보면 월권이에요. 진행자의 역할이 아니에요. 아이템 선정? 단 한 번도 제가 한 적도 없고요. 그것에 대해서 반발을 했다거나 이런 적도 없어요.

방송은 참 피도 눈물도 없잖아요? 언제 그만두라고 할지 모르는데요. 프리랜서 진행자니까, 제작진이 원하는 이야기를 더 많이 해주어야 하는 것은 아닐까요? 이렇게 질문 드릴게요. 말만 잘 듣는 여자를 평생 좋아할 수 있을까요? 중요한 것은 말을 잘 듣느냐가 아니라 얼마나 매력적이냐죠. 상품성은 자기가 만드는 거예요. 제작진은 시청자 반응에 반응해요. 밖에서 이 자리를 눈독들이는 사람이 많아요. 이 자리에 오고 싶어 하는 사람이 한둘이겠어요? 이 자리에 오고 싶어 하는 사람이 또 무지하게 누군가에게 로비를 안 하겠어요? 중요한 것은 상품성인 거예요. 남들은 인정하든 인정하지 않든······.

왕상한의 상품성은 무얼까요?
그게 뭔지는 사는 사람이 알겠죠.

왕상한은 미스터 로직logic이라고 불리죠.
사실 논리적인 것만큼 상대방을 설득하기 쉬운 것은 없으니까요. 제 방송을 흠 잡으려고 하면 왜 없겠어요. 예컨대 전달력? 제가 아나운서만큼 전달을 잘해요? 아니에요. 발음? 수차례 교정하고 혀는 수술을 두 번인가 세 번 했어요.

혀 밑을 찢는 수술을 했다고 들었습니다.

입 안에 흉터가 있어요. 세 번 찢었어요. 지금 많이 길어졌어요. 방송 아카데미에서 적지 않은 돈을 들여서 개인 레슨도 오래 했어요. 집 사람이 아나운서거든요. 부부 싸움까지 해가면서 발음 교정을 받았죠.

엄청난 노력인데요.

상품성은 죽을 때까지 계발해야 하는 거예요. 그러니까 저 사람이 제가 싫어도 내칠 수 없게 만드는……. 제가 그래도 낫다는 생각이 들게 하는 거고요. 그것은 자기 노력이에요. 적어도 더불어 같이 일하지 못할 사람, 이런 느낌은 안 주었기 때문에 여기까지 왔을 거예요. 혼자 튀려고 해서도 안 돼요. 팀워크라니까요.

왕상한의 상품성은 노력인 것 같네요.

주제 파악을 확실하게 해야 해요. 장점과 약점을 철저하게 분석해야 해요. 장점은 극대화해야 하고요, 약점은 최소화해야 해요. 그게 노력이고 자기 관리예요. 저는 한 번도 방송을 빼먹은 적이 없어요. 휴가도 안 갔어요.

지금까지요?

한 번도 결석한 적이 없어요. 심지어 결혼을 할 때도, 그때가 EBS 진행할 때인데, 토요일이었어요. 금요일에 결혼하고, 일요일에 신혼여행 갔어요. 저는 일이 우선이에요. 적어도 성실함에 관해서는 문제 제기하는 사람 없을 거예요. 농땡이? 죽어도 안 들은 말이에요. 결과? 완벽하게 만드는 것이 제 목표예요. 결과가 만족스럽지 못하다? 저 잠 못 자요. 스스로 무지하게 단련하는 스타일이에요. 그래서 주위가 좀 힘들죠. 어떡하겠어요.

사모님에게 잘해야겠어요.

그래서 책을 썼잖아요. 『여자도 아내가 필요하다』. 그거 반성문이에요.

수많은 한국 사회의 오피니언 리더를 만나고 있습니다. 그들과 두뇌를 병렬화해서 지식을 공유하고 지혜를 얻고 있죠. 방송 권력을 이용해서요. 엄청난 특권입니다. 〈스파이더맨〉에 비유하면, 특권에는 책임이 따릅니다.

저도 〈스파이더맨〉을 좋아해요.

집단지성은 별로 안 믿는데요. 그 대신 집단지식들을 묶어서 어떤 한 사람이 지혜화한다고 봅니다. 방송인이 중요한 것은 그래서예요. 사회의 등대 같은 역할이죠. 문제는 한국에서 밝은 등대가 희귀해요.

그런 사람이 아니라 그런 언론사가 희귀한 거죠.

왜 한국에서는 그런 사람 또는 그런 언론사가 희귀할까요?

이게 참 슬픈 부분이기는 한데요. 사람들은 타협을 못하는 것 같아요. 중립을 이야기하면서도요.

사실은 치열한 소통을 통해 타협을 해야 하는데요.

바로 그거죠. 치열한 토론과 소통의 결과. 승복할 수 있어요? 치열한 토론에 참여했던 사람들이 그 결과를 받아들일 수 있을까요? 승복할 수 있을까요?

사람들이? 토론 프로그램에서 결론이 난 적은 한 번도 없어요. 타협한 적이 한 번도 없어요. 확인하고 끝나요. 나는 나. 너는 너.

사실 좋은 명분은 시청자들이 그것을 보고 결정하라고 하는 거잖아요. 하지만 시청자조차도 그것 때문에 오히려 양분되는 것은 아닐까요? 다들 욕을 하죠.

타협을 이끌어내는 토론은 불가능할까요?
매우 드물죠. 다른 게 틀린 게 아닌데요. 한국에서는 다르면 틀린 거고, 다르면 다 적인 거고, 왔다갔다하면 다 기회주의자예요. 흑백논리야말로 우리 사회의 어두운 이데올로기죠.

해결하려면 어떻게 해야죠?
교육이죠. 1등만을 만들어내는 교육이 아니라 더불어 다 같이 사는 교육. 오래 걸리죠.

기다려야 하나요?
감나무 밑에서 입 벌리고 있으면 감이 떨어질까요? 예컨대 두드려야 열리는 문이 있어요. 두드려도 안 열리는 문이 있어요. 어떻게 하실래요? 열릴 때까지 두드려요? 문 앞에 앉아 있어요? 답은요, 문을 부술 수도 있고요. 담을 넘어갈 수도 있고요. 여러 가지 방법이 있어요. 모든 방법도 안 된다고 그러면 기다려야죠. 그런데 기다리지 못해요.

지금 안 열리면 안 열리는 문이라 생각하고 다른 문으로 가버리니까요. 협상을 잘하려면 기다려야 합니다.

사람이 목표가 있는 것은 좋아요. 목표를 위해 실천해가는 것도 필요해요. 당신 국회의원 할 목표가 있습니까? 목표 없어요. 바꿔 이야기해서 지금 이 일이 달성을 위한 과정이 아니라는 말이에요. 또 어떤 목적을 이루기 위한 과정을 폄하하고 싶은 생각도 없어. 그럴 수 있다고 생각해요. 아니 국회 의원이 나빠요? 국회의원하기 위해서 방송하겠다는 게 나빠요? 나쁘다고 생각하지 않아요. 그것은 정말로 우리 사회를 이끌어가기 위해 자기가 생각하는 방향으로 의사결정을 해보고 싶다는 거죠. 저는 그것을 절대 나쁜 직업이라고 생각하지 않아요. 그리고 그렇게 되기 위해 자신을 알리기 위해서 방송에 출연하겠다. 그것도 나쁘다고 생각하지 않아요. 방송에서 소신을 이야기하는 것도 나쁘게 생각하지 않아요. 그런 목표를 달성하기 위한 수단으로 나갔다고 생각하는 것. 국회의원이 엄청난 이권이다. 편법이다. 이런 생각이 전제되어 있다고 생각하는데요. 제 말은 그런 사람이 그것을 선택했을 때 저는 그것을 매도하고 싶다는 마음이 없어요. 그럼 이 시점에서 왕상한도 국회의원이 되고 싶어서 방송하나? 그런 목표는 없어요.

제가 하고 싶은 일을 계속하기 위해서 노력해요. 지금 방송이 하고 싶어요. 통상? 그게 제 일이에요. 하고 싶은 거 하는 게 좋아요. 어떤 형태로든 제가 생각하는 올바른 의사를 위해서 제 역할을 다하는 게 제 소임이라고 생각하고, 그 또한 제가 하고 싶은 일이에요. 목적은 뭐냐. 우리 사회가 제가 생각하는 방향으로 나아가게 하는 게 목적이에요. 그게 뭐냐. 더불어 다같이 살자. 더불어 모든 일이 행복한 사회. 그것을 위해서 방송하고 있고 일하고 있고요. 왜? 제가 제일 사랑하는 가족들이 살아갈 세상이기 때문이에요.

습니까?

왜, 없겠어요.

사실 말도 안 되는 억지 주장을 펴는 패널들이 있잖아요.

수없이 많죠.

심지어는 당파적 이해 때문에 알면서도 억지를 쓰죠.

꼴통들이 있어요. 시청자들이 보면 알아요. 그리고 시청률은 올라가요.

시청자. 유권자. 국민. 대중, 믿으십니까?

믿죠. 항상 옳아요. 민중이 잘못된 판단을 한 적은 한 번도 없었어요. 민중은 옳아요. 항상 옳았어요. 왜? 옳고 그름은 민중이 판단하는 거예요. 그러니까 항상 옳을 수밖에 없어요.

PROFLLE

서울대학교 법대에서 공부했다. 『조선일보』에 입사해서 사회부와 문화부와 경제부를 거쳤다. 연세대학교 국제대학원에서 행정학 석사학위를 받았다. 미국 컬럼비아대학 로스쿨에서 법학 박사학위를 받았다. 1996년 서강대학교 법대 교수로 임용되었다. 외교부와 사법연수원에서 통상법을 가르쳤다. 1998년 외교통상부 통상전문관으로 일했다. 2000년부터 EBS 〈난상토론〉, KBS-1 라디오 〈안녕하십니까, 왕상한입니다〉, KBS 〈TV, 책을 말하다〉, MBC 라디오 〈왕상한의 세계는 우리는〉, KBS-1 TV 〈심야 토론〉을 진행했다. 현재는 MBC 〈이슈를 말한다〉를 진행한다. 저서로 『한 평의 남자』, 『여자도 아내가 필요하다』, 『결정적인 책들』, 『딸에게 쓰는 편지』 등이 있다.

사회란 무엇인가?

표창원
:
나는
셜록 홈스처럼
살고 싶다

김호기
:
나는
마음의 정치를
원한다

표창원
나는 셜록 홈스처럼 살고 싶다

사실과 진실이 조작되면 조작된 진실의 수혜자가 생겨나지만, 동시에 피해자도 생겨납니다. 아무리 수혜자가 다수라고 해도 소수의 피해자를 무시하는 게 정당화되지는 않아요. 선의를 가진 개입도 누군가에게는 악의적 개입일 수밖에 없습니다.

반에 상처가 있지만 꿋꿋한 아이가 있다고 쳐요. 그 사실은 담임 선생님만 알죠. 아이가 다시 일어서 보려고 반장 선거에 출마합니다. 선생님은 아무도 모르게 반장 선거에 개입합니다. 수업 시간에 유사한 사례를 자주 들려준다든지 그 아이를 슬쩍 칭찬해주는 식으로요. 결국 반장 선거에서 그 아이가 당선됩니다.

그 반의 어떤 친구가 선생님이 개입했다는 사실을 알아채면요? 선생님이 선의에서 비롯된 악행을 저지른 거죠. 반장은 제 역할도 못한 채 임기 내내 학생들과 진실 게임만 벌이게 되고요.

그렇게 되면……

영국에 가신다고요? 대외 활동도 다 접었다던데요?

지난 1년 동안 제가 할 수 있는 일은 다 했다 싶거든요. 잠시 휴식기를 갖고 다음 계획도 세워보려고요.

윤석열 검사가 등장하니까 표창원 교수가 떠난다?

저도 금방 돌아올 겁니다. 오래 걸리지는 않을 거예요.

윤석열 검사가 국정감사장에서 증언하는 모습을 보면서 맨 먼저 떠오른 사람이 표창원이었습니다. 교수님은 말하자면 국정원 사건의 첫 번째 내부 고발자셨잖아요.

명백한 거짓이 있어요. 그러나 그것을 증명할 증거가 없어요. 그 안에 있는 누군가는 그것이 진실이 아니라는 걸 알아요. 하지만 아무도 말하지 않죠. 바깥 사람들은 답답해하죠. 사실 안에 있는 사람들도 고민을 해요. 나쁘게 말하면 계산을 하죠.

생활인이니까요.

나만 알고 있고 나와 동료만 알고 있는 이야기를 공개적으로 말하려면 그 이후에 나에게 닥칠 일들을 생각하면 절대 못해요.

계산이 없어지는 게 가능한가요? 교수가? 검사가? 가장이?

어떤 특별한 상황이 있어요. 전혀 아무런 생각을 하지 않게 만드는 순간이죠. 저한테는 이 사건에서 그런 순간이 있었어요. 자기 자신에게 계산할 틈조차 주지 않게 되는 그런 순간이요. 그냥 이 것은 아니다. 이것은 그냥 넘길 수 없다. 그렇게 되어버리는 거 죠. 아마 윤석열 검사도 마찬가지가 아니었을까요? 저 사람이 느 끼고 있는 심정이 무엇인지 알겠더군요.

저처럼 불의를 보면 참는 사람은 잘 모르는 감정인데요?

이것을 외면하면 자기 존재의 정당성과 의의가 상실되어버리고 말겠다 싶은 그런 순간이 있죠. 이제까지 힘들게 버티고 살아온 인생의 의미가 부숴지려는 느낌이죠.

표창원도 윤석열도 자신의 직업적 윤리에 충실한 인물이라고 생각했습니다. 생활인이기 이전에 경찰로서 검사로서 직업적 도덕 기준을 지키고 싶어 한다는 거죠.

저는 평생 경찰이었고 지금도 경찰이라고 생각합니다. 경찰의 본분에 맞게 행동하려고 애쓴 결과죠.

두 분의 행동은 자신이 몸 담고 있는 조직에 맞서는 일이잖아요. 표창원도 진심이 있어요. 윤석열도 진심이 있어요. 그런데 동료와 친구와 조직을 배신했다는 논리에 자꾸 밀립니다. 사실 이것은 논리가 아니라 정서거든요.

그게 제일 고통스럽죠. 원래 인사이더는 그렇게 매도당합니다. 저는 평생 수사를 해왔어요. 피의자가 수사에 대응하는 방식은 뻔해요. 수사관도 공격하고 판사도 공격하고 빽도 쓰고 읍소도 하고 결정적 증인에게도 흠결을 만들죠. 그것을 알아서 곧바로 경찰대학에 사표를 썼던 겁니다.

조직과 개인을 분리하자?

평생 몸담았던 경찰 조직을 배신했다고 비판받을 때는 정서적으로 괴롭죠. 어떤 분들은 제가 국가를 배신한 매국노라고까지 이야기해요. 여전히 아파요.

어떻게 견디세요?

지나가리라는 걸 믿으니까요. 진심은 통한다는 걸 믿으니까요. 서서히 확인되고 있어요.

고등학교 때나 대학교 때도 파란만장했더군요. 흥미로운 점은 교수님은 이미 살면서 여러 차례 조직과 맞서서 진심이 받아들여지고 정의가 확인되는 경험을 했습니다. 경찰대학 시절에도 학교와 맞서서 경찰대학장의 졸업식 연설 내용을 끝내 바꾸셨죠? "대통령 각하 내외분의 하해와 같으신 은혜를 입어"를 "국민 여러분의 관심과 성원에 힘입어"로요. 그런 경험이 남들은 바보 같다고 할 수 있는 이런 낙관성의 근원일까요? 그런 것을 겪어보지 못해서요. 늘 정의가 불의에 진 경험뿐이죠.

경험이 중요해요. 깊은 물웅덩이를 뛰어넘어본 사람과 **빠**졌지만 죽지 않고 나온 사람과 한 번도 뛰어보지도 않은 사람 사이에는 커다란 차이가 있다는 거죠. 저는 뛰어들어 보았고 **빠**졌지만 구조도 되어보았어요. 그래서 다시 힘을 길러서 재도전해본 적도 있죠. 그러다 보니까 좀더 깊은 웅덩이에 도전할 용기가 생긴 거고요. 이런 낙관주의가 하루아침에 만들어지는 것은 아닙니다.

이길영 과장님은 뭐라고 하던가요? 교수님에게 범죄 수사 기법을 전수해준 이길영 과장님 같은 경찰 선후배들은 표창원의 행동에 대해 어떻게 말하더냐는 질문입니다.

그분은 오래전에 은퇴하셨죠.

경찰대학 시절 표창원을 두고 선배들이 "저런 애가 경찰 조직에 들어가면 나중에 문제가 될 테니까 지금부터 눌러놓아야 한다"고 했다면서요. 그분들이라면 "그럴 줄 알았다"고 했을 수도 있겠는데요.

그럴 줄 알았다기보다는 다른 분들은 초기에는 저와 같은 확신이 없었어요. 같은 사건을 보면서도 조직 이데올로기에 휩싸여서 진실을 보지 못했죠. 설마라는 생각을 더 많이 하더군요. 지금 시대가 어느 시대인데 그런 일을 했겠냐는 거죠. 그래서 "당신을 좋아하고 믿지만 착오를 한 것 같다"는 피드백이 많았어요. 그 외에 저를 정말 잘 아는 분들은 무조건적인 신뢰를 보여주었죠. "나는 잘 모르겠지만, 나는 너를 믿는다"였죠.

궁금했습니다. 사진 한 장에서 시작되었다고 말했어요. 2012년 12월

표 창 원 ★ 나 는 셜 록 홈 스 처 럼 살 고 싶 다

11일 밤에 인터넷에 올라온 사진 한 장 말입니다. 교수님께서는 "수서 경찰서 장이 오피스텔 문 앞에서 국정원 여직원에게 문 열어달라고 애원하는 듯한 모 습의 사진이었다"고 쓰셨죠.

그 순간에 확신한 것은 아니고요. 합리적인 의심이 발동한 거죠. 뭔가 있다. 그래서 제가 던져본 거죠. 일단 그 상황에서 경찰이 미적거리는 모습을 보 이는 것 자체가 국민의 신뢰를 잃는 일이다. 일부러 트위터에 '경찰상 즉시 강제' 원리라는 것을 언급했어요. 학자로서 증거 인멸을 막기 위해 경찰이 즉시 오피스텔 문을 열고 들어갈 수 있다는 법적 근거를 제공한 거죠. 그때 반응이 오더군요.

어떤 반응이요?
정치권의 반응과 국정원의 반응과 경찰의 반응을 탁탁탁 들으면서 며칠 지 나지 않아 확신이 들었습니다. 이거 진짜 문제가 있구나. 어떻게 이루어지 지도 알겠다!

오랜 수사를 통해 얻은 통찰력이 확신의 근거였네요.
저한테는 합리적 의심에 대한 제약이 없었어요. 저만큼 수많은 사건을 수 사했던 분들도 경찰 조직 논리에 빠져 있다 보니까 마음속에 제어 장치가 있었던 것 같아요. 합리적인 근거만 있다면 제 아내도 저를 살해할 수 있다 고 생각해볼 수 있는 사람입니다. 저는 아버지가 딸을 강간하는 세상과 마 주 서왔어요. 거기서 합리적 의심에 제약을 두어서는 안 된다는 걸 배웠죠. 그때는 바깥 사람들은 통찰력이나 근거가 모자라기 때문에, 내부인들은 심 리적 장벽 때문에 차마 나가려고 하지 않는 상황이었죠. 저는 일반인이 가 진 의식과 생각의 자유와 전문가가 지닌 분석력을 갖고 있었기 때문에 사건 의 윤곽을 확신할 수 있었습니다.

검찰에서 내부 고발자가 나오면서 그 확신에 근거가 더해졌다고 할 수 있겠네요. 정말 워터게이트처럼 될까요?

워터게이트 같은 결말이 되지는 않을 겁니다. 제도적 차이가 있어요. 당시 미국 공화당은 리처드 닉슨이 탄핵되어도 제럴드 포드 부통령으로 권력을 승계할 수 있었어요. 한국은 대통령 유고 시에는 6개월 이내에 재선거를 하도록 되어 있습니다. 집권 여당이 받아들일 수 있는 조건이 아니죠.

여야의 권력 투쟁으로 전개되어버리면 진실은 가려질 겁니다. 사실 워터게이트 사건의 본질은 공화당과 민주당의 권력 투쟁이 아니라 국가권력을 국민이 얼마나 어떻게 견제할 수 있느냐였던 것 같습니다. 국가권력을 언론이, 다른 국가 권력기관이, 권력 내부의 인사이더가, 바깥의 시민사회가 견제해나가는 갈등 조정 과정이 워터게이트라는 사건으로 분출되었던 거죠. 미국은 존 F. 케네디 암살 이후 오랜 베트남전쟁과 냉전을 거치면서 국가권력이 지나치게 비대해졌어요.

전쟁은 국가권력의 팽창을 가져오죠. 버락 오바마조차 도청을 하잖아요. 9·11 사건의 여파죠.

한국도 지금 비로소 국가권력을 국민이 견제할 수 있느냐의 시험대에 올라섰다는 겁니다. 국가 권력기관들끼리 서로 견제하고 있고, 언론이 청와대를 견제하고, 청와대가 권력기관을 이용해서 다른 권력기관을 견제하는, 먹고 먹히는 상황이랄까요?

거기에서 미국은 절묘한 해법을 찾아냈죠. 닉슨은 아웃, 그러나 공화당은 정권을 유지한다. 한국은, 글쎄요.

국가권력이 견제되는 과정에서 일어난 한국판 워터게이트 사건이라면 결론은 달라도 과정에서 나오는 결과는 있을 겁니다. 예를 들어 워터게이트 사건을 치열하게 취재한 덕분에 일개 지방지였던 『워싱턴포스트』가 일약 전국지로 거듭 나잖아요.

이 사건은 박근혜 정부의 임기 내내 족쇄가 될 겁니다. 분명 집권 3년차쯤 되면 힘들어질 겁니다. 닉슨도 임기 초반에는 버티다가 중반에 무너져요.

『공범들의 도시』를 보니까, "원세훈 전 국정원장이 자신이 충성을 바치는 이명박 전 대통령과 측근 무리들의 비리, 부패들을 덮고 감추기 위해서 박근혜 후보측과 상관없이 벌인 공작일 가능성도 크다"고 주장했던데요. 이전 정권이 자신들에 대한 다음 정권의 사정 칼날을 피하기 위해 선거에 개입해서 다음 정권의 정당성을 훼손해버리고 다음 정권을 공범으로 만들어버렸다는 논리인데요. 아주 설득력이 있다고 느꼈습니다.

사실 그게 덫이었는지 선물이었는지는 모르죠.

한국에서 국가권력을 견제하는 게 과연 가능할까요? 청와대를 견제해서 남아난 검찰총장이 없고 경찰 조직도 없어요. 하물며 개인이 국가에 맞서서 어떻게 이깁니까?

제가 죽지 않는 모습을 보여주고 싶어요. '보라. 권력이라는 거 아무것도 아니다.' 강의도 알게 모르게 다 끊겼어요. 방송은 공중파는 다 차단되었죠. 어느 대학교는 강연도 취소했어요. 그래도 괜찮아요. 살아남을 자신이 있거든요. 윤석열 검사도 똑같다고 봐요. 그분한테는 자신감이 있어요. 삶에 대한 자신감이요. 군이 검찰 안에서 위로 올라가는 것만이 잘사는 게 아닙니다. 다음 시대는 반드시 와요.

한 번도 후회한 적이 정말로 없나요? 정의를 자주 말했잖아요. 정의라는 것은 조직이나 사회나 국가를 위해서는 구원이 될 수 있어요. 개인한테는 구원이 안 됩니다.

독립투사의 자손은 가난하고 친일파의 자손은 부유하게 산다는 이야기죠? 저는 그것을 바꾸고 싶어요. 회사의 내부 고발자나 공무원 공익 제보자 분들 가운데는 정의로운 행동 뒤에 따르는 뜻밖의 불이익 때문에 후회하는 경우가 있어요. 저는 아닙니다. '근자감'이라고 하죠.

'근거 없는 자신감'이요?

초임 때부터 사직서를 양복에 넣고 다녔어요. 수입이 줄어들고 사회적 지위나 안정이 보장되지 못해도 상관없어요. 이게 새로운 삶이라고 생각하고 살아볼 겁니다.

보통 사람들은 대부분 비겁하거든요. 정의가 뭐고 민주주의가 뭐고 그것은 잘 모르겠고 그저 박근혜 정부가 국민소득 높여주고 부동산 대책 잘 세워주어서 하우스푸어 좀 면하면 그만이죠. 딱 거기까지요. 다 귀찮고 나라만 잘 굴러가면 되는 거 아니냐는 거죠. 대통령이 일 좀 하게 두면 알아서 잘할 텐데 표창원은 왜 또 저러냐, 이거죠. ······.

1년 동안 여러 매체를 통해 대중을 설득해왔지만, "많이 바뀌는 것 같지는 않다"고 쓰셨잖아요. 그것은 우리가 진실을 몰라서가 아닙니다. 사람들의 본질은 정의를 원하는 게 아닐 수도 있다는 겁니다. ······.

보통 사람들은 표창원을 시기하거나 질투해요. 저 사람은 뭐가 저렇게 잘나서 조직을 박차고 나와 혼자 옳다고 떠드느냐는 거죠. 교수님이 빠진 딜레마인지도 몰라요. 아마 이미 아실 것도 같습니다만.

그 이야기가 경찰대학을 다닐 때 큰 논쟁거리였어요. 개인의 진실과 진심이 세상을 바꿀 수 있느냐? 맞아요. 눈 앞에 있는 게 더 중요하죠. 직장과 자녀가 더 중요하죠. 인간이니까……. 그런데 저는 세상을 바꾸려고 하는 게 아닙니다.

그러면요?

제가 이야기를 하고 다니면 듣는 분들 마음속에는 부담거리가 생겨요. 저 인간 또 저러고 다니네 싶다가도 뭐라고는 못하겠고 싫다고도 못하겠고 그런 거죠. 뭔가 부채 의식을 갖게 됩니다. 그렇게 마음속에 부채를 심고 다니고 있어요.

지금 저에게도 심고 있나요?

만나는 모든 사람에게 심고 있죠. 언젠가 제가 채권 회수를 할 때는 어떤 일이 일어날지 모르는 겁니다. 제가 대중이 선하고 사람들은 바뀔 수 있다는 인식을 가진다면, 금세 실망하고 배신감을 느낄 겁니다. 저는 기대하거나 바라는 게 없어요. 그래서 이길 수 있어요.

범죄 현장에서 깨달은 지혜일까요? 지나치게 선한 사람이 가장 악한 범죄를 저지를 수 있죠. 대중을 믿은 극단적인 혁명가가 대중을 완전 불신하는 극단적인 독재자가 되는 것처럼요.

히틀러가 그랬죠. 당장 결과를 요구하며 과격한 구호를 외치는 분들이 더 걱정되는 이유요. 지금 달아오르는 열정이 과연 얼마나 오래갈 수 있을까? 씨앗을 뿌리는 농부의 심정으로 우리가 해야 할 도리를 해야 합니다. 아니면 변절해요.

한때 미제 사건 제조기라고 놀림을 받았다면서요?

제조기까지는 아니고요.

경기도 화성 연쇄살인 사건과 학력고사 시험지 사전 유출 사건 때문이었죠? 사실 표창원에게는 영구 미제 사건은 없는 게 아닌가요? 지금은 범인을 잡지 못했지만 언젠가는 진실이 드러나고 범인을 밝혀낼 수 있다고 믿을 테니까요. 포기해서 미제 사건이 되면 진실은 반드시 밝혀지고 정의는 구현된다는 인간 표창원의 대전제가 무너지니까요.

세상과 대중을 상대하는 것과 똑같아요. 오히려 사건을 수사하면서 먼저 깨달은 지혜죠. 지금 당장 사건을 해결하고 정의를 구현할 거라고 여긴다면 그것은 과욕이죠. 살인 사건이 일어나요. 누가 살인을 했는지는 밝혀낼 수 있겠죠. 왜 했는지는 당사자가 끝까지 말하지 않으면 알 수 없어요. 우리는 모든 것을 알 수는 없습니다. 그렇다면 진실은 무엇이냐? 법과 절차를 준수하면서 모든 수단을 동원해 최대한 진실을 구축하는 겁니다. 그 과정에서 목격자나 내부 고발자가 나오면 도움이 되는 거고, 허위 자백이나 집단적 거짓말을 만나면 장애가 생기죠. 여기서 미제 사건이란 없다는 것은 언제든지 그 고단한 과정을 거칠 각오가 되어 있다는 겁니다.

그렇게 최선을 다해 구축된 진실이 과연 절대적인 걸까요? 우리는 상대적 진실과 정의의 시대에 살고 있는 게 아닐까요? 누군가는 국가가 민주적·절차적 정당성을 가진 정부에 의해 운영되는 게 가장 중요한 정의이고 진실이어야 한다고 주장합니다. 누군가는 어쨌든 국민의 절반이 지지한 정권의 정당성을 부정해서는 안 된다고 주장

PHOTOGRAPHY 박남규

하죠. 저 같은 회색분자는 어차피 완벽하게 공정한 선거나 경기란 없다는 게 진실이라고 중얼거리죠.

믿는다고 무조건 진실이 되는 것은 아니죠. 그러면 유영철의 진실도 진실인가요?

진실이 아니죠.

『동의보감』에 나오는 처방을 요즘 질병에 그대로 이용하면 되나요? 진실과 정의도 시대정신에 맞아야 합니다. 21세기의 시대정신은 절차적 민주주의를 지향하고 있어요. 수십 년 동안 쌓아온 가치입니다. 그저 다수결 득표로 이겼으니까 우리 것이 진실이라고 주장하면 그것은 다수의 폭력이죠.

시대정신을 누가 결정하느냐는 겁니다. 다수결을 통해 획득한 권력이 결정하는 것 아닐까요?

그렇다면 우리는 나치조차 인정해야 합니다. 나치는 독일 국민 대다수의 지지를 얻었지만 인종 학살을 자행했어요. 범죄를 저질렀죠. 나치는 20세기의 시대정신에 어긋나는 짓을 저질렀어요.

한국처럼 서로 다른 시대정신이 공존할 때는요? 통합진보당에 대한 정당 해산 결정을 두고도 누구는 공분하겠지만 누구는 잘하는 짓이라고 지지합니다. 양쪽은 같은 공간을 점유하고 있지만 다른 시대에 살고 있는 겁니다. 어느 한쪽에 시대정신을 강요할 수는 없잖아요? 그러니까 서로 다른 진실이 한 시대에 한 공간에서 공존할 수밖에 없다는 것을 받아들여야 하지 않을까요?

대화해야죠. 끊임없이 대화해야죠.

대화해서 나의 시대정신으로 끌어들여야 한다?

타협을 해야죠. 존중할 수 있으면 존중하고요. 대신 존중 받아야죠. 그런데 상대를 존중하지 않아서 문제인 겁니다. 게다가 지금은 교육을 통해서 다음 세대의 사고까지도 통제하려고 하고 있어요. 자신들만의 시대정신을 강요하려고 하는 거죠. '나도 4·19에 나갔다. 나도 6월항쟁에 나갔다. 그런데 이 나이가 되어보니까 권위주의 시대가 효율적이더라.'

『조선일보』 때문일 수도 있죠. 아까 진실의 구축을 말했잖아요. 아버지 세대의 진실은 이미 구축되었습니다. 이제 언론은 그렇게 구축된 진실에 끊임없이 보강 공사만 하면 되죠.

저는 일개 매체가 사람들의 생각을 모두 좌우한다는 의견에 동의하지 않아요. 더 중요한 것은 개인의 의지입니다. 삶이 무엇이며 어떻게 살아가고자 하는지의 문제라는 거죠. 우리는 자기 인생의 주인이 되려는 의지를 가져야 합니다. 한쪽 말만 듣는 판사가 되면 안 되죠.

아무리 완고한 분들도 자신이 구축한 진실의 설계를 어쩔 수 없이 변경하게 되는 순간이 있어요. 바로 자신이 믿던 보수적인 진실을 지탱하던 사람이 다른 진실을 증언할 때죠. 교수님처럼요. 표창원은 보수잖아요. 『보수의 품격』이라는 책까지 낸 정통 보수죠. 경찰이고요.

저는 보수입니다.

한국 사회는 진보적인 인사의 진보적인 발언에는 귀 기울이지 않습니다. 반면에 보수적인 인사의 진보적인 발언에는 반응하죠. 같은 시대정신을 공유하고 있다는 전제가 있는데 다른 소리를 하니까 듣지 않을 수 없죠. 그게 표창원이라는 인물이 지닌 위력이었던 것 같아요. 그런데 어느새 표창원의 색깔도 급진으로 채색되는 게 아닌가 싶어요. 그런데도 표창원은 보수인가요?

그럼요. 저는 분명 보수입니다. 진정한 보수는 대한민국 헌법과 민주주의 정신을 수호해야 합니다. 집권 세력이 잘못해서 대한민국의 보수적 가치가 훼손되면 화를 내는 게 진짜 보수죠.

『시사IN』의 윤석열 검사에 대한 인물 분석 기사를 읽었습니다. 사실 윤석열 검사는 법조 취재를 해본 기자들 사이에서는 이미 유명한 분이잖아요. 특수통의 강골이고 무엇보다 굉장히 보수적인 인물이죠. 『시사IN』이 유난히 윤석열 검사가 보수적인 인물이라는 걸 강조한다는 느낌을 받았어요. 그러니까 한국 사회에서 의견이 신뢰를 얻으려면 기본적인 태도는 보수적이어야 한다는 겁니다. 반면에 한 번 진보로 낙인 찍히면 아무리 떠들어도 좌빨로 매도되어버리죠. 일단 진보적이 된 인물이 어느 날부터 보수적인 목소리를 내면 이번에는 변절자 소리를 들어야 합니다.

그 말은 결국 보수가 진보적 발언을 할 수 있는 것은 단 한 번뿐이고, 거꾸로 다시 보수적인 목소리는 영영 낼 수 없게 된다는 거네요. 무시무시한 진영 논리인데요.
딱, 맞네요.

어찌 보면 일생일대의 마지막 수사를 하고 있는지도 모르겠네요. 오직 단 한 번만 할 수 있는 수사이고 전부 다 걸어야 할 수 있는 수사죠.
이 사건이 저의 마지막 수사네요.

알 파치노와 러셀 크로가 주연한 〈인사이더〉라는 영화가 있잖아요. 담배 회사 내부 고발자의 증언을 방송하려는 시사 프로그램 프로듀서의 이야기죠. 거대 광고주인 담배 회사의 눈치를 본 방송국이 방영을 보류해요. 모든 것을 다 걸었던 내부 고발자인 러셀 크로는 프로듀서인 알 파치노에게 전화를 걸어서 화를 내요. 알 파치노는 강제로 어디 해변으로 휴가 보내진 상태고요. 자꾸만 전파가 멀어지는 러셀 크로의 전화를 받느라 알 파치노는 바닷속으로 걸어들어가요. 통화를 다 했을 때 알 파치노는 가슴까지 바다에 빠진 상태죠. 그러고 나서 알 파치노는 담배 관련 취재 내용과 방송사의 외압 내용까지 담아서 다른 신문에 넘깁니다. 알 파치노도 인사이더가 된 거죠.

그래서 어떻게 되나요?

진실은 방송되지만 알 파치노는 다시는 방송을 하지 못합니다. 영원히 현장을 떠나죠.
·······.

교수님도 경찰이라는 직업적 윤리에 따라 단 한 번뿐인 선택을 했습니다. 직업적 소신에 충실했던 결과 더는 그 직업을 유지할 수 없게 되었습니다. 아이러니네요.

그래도 저는 지금도 경찰입니다. 영원히 경찰일 겁니다.

다음은 국정원에서 인사이더가 나올까요? 워터게이트 사건에서도 인사이더는······.

FBI의 부국장이었죠. 그런데 국정원은 힘들 겁니다. 검찰에서도 윤석열 검사 같은 인사이더가 나왔다는 것은 그 조직이 살아 있다는 말이거든요. 조직 안에 면면히 흐르는 정신이 있다는 겁니다. 경찰정신과 검찰정신이 있어요. 그리고 그 존재 의의를 학문이 뒷받침해주죠. 힘들고 어려워도 권력이 아니라 국민을 위해 존재하는 게 검찰이고 경찰이라는 걸 다 알고 있어요. 자신이 그 선택을 해야 한다면 쉽지는 않겠죠. 그런 정신이 내부에 있다

"합리적인 근거만 있다면 제 아내도 저를 살해할 수 있다고 생각해볼 수 있는 사람입니다. 저는 아버지가 딸을 강간하는 세상과 마주 서왔어요."

"그렇다면 진실은 무엇이냐? 법과 절차를 준수하면서 모든 수단을 동원해 최대한 진실을 구축하는 겁니다. 그 과정에서 목격자나 내부 고발자가 나오면 도움이 되는 거고, 허위 자백이나 집단적 거짓말을 만나면 장애가 생기죠."

보니까 그중에 누군가는 나서는 겁니다. 국정원은 그런 조직이 아닙니다. 이제껏 한 번도 자신들의 직업 윤리와 정신을 가다듬어본 적이 없어요.

직업적 소신이 생길 수도 없겠네요.
국정원은 오로지 권력자를 위해서만 존재해왔어요. 권력에 봉사하고 충성하는 것만이 진리였죠. 권력자가 바뀌면 또 물갈이가 되고요. 정말 미안한 말입니다만, 국정원 내부의 이해관계에 따라 인사이더가 나올 수는 있어요. 이번 국정원 댓글 사건 역시 내부의 누군가가 야당 쪽으로 정보를 흘렸다고 추측해볼 수 있잖아요. 다만 그 인사이더가 전면에 나서는 일은 없을 거라는 겁니다.

"나는 셜록 홈스처럼 살고 싶다"고 했습니다. 그런데 셜록 홈스는 경찰이 아니라 탐정인데요. 셜록 홈스 시리즈에서 경찰은 늘 셜록 홈스의 뒤꽁무니만 쫓아다니죠. 꽉 막혀 있고요. 이야기를 나누다 보니 교수님은 참 경찰스럽지 않은데요.
그게 잘못된 생각입니다. 법을 잘 모르는 서민들의 트집을 잡아서 그들에게 단죄를 가하고 법의 근본 정수를 어기고 있는데도 법의 형식을 갖추었다는 이유만으로 강한 권력자나 돈 많은 자에게는 약한 것은 경찰 본연의 모습이 아닙니다. 저는 제가 늘 경찰답다고 생각했거든요. 지금도 경찰 생활을 하고 있다고 불현듯 느끼고요. 왜 저와 상관없는 일에 자꾸 나서고 관련 없는 것들에 분노할까? 천생 경찰이기 때문이죠.

경찰은 늘 그런 존재였기 때문이었을 수도 있죠. 20세기 이후 한반도의 근대 국가 체제는 경찰 국가에서 출발해서 군사 국가로 강화되었습니다. 우리는 일제강점기에는 순사를 무서워하다가 유신시대에는 군인을 무서워했죠. 한국에서 경찰은 싫든 좋든 권력기관이라는 겁니다. 경찰관 개인은 정의로울 수 있어도 경찰 조직은 권력의 도구라는 거죠.

맞기도 하지만 틀리기도 해요. 경찰은 역사적으로 두 가지 기원을 가져요. 프랑스나 독일에서 경찰은 절대왕정을 떠받치는 권력기관으로 기능했죠. 반면에 영국에서 경찰은 유니폼을 입은 시민 개념이었어요. 보안관을 뜻하는 영어 단어인 셰리프Sheriff도 영국에서 자치 지역을 뜻하는 셔Sher의 치안 담당자라는 뜻에서 유례했어요. 그래서 영국에서는 경찰의 개념은 민주주의의 개념과 똑같이 출발합니다.

한국에서는 또 다르지 않나요?
한국에서는 통치의 도구로 활용되어왔고, 독재시대를 거치면서 더 심해졌죠. 지금은 우리 경찰도 그렇게 쓰이는 게 싫어요. 시민들에게서 '짭새' 소리나 듣고 사는 게 뭐가 좋아요.

한국의 경찰이 정말 나약하다고 비판하는 분도 있어요. 미국 경찰은 엄하지 않느냐는 거죠. 시민들도 경찰 앞에서는 끽소리도 못한다는 거죠. 경찰은 지엄한 국가권력이다. 그런데 왜 한국 경찰은 미국 경찰처럼 국민 앞에서 당당하지 못하냐는 거죠.
미국 경찰은 참 무섭고 강하죠. 왜 강하냐? 그들이 국가를 위해 일하기 때문에 강한 게 아닙니다. 시민들의 대표이기 때문에 강한 겁니다. 경찰에게 대들면 자기가 자기에게 대드는 거거든요. 스스로 동의한 사회계약을 어기는 거죠. 미국 경찰이 강한 것은 경찰이 곧 국가여서가 아니라 경찰이 곧 시민이기 때문입니다. 우리 경찰은 오히려 바로 그런 국민의 대표 자격을 얻지 못했기 때문에 약하고 주눅들어 있는 겁니다.

민주정치체제에서 권력기관은 상호 견제하게 되어 있습니다. 청와대와 경찰과 검찰과 국정원의 관계가 그래요. 서로 법적인 권한이 균형을 이루도록 설계되어 있죠. 문제는 청와대가 그 균형을 아주 쉽게 무너뜨릴 수 있다는 겁니다. 청와대가 어느 권력기관에 힘을 실어주느냐에 따라 우위가 생기죠. 지금이 딱 그런 상황인데요. 청와대 권력은 선출된 권력이잖아요. 경찰이나 검찰이나 국정원 권력은 국민에게 직접 위임 받은 게 아니고요. 선출된 권력이 다른 권력을 통솔하는 것은 필요한 게 아닐까요? 국민의 국가 권력기관에 대한 견제가 이루어지는 거니까요.

지금은 청와대 권력의 절차 민주주의적 정당성이 의심 받는 상황입니다. 그럴 때는 각 권력기관들이 소신을 갖고 견제를 해야 한다는 겁니다.

국민이 뽑은 대통령을 국민이 뽑지 않은 권력기관이 견제한다는 말인데요. 우리 국민의 절반은 절차야 어찌되었든 직접 대통령에게 표를 주었습니다. 그분들은 자신이 자유의지에 따라 투표를 했다고 믿어의심치 않을 겁니다. 자신이 국정원의 조작에 의해 표를 주는 수동적인 유권자라고는 생각하고 싶지도 않을 테고 그렇게 믿지도 않을 테니까요. 유권자 집단과 유권자 개개인은 그렇게 다릅니다. 민주적 절차에는 문제가 있으나 권력적 정당성은 인정해야 한다는 결론이네요.

어떻게 결론이 나든 그 과정에서 경찰은 공범자가 되어서는 안 된다는 겁니다. 권력이란 원래가 이기적이고 탐욕적일 수밖에 없어요. 그래서 권력기관이 끊임없이 권력을 견제해야 하죠. 경찰도 그 역할을 할 때가 되었다는 겁니다. 그렇지 않으면 나도 공범자라는 인식을 해야 해요.

지금 상황을 이렇게 볼 수도 있어요. 왝더독 현상이요. 청와대가 권력기관을 좌지우지하는 게 아니라 국정원이라는 권력기관이 청와대를 움직이고 있는 거죠. 청와대는 옴짝달싹 못해요. 국정원 개혁도 물건너갔죠. 정권도 이기적이지만 권력 조직도 그만큼 이기적일 수 있다는 겁니다. 경찰이라고 예외는 아니죠. 경찰 역시 다른 권력기관들처럼 조직의 이해가 우선할 수밖에요.

경찰은 청와대 대신에 시민에게 충성해야 한다는 겁니다. 정권
은 늘 바뀌니까요.

솔직히 지금 격전지는 경찰이 아닌 것 같은데요. 검찰이죠. 이승만
정권 때는 경찰이 가장 중요한 권력기관이었잖아요. 물리력으로 통
치해야 하던 시대였으니까요. 독재정권 시절에는 중앙정보부였겠죠.
공작 정치를 해야 했으니까요. 지금은 법치 시대죠. 정부가 법치를
하려면 검찰이 수단이 될 수밖에요. 검찰을 장악해야 비로소 권력을
장악했다고 할 수 있죠. 그러니까 국정원은 어차피 정권의 시녀이고
경찰은 권력의 지팡이이며 국세청은 권력의 금고인데 검찰만 매번
뜻대로 안 되었다는 거죠. 국가권력에 대한 시민과 언론의 견제가
검찰 쟁탈전으로 표출되고 있달까요?

그렇게 권력기관 길들이기만 하다가 5년 임기를 다 보내면 일은
언제 하나요. 그래서 제도와 문화와 교육을 모두 손봐야 하는 겁
니다. 궤도에 올려놓아야 하는 거죠. 그 과정에서 이탈자도 나오
고 반동자도 나오겠죠. 그 지난한 과정을 거치면 비로소 권력기
관이 제자리를 찾을 겁니다.

경찰의 제도와 문화와 교육을 바꾸는 데 가장 좋은 자리는 정작 경
찰대학 교수직 아니었을까요?

아니죠. 진작에 한계를 느꼈어요. 무수하게 떠들었어요. 밖에서
는 모르죠. 내부에서는 알아요. 아픈 이야기도 많이 했죠.

제자들이 있잖아요. 제자들을 제대로 키우면 되죠.

그렇죠. 그거 하나는 제일 큰 보람이었어요. 학생들의 고정관념

을 깨고 인식의 틀을 넓혀주기 위해 노력했어요. 그런데 한계가 있었어요. 제자들도 졸업하면 당연히 경찰 일선에 나가요. 올바른 생각만으로는 바꿀 수 없는 조직 논리와 만나죠. 장기적으로 제자들이 올바른 생각으로 올바르게 조직을 바꿔나간다면 좋겠지만, 결국 제자들도 바뀌더라는 겁니다.

슬프네요.
국정원 댓글 사건을 축소 수사한 혐의를 받고 있는 경찰 중에는 제 제자도 있어요. 제가 가르칠 때는 분명히 올바른 게 무엇인지 확신을 심어주었다고 자신하지만, 그 자리에서는 그런 역할을 하고 있는 제자의 모습을 보고 있는 겁니다.

어쩌면 21세기 한국에서 정의를 이루는 사람은 정치인이나 논객이 아니라 직업적 소신을 가진 개인이라는 생각이 듭니다. 이념과 당파만으로는 타협이나 토론도 이루어지지 않으니까요. 자신의 직업적 소신에 충실한 개인이 늘어나는 것만이 유일한 수단일 수 있는 거죠. 검사는 검사답게 경찰은 경찰답게 기자는 기자답게요. 국가와 권력과 조직은 사악해도 직업 윤리에 입각한 개인은 정의로울 수 있는 거니까요. 사실 한국 같은 산업국가에 가장 딱 어울리는 정의구현 방법 같기도 해요. 교수님은 이미 그럴 자리를 잃으셨네요.
그 상황에서 그 선택만 아니었더라면 저도 그런 종류의 사람으로 남을 수 있었겠죠. 이제 제가 했던 역할은 누군가가 할 겁니다. 한 사람이 빠졌다고 해서 그 조직의 직업 윤리가 무너진다면 이미 거기에는 직업 윤리 따위는 없었다고 봐야죠. 경찰 내부의 인사이더는 아마 저 혼자만은 아닐 겁니다.

지난 1년 동안 표창원은 너무 소비되어온 게 아닌가 싶어요. 기자들이나 논객이라는 사람들이 인터뷰라는 형식으로 교수님을 통해 자신들이 하고 싶었던 이야기를 계속하고 있는 것은 아닐까요? 지금 저도 그렇게 교수님을 이용하고 있는 것이고요.

사실 처음에는 저도 그런 것을 경계했지만, 도저히 어쩔 수가 없더라고요.

저는 교수님을 『한국의 연쇄살인』이라는 책을 통해 처음 알았습니다. 사건 취재를 할 때 교과서가 되어주었어요. 교수님은 범죄 프로파일링 분야의 권위자입니다. 자기 전문 영역이 있어요. 이제는 교수님을 정치적 상징으로만 이용합니다. 정치 때문에 전문성이 가려지는 거죠. 지금도 그래요. 원래는 교수님과 범죄 이야기를 많이 해보고 싶었어요. 뜻대로 안 되네요.

사실 현장을 떠나서 말하는 범죄 분석은 공허한 것이거든요. 현장에 있는 경찰들은 이제 저를 두려워해요. 실제 사건 현장에는 갈 수 없게 되었죠. 경찰대학도 떠났어요. 범죄라는 영역에서 제 직업적 전문성을 살릴 수 있는 기반이 무너졌어요.

변호인 측면에서 형사 사건에 관한 컨설팅을 해주는 걸 염두에 두고 있지 않나요?

맞아요. 그런데 당분간 제 전문 영역을 살리는 것은 불가능해졌어요. 그렇다고 정권이 바뀌면 다시 한다? 그동안 녹슬어버리거든요. 결국 범죄 수사는 추억으로 남겨야죠.

무엇을 하려고요?

이제 쉬면서 제가 무엇을 할 수 있는지 정리해보려고요.

정치는요?

정치도 하나의 영역으로 열어놓고 생각해보려고요.

정치인이 된다는 것은 취직하는 것과는 다르잖아요. 정치적 인물이 되어야 하는 거니까요. 그것은 되기도 힘들지만 한 번 되면 벗어나기도 어렵죠. 입기도 어렵지만 벗기도 어려운 옷 같달까요. 그 옷을 입으셨어요. 어차피 벗겨지지도 않는다면 그냥 제대로나 입어보시죠? 정치하세요.

무엇을 하든 변하지 않는 게 있어요. 제가 경찰이라는 겁니다. 늘 경찰스러운 사람일 겁니다. 모르죠. 추리 소설 작가가 될지도……. 세상이 빠르게 변해서 경찰서장 직선제가 되면 출마를 하게 될 수도 있죠. 국정원 댓글 사건처럼 큰 사건이 제 인생에서 다시 일어날 수도 있어요. 그래도 전혀 놀라지 않을 겁니다. 사건의 본질을 파악하고 적응해나가겠죠.

PROFLLE

경북 포항에서 태어났다. 1989년 경찰대학교를 졸업하고, 경기도 화성과 부천 경찰서에서 범죄 수사 현장을 경험했다. 1993년 국비장학생으로 영국 엑서터대학에서 유학했다. 경찰학과 범죄학으로 석사학위와 박사학위를 받았다. 아시아경찰학회장과 한국경찰발전연구회장을 역임했다. 경찰대학교에 출강하면서 현장에서는 범죄 프로파일러로 활약했다. 2012년 12월 국정원 댓글 사건이 일어났을 때 개인 블로그와 트위터에 정치적 견해를 밝혔다. 2012년 12월 경찰대학교를 떠났다. 저서로 『왜 나는 범죄를 공부하는가』, 『정의의 적들』, 『공범들의 도시』, 『프로파일러 표창원의 사건 추적』, 『나는 셜록 홈스처럼 살고 싶다』, 『표창원, 보수의 품격』, 『한국의 연쇄살인』 등이 있다.

김호기

나는 마음의 정치를 원한다

2014년 6·4 지방선거 결과는 어떻게 평가합니까? 무승부라는 평가가 많습니다. 정말, 무승부일까요?

무승부라는 게 두 가지 경우인데요, 하나는 이쪽도 이기고 저쪽도 이긴 겁니다. 또 하나는 이쪽도 지고 저쪽도 진 거죠.

둘 다 이긴 것 혹은 둘 다 진 거네요.

무승부에 대한 양적 평가가 아니라 질적 평가가 있을 수 있어요. 우리가 승부를 평가하는 데 기준을 무엇으로 삼느냐가 중요해요. 선거 전에 형성된 민심을 기반으로 평가할 것인지, 아니면 바로 직전에 있었던 선거를 놓고 평가할 것인지입니다. 전자의 기준으로 보면 6·4 지방선거는 야권이 진 거죠. 하지만 후자의 기준에서 보면 광역자치단체장을 기준으로 8대 9니까 야권이 이겼다고 볼 수 있겠죠.

선거 전의 민심 흐름은 분명 야권에 아주 유리했습니다.

6·4 지방선거의 최대 분기점은 세월호 참사였어요. 그때 만들어진 민심을 보면 여권은 선전한 것입니다. 야권에 패배라는 표현은 좀 그렇고, 안타까운 결과죠. 두고두고 아쉬운 결과일 겁니다.

아쉬운 결과라기보다는 참담한 패배 아닐까요?

기울어진 운동장이라고 하는 우리 사회의 전체적인 유권자 지형을 보면, 야권이 선거에서 이기기가 쉽지 않아요. 민심은 분명 야권에 유리했지만, 정당 지지율을 보면 민주당의 지지율이 새누리당을 앞선 것은 아니었잖아요.

5~10퍼센트 정도 차이가 있었어요. 민심이 민주당 후보들에게 우호적이었던 것이지, 당의 지지율이 높았던 것은 아니었던 거죠. 유권자들이 표를 던질 때 두 가지 기준이 중요해요. 정당과 인물입니다. 머릿속에서 정당과 인물을 적절히 결합해 표를 던지게 됩니다. 정당 지지율이 10퍼센트 정도 차이 나면 아무리 인물이 뛰어나도 그 인물을 찍기가 쉽지 않아요. 투표 경향에서 나타나는 것이거든요. 2012년 대선으로 돌아가 봐도 지지율의 격차가 계속 있었던 겁니다. 인물이 대단히 뛰어나지 않는다면 사실상 선거 결과를 뒤집기가 쉽지 않아요. 6·4 지방선거는 이런 측면에서 보면 기대가 큰 만큼 실망이 큰 것은 사실이지만 야권의 사실상 패배, 이렇게 표현하기에는 정말 박한 것으로 보여요.

패배는 패배 아닙니까?
물론 민주당이 6·4 지방선거에서 나름 성과를 냈다고 자평한다면 그것은 잘못된 겁니다. 좀더 잘할 수 있었어요.

잘했어야 마땅했지요.
선거에서 이기기 위해서는 항상 플러스알파가 있어야 합니다. 특히 자신들보다 지지율이 높은 정당을 추격하고 그런 후보를 뛰어넘기 위해서는요. 이번에는 플러스알파가 없었던 거죠.

세월호 참사의 애도 분위기가 플러스알파가 아니었을까요?
제가 이야기하는 플러스알파는 정책적 의제입니다. 세월호 참사로 인해서 한쪽에서는 대통령 지키기가 있었고, 한쪽에서는 정권 심판론이 있었죠. 구도가 마련된 겁니다. 구도만 가지고 선거가 좋은 결과를 가져오는 것은 아니에요. 플러스알파, 즉 또 하나의 요소가 필요해요.

2010년 지방선거에서는 플러스알파가 있었죠?
그것을 잘 보여주는 사례가 무상급식 의제예요. 복지에 관한 것이든, 일자리에 관한 것이든, 교통에 관한 것이든, 생활정치와 연관된 하나가 있어야 합니다. 이것을 상징 정책이라고 이야기해요. 선거라는 것은 모든 정치 어젠다를 갖고 하는 게 아닙니다. 1~2개의 정책을 놓고 유권자들이 찬성과 반대로 나뉘는 거거든요. 미국은 의료개혁을 어떻게 할 것인가, 일본은 우정국 개혁을 어떻게 할 것인가, 이런 걸로 쟁점화하는 거거든요. 한국에서 정책 의제는 무상급식이 거의 유일했어요. 2010년 지방선거는 정책선거를 치를 수 있다는 걸 보여준 겁니다.

상징 정책으로 경쟁하는 본격적인 정책 선거군요.
2012년 대선으로 돌아가 보면, 선거라는 게 보수에 유리한 유권자 지형을 갖고 있지만, 진보 세력에 불리한 선거만은 아니었어요. 이길 수도 있는 선거였어요. 이기기 위해서는 정책적 어젠다가 있어야 합니다.

그 플러스알파는 박근혜 캠프가 선점했죠. 경제민주화!
결과적으로는 보수적 경제민주화와 진보적 경제민주화가 붙었잖아요. 2013년 봄에 갑을 논란이 벌어졌잖아요. 전형적인 경제민주화 사안이에요. 대기업의 횡포에 중소기업이나 자영업자들이 어떻게 당해왔는지를 보여주는 거거든요. 이런 의제가 있었다고 한다면 진보적 유권자들이 결합했을 것이고, 중도 세력을 더 많이 끌어들일 수 있었다고 봅니다. 그런데 오히려 선거 막판을 지배했던 것은 후보 단일화 문제였잖아요.

플러스알파 정책이 아니라 또 인물이었던 거군요.

정책적 문제가 부각되지 못했던 거죠. 선거가 끝나면 느낌이라는 게 있어요. 이 선거는 처음부터 어려웠어, 이 선거는 조금만 잘했다면 이길 수 있었는데 하는 것 말이에요. 최근의 선거 중에서 2012년 대선이 그런 이길 수 있었다는 느낌을 우리에게 강하게 안겨주었고, 6·4 지방선거도 마찬가지였던 것 같아요.

6·4 지방선거는 세월호 참사의 희생 위에서 치러졌습니다. 그런데도 이기지 못했기 때문에 더욱 비통한 겁니다.

정치적 선택을 할 때 유권자들에게 어떤 의식의 변화가 있나 하면, 투표를 하기로 결심을 하면 자기 한 표가 소중하다고 생각해요. 선거 2~3일 전에 유인물을 살펴보는 경우도 있고, 후보들의 삶을 생각해보기도 하죠. 서울시장 선거에서는 재벌 2세 정몽준과 대표적 시민운동가 박원순의 삶이 다르거든요. 이럴 때 바로 상징 정책이 중요한 겁니다. 새누리당이냐 민주당이냐, 박근혜냐 문재인이냐, 정몽준이냐 박원순이냐는 구도와 인물에 대해 정책이라는 플러스알파가 있어야 해요. 그러면 표가 결집하게 되죠. 이게 없었던 거예요.

왜 플러스알파를 못 찾아냈던 걸까요?

반성적인 시각에서 말하자면, 준비를 많이 하지 않은 것 같아요. 선거는 보통 6개월 전부터 준비하게 되는데, 3개월 정도 앞두게 되면 새로운 정책을 개발하기가 어려워요. 시험도 벼락치기가 안 되잖아요. 이에 비해 보수는 준비를 상당히 철저히 하는 것 같아요. 한 선거가 끝나면 다음 선거를 준비하기 시작하거든요. 선거라는 게 후보만 갖고 되는 게 아닙니다. 후보와 연관된 정당이라는 조직이 있어야 하고, 정당과 연관된 정책 싱크탱크들도 있

김호기 ★ 나는 마음의 정치를 원한다

습니다. 정당의 조직적 측면이나 정책적 프로그램을 제시하는 싱크탱크에서 차이가 존재해요.

실력의 차이군요?

실력의 차이란 표현을 적절하지 않은 것 같아요. 야권에도 실력 있는 정책 전문가는 많아요. 김상조 교수나 홍종학 의원 같은 분들이죠. 다만 개인들이 갖고 있는 실력을 엮어내는 체계적인 역량이 떨어지는 거 같아요. 그러니까 선거가 닥쳐야만 준비하는 거죠.

구심점이 되어야 할 정당이 안정되어 있지 않기 때문인 것 같은데요?

최장집 교수의 의견을 빌려오자면 한국에서는 정당 정치가 저발전되어 있다, 그 가운데서도 진보를 표방하는 정당이 덜 제도화되어 있다, 보수 정당이 더 제도화되어 있다. 그런 것 같기도 해요. 보수 정당은 민정당, 민자당, 신한국당, 한나라당, 새누리당으로 이어집니다. 나름 일관성을 갖고 있죠. 보수적 가치인 안정이나 통합을 중요시하는 게 하나 있고요. 또 다른 이면에는 기득권을 보호하는 데 충실했다고 봅니다. 그래서 잘하든 못하든 35~40퍼센트의 지지율을 유지해온 것입니다.

기득권을 안정적으로 보호한 덕분에 지지 기반이 견고하게 유지되고 다져지고 세대에 걸쳐 계승되어온 거죠.

야당의 역사적 기원은 평화민주당입니다. 선거 국면에서는 선거용 정당을 만들기도 했어요. 열린우리당을 해체하고 2008년 대선을 앞두고 만든 대통합민주신당이 대표적인 사례입니다. 이렇게 덜 제도화되어 있다 보니까 유권자들의 가치와 이익을 제대로 대변하지 못하는 거예요.

그 덕분에 야권 지지층도 산산히 흩어져 있죠.

한국 사회에서 정당의 가장 큰 문제는 대표성의 위기입니다. 국민들의 정치경제적 의사를 제대로 대표하지 못해요. 야권은 이것이 훨씬 더 두드러지는 겁니다. 그러다 보니 지지율의 진폭이 굉장히 큰 거예요. 어떤 때는 10퍼센트 정도였다가 어떤 때는, 특히 선거 국면에서는 30퍼센트가 넘기도 합니다. 정당과 시민사회의 부조응이라고 이야기할 수 있는데요, 정치적 대표성의 위기죠. 이런 면에서 한국 정당 정치의 핵심적 문제는 민주당의 문제라고 봐요. 정당은 일종의 대표기구이자 대의기구입니다. 우리를 대신해서, 사실상 정치적 행위를 해달라고 정치적 권리를 위임한 거잖아요. 이 정당이 우리의 정치경제적인 의사를 제대로 반영하지 못할 때 정치에 대해 회의하게 되고 불신하게 되죠. 이게 안철수 현상으로 나타난 것이기도 해요.

6·4 지방선거의 비극은 대표성의 위기가 빚어낸 안철수 현상마저 다시 대표성의 위기에 휘말리게 되었다는 것 같습니다. 안철수 의원이 자신들을 대표해주길 바랐던 유권자들조차 더는 안철수 의원이 자신들을 대표한다고 못 느끼고 있다는 거죠. 안철수 현상은 막바지에 다다른 것 아니냐는 문제 제기라고 할 수 있겠는데요.

글쎄요.

2011년 박원순이 처음 출마했을 때만 해도 안철수 의원은 장외에 있었는데도 자신이 지지하는 후보를 서울시장으로 당선시킬 수 있을 만큼의 파괴력을 갖고 있었어요. 6·4 지방선거에서는 제1야당의 대표로 있었지만, 광주시장조차 당선시키기 어려울 정도로 영향력이 줄어들었죠.

정치인으로서 안철수 의원이 위기에 처한 것은 분명해 보입니다. 대선 후보 적합도에 관한 여론조사를 보면 안철수 의원에 대한 지지가 많이 떨어졌어요. 어떤 조사에서는 3위나 4위를 하기도 하는데, 문재인 의원보다 뒤지니 격세지감이 느껴지죠. 2013년 서울 노원병 보궐선거로 정치에 정식으로 입문한 이후 지지율이 급감했어요. 그런데 안철수 현상은 다른 것 같아요. 안철수와 안철수 현상이 분리된 것 같다는 느낌이 듭니다.

안철수 현상과 안철수는 다르다?
안철수 현상은 새정치에 대한 열망입니다.

안철수 개인을 지지한다기보다는 유권자를 제대로 대표해줄 수 있는 정당이 나와 달라는 거죠. 안철수 의원에게 주문했던 새정치의 본질도 그것이고요.
안철수 현상이 완전히 사라진 것은 아니라고 봅니다. 정치인 안철수의 안철수는 고유명사예요. 안철수 현상의 안천수는 보통 명사라고 볼 수 있어요. 안철수 현상이라는 말은 새정치 현상이라는 말로 바꿔 써도 좋다고 봅니다. 문제는 정치인 안철수가 안철수 현상에 담긴 새정치를 감당해내지 못하고 있다는 겁니다. 우리가 이름 붙인 현상이 의미를 갖기 위해서는 명실상부해야 합니다.

명실상부해야 한다?
그 현상에 걸맞은 리더가 존재해야 해요. 명실상부하지 않을 때는 기세가 꺾이고 수면 아래로 가라앉는다고 봐요. 여기서 수면 아래로 가라앉는다고 해서 완전히 사라지는 것은 아니고, 명실상부한 리더를 만나면 부상할 수도 있습니다. 안철수 현상에서 안철수라는 이름을 박원순이 대신할 수도 있고, 안희정이 대신할 수도 있고, 남경필이 대신할 수도 있겠죠. 우리 사회에서 기성 정치에 대한 불신이 크잖아요. 어떤 조사 결과를 보면 무당파가 40퍼센트에 가까운데, 이 사람들이 안철수 현상에 결집될 수 있어요.

민주당과 합당을 선택했던 게 잘못은 아니었을 겁니다. 정당의 대표성 위기를 해결하고 새정치를 구현하기 위해서는 새로운 정당을 창당할 수도 있고, 기존 정당을 개혁할 수도 있겠죠. 합당은 호랑이를 잡으러 호랑이굴에 들어가는 거겠죠. 하지만 6·4 지방선거라는 첫 번째 선거를 거치면서, 안철수 의원이 자칫 허수아비나 얼굴마담으로 전락한 게 아닌가 하는 우려가 듭니다. 오히려 문제는 안철수가 안철수 현상의 걸림돌이 되는 상황입니다. 안철수 현상은 또 다른 대안으로 옮겨붙고 확산되어야 하는데 안철수라는 정치인이 그런 기대와 주도권을 움켜쥐고 있는 거죠. 그것을 구태 정치 세력이 이용하고요. 그 지경이 된다면, 안철수 의원은 안철수 현상의 기대와 주도권을 넘겨주는 게 마지막 남은 소명일 수도 있겠죠.

막스 베버에 따르면 정치가는 불가능한 것을 가능하게 하는 사람입니다. 그리고 정치가에게 필요한 것은 열정, 책임감, 균형 감각입니다. 정치인 안철수는 개인으로 민주당이라는 조직과 결합된 거잖아요. 이런 경우 그 조직의 진정한 대표가 되기는 참으로 어렵습니다. 불가능을 가능으로 만드는 정치적 역량이 필요하죠. 그것을 위해 열정, 책임감, 균형 감각이 필요합니다. 이런 부분을 안철수 의원이 진지하게 돌아보아야 할 거예요.

열정과 책임감과 균형 감각은 모두 상반된 가치인데요.

안철수 의원은 1962년생이잖아요. 한국 나이로 50세가 넘었는데, 이제 막 정치를 시작한 겁니다. 대학교 1학년이죠. 그렇기 때문에 좀 길게 볼 필요가 있습니다. 브라질의 룰라도 세 번째 대선에서 승리할 수 있었어요. 이런 사례는 외국에 적잖이 있습니다. 룰라가 진보적인 사례라고 한다면, 미국의 닉슨 대통령은 보수적인 사례죠. 저는 우리가 서둘러 한 인물에 대해 평가할 필요는 없다고 생각해요. 자신이 하기에 따라 달려 있는 것이죠. 2017년과 2022년 대선을 생각한다면 지금 일희일비할 것 없이 자신의 정치적 역량을 키우는 것이 필요하다고 봅니다. 진보적 관점에서 보면 리더십은 풍성할수록 좋습니다. 2017년 대선이든 2022년 대선이든 문재인도 있고 박원순도 있습니다. 안철수도 있고 재선에 성공한 안희정도 있죠. 보수의 아성인 영남권에서 선전한 김부겸도 있습니다. 6·4 지방선거에서 아깝게 떨어졌지만 송영길도 정치적 기회가 다시 생길 수 있다고 생각해요. 정치는 굉장히 역동적이잖아요. 대선 그룹으로 보면 문재인, 안철수, 박원순은 일종의 시니어 그룹이고, 안희정, 김부겸, 송영길은 일종의 주니어 그룹이잖아요. 이런 그룹들이 복수로 존재하고 경쟁하는 것이 진보 정치 세력에는 중요한 것 같아요. 그런 면에서 안철수는 여전히 소중한 정치적 자원인 거죠. 이렇게 좀 크게 보아야 한다는 거죠. 진보가 선거에서 승리하기 위해서는 '집합적·경쟁적 리더십', 이런 게 필요합니다. 정치라는 것이 하나의 판이잖아요. 이 판 안에서 사라지는 게 아니라 정치권을 대표하는 리더들로서 아름답게 경쟁했으면 좋겠어요. 어떤 정치인이든 개인적인 좋고 싫음을 떠나서 정치적 판이라는 관점에서 볼 필요가 있다고 생각합니다.

안철수 개인의 시각에서 보자면, 한때는 가장 유력한 대선 후보였다가, 지금은 여러 대선 후보 가운데 하나가 되어버린 느낌이네요.

정치가의 역량을 살펴볼 수 있는 것은 두 가지인데요, 정책 입법과 선거입니다. 물론 역량이 본격적으로 드러나는 것은 선거죠. 그런 면에서 6·4 지방선거는 안철수 의원에게 매우 중요한 자리였습니다. 하지만 성적표는 그리 좋은 것 같지 않아요.

6·4 지방선거로 안철수 현상은 희미해졌을지 모르지만 박근혜 현상은 명백해진 것 같습니다. 6·4 지방선거도 새누리당이 선전했던 이유는 "대통령을 지켜

달라"는 이른바 박근혜 마케팅에 기댄 바가 큽니다. 이쯤되면 대통령의 지지율은 단순한 지지율 그 이상인 것 같다는 느낌마저 듭니다. 유권자들은 도대체 왜 박근혜 대통령에게 이렇게 이상 반응하는 걸까요? 박근혜 대통령의 국정 운영은 실책투성이었습니다. 역대 정권에서는 큰 선거를 앞두고 실수를 저지르면, 곧바로 선거 참패로 이어졌습니다. 박근혜 정권만 달라요.

30퍼센트 내외의 국민들은 박근혜 대통령에 대한 강고한 지지를 보여주고 있죠. 가장 중요한 이유는 박정희의 딸이라는 사실에 있을 것입니다. 이 30퍼센트는 주로 영남권의 60대 이상일 가능성이 큽니다. 박정희 시대에 대한 짙은 향수, 이게 박정희의 대리인으로서 박근혜에 대한 지지로 나타났다고 생각합니다. 젊은 세대는 박근혜 대통령에게 그만한 지지를 보여주지는 않을 것 같아요. 6·4 지방선거 결과를 해석하는 것은 다양하겠지만, 저는 박근혜 정부에 대한 실망이 어느 정도 반영되어 있다고 생각합니다. 대표적인 게 오거돈 후보와 송영길 후보의 사례죠. 둘은 상대 후보와 싸운 게 아니라 박근혜 대통령과 싸운 거예요.

일종의 대리전이었죠.

대통령을 지켜달라는 메시지가 어디에서 가장 울림이 컸겠습니까? 부산 유권자나 인천 유권자겠죠. 그런데 결과를 보면 상당히 접전을 벌였잖아요. 그런 측면에서 보면 대통령의 지지가 계속 견고하게 유지될 수 있다고 보기 어려운 면도 있어요. 경기도도 마찬가지입니다. 남경필 후보가 대통령을 지켜주겠다고 했지만 결과는 초접전이었잖아요.

인천만 놓고 보아도 송영길 시장을 선거 전에 만났을 때 상당히 준

김호기 ★ 나는 마음의 정치를 원한다

비가 되어 있다는 느낌이었거든요. 유정복 장관은 불과 몇 개월 전만 해도 안전행정부를 책임지고 있었죠. 인천 시정을 이끌 준비 기간이 상대적으로 길지 않았다는 겁니다. 그런데도 역전을 할 수 있었다는 것은 박근혜 대통령의 영향력을 빼고서는 설명이 안 됩니다. 유정복 장관은 사실상 박근혜 대통령이 인천에 내려보낸 자격 공천 후보라고 보아야겠죠. 그만큼 박근혜 대통령의 영향력이 막강하다는 증거 아닐까요? 박근혜 대통령의 견고한 지지율은 최소한 대통령의 임기 동안에는 한국 정치의 상수인 거죠.

이 문제는 야당의 영향력과 연결되어 있는 거예요. 정치에 상수는 없어요. 모든 게 변수죠. 다른 것들과의 관계가 중요합니다. 민주당이 잘해서 경기도나 인천에서 이겼다고 생각해보세요. 박근혜 대통령의 지지율 역시 변수가 되는 겁니다. 야권과의 관계 속에서 결정되는 거죠.

청와대는 박근혜 대통령에 대한 국민적 지지를 상수화하려고 애쓰는 것 같습니다. 지금껏 그렇게 잘해온 것 같고요. 이 정권의 가장 큰 무기는 박근혜 대통령의 견고한 개인적 지지 기반이죠. 거듭해서 그것을 기반으로 국정을 풀어내려고 애쓰고 있고요.

그것도 2014년이 분수령이라고 봅니다. 유권자들은 표를 던지면 그 선택을 1년 정도는 믿고 싶어 해요. 유효 기간이 1년 정도 되죠. 유효 기간이 거의 끝나가는 시점에서 지방선거를 치른 겁니다. 지금 국민들의 박근혜 대통령에 대한 생각은 상당히 복합적일 거라고 봐요. 이 점에서 국정 운영 지지율이 변화될 가능성이 있다고 봐요. 세월호 참사 이후 40퍼센트대로 떨어지기도 했고요.

세월호 참사는 선거 한 번 치르고 끝난 겁니까?

그렇지 않다고 봅니다. 세월호 참사는 6·4 지방선거에 큰 영향을 미쳤습니다. 하지만 동시에 정치적 영역을 넘어서 사회 전체의 영역에 큰 충격과 영향을 주었고 그 영향은 여전히 계속되고 있습니다.

6·4 지방선거가 세월호 참사가 빚어낸 국민적 여망을 제대로 수렴하지는 못한 것 같습니다. 정치적 영역에서는 그렇다 치고, 그 외의 차원에서는 어떻게 전개되고 확산될까요? 6·4 지방선거 한 번으로 수렴이 되었다고 생각하고 끝내고 싶어 하는 사람도 있겠죠. 청와대는 국가 개조론의 동력으로 세월호 참사를 이용하고 싶어 하고요.

세월호 참사에는 사건사적인 측면이 있고 국면사적인 측면이 있고 구조사적인 측면이 있다고 보는데요. 사건사적인 측면은 안전 시스템의 문제겠죠. 국면사적인 측면은 1997년 이후 신자유주의 체제의 문제라고 봅니다. 그다음 구조사적인 측면은 모더니티의 문제라고 봅니다.

토론회에서 몇 차례 지적해주셨던 부분입니다.

세월호 참사는 이 세 가지 문제를 동시에 다 제기한 거죠. 한마디로 우리가 지금까지 살아온 삶에 대한 근본적인 문제 제기였습니다. 정치를 넘어서는 것입니다. 그렇기 때문에 상당히 오랫동안 영향을 미칠 거라 보고요, 이런 면에서 보수든 진보든 정치적으로만 해석하면 잘 잡히지 않을 겁니다. 그 핵심은 개인과 공동체 문제라고 봐요. 단적인 예가 '이것이 국가인가?'라는 질문이죠. 국가는 공동체의 대표격입니다. 대한민국이라는 공동체를 바꾸는 데 정치만 바꾼다고 바뀔까요? 저는 그렇지 않다고 봅니다. 경제발전 시스템이 정부만 바뀐다고 바뀔까요? 기업이 바뀌어야 합니다. 나아가 문화도 바뀌어야 합니다. 제도가 비제도적 영역, 다시 말해 우리 문화나 의식, 마음과 주체를 모두 바꿀 수 있는 것은 아니에요. 세월호 참사는 우리에게

"한국 사회에서 정당의 가장 큰 문제는 대표성의 위기입니다. 국민들의 정치경제적 의사를 제대로 대표하지 못해요. 야권은 이것이 훨씬 더 두드러지는 겁니다."

"정부와 정당 등의 정치사회 밖에서 영향을 미치려고 하는 영향의 정치를 제대로 구사하기 위해서는 시민 행동이 필요한 겁니다. 행동의 출발점은 마음의 변화와 마음의 정치입니다."

'국가와 개인의 이중 혁신'을 요구합니다.

이중 혁신이요?

국가가 바뀐다고 개인이 바뀔 수 있는 것은 아니에요. 우리는 과도한 국가 중심주의와 정치 중심주의에 빠져 있는지도 모릅니다. 예를 들어 정치가 제대로 자리를 잡는다고 모든 대형 재난 사고를 막을 수 있었을까요? 아니면 그 과정에서 나타난 우리에게 충격을 안겨준 것들, 관피아로 대표되는 정경유착이나 부정부패, 선장이나 선박직 직원들이 보여주었던 책임의식의 실종, 이런 것들이 청와대와 여의도가 정상화된다고 모두 좋아질 수 있을까요? 물론 정치가 첫 단추인 것은 맞아요. 입법기관은 국회와 대통령밖에 없으니까요. 법을 만든다는 것은 모든 제도 개혁의 출발점입니다. 그러나 출발점이지 모든 것은 아닙니다.

먼저 우리 자신부터 바뀌어야 한다는 거군요?

세월호 참사는 우리 심층의 그 무엇에 충격을 안겨준 것이라고 생각합니다. 문제는 이런 것들을 바꾸기 위해서는 정치가 바뀌어야 하죠. 그러나 정치라고 하는 게 첫 번째 조건이지 모든 조건은 아닙니다. 한국에서 국가 중심주의와 정치 중심주의는 1960~1970년대 박정희 시대에 시작되었다고 봐요. 제가 주목하는 것은 적지 않은 진보적 제안들 역시 이런 국가 중심주의와 정치 중심주의에 경사되어 있다는 점입니다. 국가 개조론을 철 지난 개혁론이라고 많은 사람이 비판하잖아요. 그렇다면 국가 개조론에 맞서 무엇을 제시할 수 있을까요? 저는 국가와 개인의 이중 혁신론이라고 봅니다.

국가 개조론의 대안으로서 이중 혁신론이요?

우리 사회가 제대로 변화하기 위해서는 사회에서 개인으로 나아가는 것도 중요하지만, 그 반대로 개인에서 사회로 나아가는 것도 중요하다고 봅니다. 그래서 저는 정치 못지않게 중요한 게 개인적 정체성의 변화라고 봐요.

정체성이요?

흔히 정체성의 정치라고 이야기하는 것 말입니다. 미국의 교육학자 파커 파머의 개념을 빌려온다면 '마음의 정치'입니다. 마음이 바뀌어야 행동으로 나타나고, 행동이 바뀌어야 제도가 바뀝니다. 정치권이 스스로 변화하는 데는 한계가 있다고 봅니다. 우리가 정치권을 압박해야 해요. 행동입니다. 저는 대표적인 것을 촛불 집회 같은 것이라고 봐요.

우리의 마음이 바뀌고 행동으로 나타나야 정치의 변화도 요구할 수 있다는 거군요?

서구 사회에서는 '영향의 정치'라고 해요. 정부와 정당 등의 정치사회 밖에서 영향을 미치려고 하는 영향의 정치를 제대로 구사하기 위해서는 시민 행동이 필요한 겁니다. 행동의 출발점은 마음의 변화와 마음의 정치입니다. 이 마음을 세월호 참사가 뒤흔들었다고 봐요. 무엇이 마음을 움직이는가? 그 핵심적인 것은 가치입니다. 우리 삶에서 무엇이 가장 가치 있는 것일까요? 이 마음에 세월호 참사가 일대 충격을 안겨준 것입니다. 결과, 효율, 성과, 이런 것을 그동안 우리는 마음속에서 중시해왔어요. 반면에 공존, 자율, 과정, 이런 가치는 상대적으로 소홀히 했습니다. 현실 속에서는 무한경쟁, 약육강식, 적자생존, 이게 한국 사회의 기본 논리라고 생각하며 살아왔다고 봅니다. 세월호 참사는 이러한 삶에 일대 충격을 가한 것입니다.

정말 충격이었습니다.

세월호 참사에서 잘 알려진 이야기 중 하나가 한 학생과 어머니가 주고받은 카카오톡 내용인데요, 저는 이를 다룬 기사를 보고 많은 사람이 가족 간의 사랑이라는 가치를 발견했다고 봅니다. 기억하실 것입니다. "엄마, 내가 말 못할까봐 보내놓는다, 사랑한다," "왜? 나도 아들, 사랑한다"가 그 내용입니다.

기억합니다.

우리가 무엇을 가치로 삼고 살아갈 것인가? 수많은 사람이 경기도 안산 영결식장을 찾아가고, 촛불 집회에 참여하고, 노란 리본을 걸어놓고, 이 모든 것을 정치적으로만 해석하는 것은 한계가 있다고 보고요. 우리가 어떤 마음과 가치를 갖고 살아갈 것인지에 대한 문제 제기를 했다고 보고 싶습니다. 우리 마음속의 심원한 코드를 건드린 거예요. 그 코드의 핵심은 우리는 어떤 가치를 갖고 살아갈 것인지 질문했다고 볼 수 있어요. 무엇이 우리에게 바람직한 삶인가? 삶에서 우리는 어떤 의미 있는 것을 추구해야 하는가?

6·4 지방선거에서도…….

6·4 지방선거에서는 교육 영역에서 응답이 이루어진 거예요. 다른 것은 몰라도 우리 아이들을 이런 방식으로 교육시키고 싶지 않다는 거죠. 가만히 있으라. 순응식 교육이잖아요. 아이들이 지금까지 경쟁에만 시달려왔잖아요. 경쟁지상주의 교육입니다. 가만히 있지 않는 아이로 키우겠다, 경쟁에 시달리게 하고 싶지 않다, 이런 마음이 진보적 교육감을 선택하게 했다고 봅니다. 정치 공학적으로 보면 보수적 교육감 후보들이 난립한 게 영향을 미쳤지만, 선거는 가정법으로 모든 게 설명될 수 있는 게 아닌 것 같아요. 예를 들어 일대일로 경쟁했을 때, 조희연 후보나 김석준 후보가 더 많은 표를 얻었을 수도 있다고 봅니다.

김석준 후보는 부산에서 처음 당선된 진보 교육감이네요.

조희연 후보와 김석준 후보는 유권자들에게 자신이 걸어온 삶으로 진보적 가치를 보여주었어요. 6·4 지방선거가 우리에게 안겨준 것 중 첫째가 가치의 재발견입니다. 이게 가장 잘 나타난 또하나의 사례가 서울시장 선거인데요, 박원순 후보와 정몽준 후보의 삶의 결이 다릅니다. 유권자들은 그 사람이 살아온 길에서 새로운 가치를 찾아내고 선택한 겁니다.

이런 영향이 파급되고 분화되면 삶이 근본적으로 바뀔 수도 있겠죠. 정말 마음의 정치가 시작되고 있는지도 모르겠습니다. 하지만 억지로라도 반론을 한 번 해보겠습니다. 우리는 이미 미셸 푸코가 말한 파놉티콘 같은 시장사회 속에 살고 있습니다. 누군가 개개인을 감시하고 처벌하기 이전에, 개개인이 자신을 감시하고 처벌하게 만드는 사회죠. 그런 감시와 처벌의 동력은 가장 이기적으로 행동할 때 가장 큰 이득을 얻는다는 시장 논리에서 나옵니다. 손해 보면 바보다, 이거죠. 우리는 이미 오랫동안 시민이 아니라 소비자로 사고해왔고 앞으로도 그럴 거라는 거죠.

그래서 정체성의 정치를 강조한 것입니다. 우리 모두 소비자로서 정체성을 갖고 있고 동시에 민주 시민으로서 정체성도 갖고 있어요. 우리 내부에서 그것들이 투쟁하는 것이지요. 이 중에서 어느 하나만을 강조하는 것은 좁은 시각이라고 봅니다. 일면적이라고 생각해요. 여기에서 진보적 과제가 도출될 수 있다고 봅니다. 체제가 강조하는 소비자로서 살아가라는 게 구조의 명령이잖아요. 자본주의의 명령입니다. 여기에 맞서서 정체성의 투쟁이 시작되는 거예요. 내가 소비자이기는 하지만, 적어도 나의 정치사회적 삶은 민주 시민으로 살아가고 싶다는 정체성 말입니다. 예컨대 정치사회와 시민사회의 이중 과제가 필요하다고 봐요. 정치사회가 단지 제도 개혁만 할 것이 아니라, 시민들이 마음의 정치에 관심을 기울이고 그것을 펼칠 수 있는 환경을 조성해야 합니다. 물론 시민사회도 이런 부분에 더 많은 노력을 해야 한다고 봅니다.

그게 어떻게 가능할까요?
오늘날 대학이 많이 상업화되었잖아요. 여기에 맞서 새로운 지식 협동조합도 많이 생기고 있어요. 작용과 반작용이 있는 거예요.

작용과 반작용이요?
미셸 푸코 방식으로 이야기하자면 대항 권력이라고 할 수 있는 더 많은 시민적 거점이 필요한 거예요. 사회 구성원 다수가 단기적으로는 힘들다 하더라도, 중장기적으로는 민주 시민으로 거듭날 수 있도록 해야 합니다. 이런 과제들은 교육의 문제와 언론의 문제일 수 있습니다. 우리 삶의 방법과 문화를 바꾸는 것입니다. 스웨덴을 생각하세요. 저는 모범적인 경우라고 봅니다. 우리 사회가 가야 할 방향이 '리틀 아메리카'냐 '빅 스웨덴'이냐는 논의도 있었지만, 스웨덴으로 가는 게 불가능한 것은 아니에요. 우리가 정체성의 정치에 더 많은 관심을 기울이고 시민 교육, 언론 개혁, 문화 혁신에 더 많은 노력을 기울여야 한다고 봅니다. 저는 한국 진보 세력이 제도의 정치와 마음의 정치라는 두 수레바퀴로 가야 한다고 생각합니다. 그동안 우리는 마음의 정치를 소홀히 해왔는지도 몰라요. 마음의 정치라는 씨앗을 뿌리고 일구는 게 대단히 중요합니다.

기자 사회에서도 변화의 조짐이 있기는 합니다. 세월호 참사를 보도하는 과정에서 기자들도 자기 반성을 많이 했습니다. 그동안은 청와대의 압력이든 사장의 압력이든 그런 것을 핑계로 비겁한 보도 태도로 일관해왔죠. 그게 반복되다

보니까 나중에는 자기 검열을 해온 측면도 있거든요. 기자도 월급쟁이니까요. 구태여 데스크 눈 밖에 나는 기사를 쓸 필요가 없는 거죠. 이제는 다들 언론인으로서 정체성에 대한 고민을 하고 있는 거죠. 나는 기자로서 소명을 제대로 수행하고 있는 것인가? 전부는 아니지만 확실히 세월호 참사 이전보다는 그런 정체성 투쟁이 늘어가고 있습니다.

그게 가치의 재발견일 거예요. 우리는 왜 살아가는가? 어떤 게 의미 있는 삶인가? 세월호 참사가 우리에게 던진 질문에 우리가 이제는 답변을 하는 거잖아요. 『오마이뉴스』의 10만인 클럽 특강에서 이런 이야기를 했어요. 무엇을 해야 할 것인지에는 세 가지가 있다. 첫 번째는 질문을 던져야 한다. 무엇이 가치 있는 삶인가? 두 번째는 답변을 구해야 한다. 나에게 의미 있는 삶은 이런 것이다. 세 번째는 참여해야 한다. 참여는 거창한 게 아니라고 봐요. 지구적으로 생각하고 지역적으로 실천하자는 것이에요.

질문하고 답을 구했으면 행동해야죠.

일반 시민들은 다 운동가가 아니잖아요. 아주 작은 실천이 중요하다고 봅니다. 투표를 하는 것, 자원봉사를 하는 것, 기부를 하는 것, 아니면 진보적 시민 단체의 회원이 되어 꼬박꼬박 회비를 내는 것이죠.

저는 하나도 안 하고 있는데요. 아, 투표를 했네요.

진보 세력은 2007년 선거에서도 졌고, 2012년 선거에서도 졌어요. 2017년 전망도 밝지만은 않아요.

어둡죠.

이것은 제 관점이에요. 제가 늦게 결혼해서 아이가 고등학교 2학년이에요. 딸아이의 관점에서는 앞으로도 10번 이상의 선거를 치를 거고 미래가 열려 있죠. 자기 중심에서 벗어나 역사를 길게 보아야 한다, 이게 역사의식이라고 봐요. 우리 시대에 최선을 다하되, 그것을 이루지 못한다면 다음 시대에 이루면 되는 거죠. 더 좋은 나라를 만들어줄 수 있는 기반을 닦으면 되는 거죠. 우리는 역사를 잘 안다고 하면서도 역사의식은 약할 수도 있어요. 올바른 역사의식은 지금은 어렵다 하더라도 미래에는 더 나을 것이라는 믿음입니다. 이 믿음을 실현하기 위해 현재의 상황 속에서 최선을 다하는 것 아닐까요? 질문을 던지고 답을 하고 행동하라는 것도 이런 맥락입니다. 두잇서베이www.dooit.co.kr가 한 설문조사를 보면 다시 태어난다면 대한민국에서 태어나고 싶지 않다는 응답이 57퍼센트예요. 다시 태어나고 싶다는 응답은 43퍼센트고요. 저는 이게 산업화와 민주화의 민낯이라고 봐요. 60퍼센트에 가까운 국민이 대한민국에 다시 태어나고 싶지 않다고 한다면, 과연 우리는 지금까지 잘 살아온 것일까? 세월호 참사는 우리에게 반성을 촉구하는 거죠. 우리의 산업화가 과도한 성장주의이지 않았는가? 우리의 민주화는 여전히 민주주의를 구체적인 경제·사회·문화적 삶 속에 뿌리를 내리지 못한 것은 아닌가? 세월호 참사는 그동안 우리가 일궈왔다고 자부한 것들을 돌아보게 했고, 그 실상을 생생히 증거하고 있습니다. 우리에게는 지금 '반성적 현대화'가 필요하다.

산업화와 민주화에 이어지는 반성적 현대화요?

지난 50여 년 동안 산업화와 민주화라는 두 가지 목표를 향해 쉬지 않고 달려왔지만, 이 산업화와 민주화가 가져온 현실에 대한 냉정하고 객관적인 자기 인식이 더없이 중요합니다. 반성적 현대화는 사건과 국면과 구조에 대한 다층적 성찰과 새로운 대안 모색을 요청하고 있어요. 사건사의 측면에서는 국민의 안전과 생명을 최우선으로 하는 재난 대처 시스템을 새롭게 구축해야 하고, 국면사의 측면에서는 규제 완화와 비정규직 문제를 포함해 신자유주의가 가져온 폐해를 극복하고 시장을 적절히 제어할 수 있는 새로운 경제 시스템을 마련해야 해요. 이것 못지않게 중요한 것은 구조사의 측면에서 사회통합이 고갈된 공동체의 재구성입니다. 공동체로서 우리 사회는 지속불가능한 지점에 이미 도달해 있어요.

세월호 참사는 우리가 그 사실을 외면할 수 없게 만들었죠.
사회 양극화라는 제도적 조건은 물론 생명 경시라는 문화적 현실은 우리 사회를 아주 낯설고 두려운 사회로 만들어왔어요. 더불어 살아갈 수 있는 공동체로서 우리 사회가 거듭나기 위해서는 '생명, 정의, 노동, 복지, 국민'의 가치를 사회발전의 중심에 놓아두고, 정부-시장-시민사회의 새로운 판짜기를 모색해야 한다고 생각해요. 박근혜 정부는 해양경찰청 해체를 포함한 정부 조직 개편과 공직사회 혁신을 내걸었지만, 세월호 참사에 담긴 국면사적-구조사적 의미를 돌아보면 이런 해법으로 우리 사회의 판짜기를 얼마나 이룰 수 있을지는 미지수입니다. '효율·성과·자본·성장·권위'만을 중시하는 프로그램은 미봉적 해법에 그칠 가능성이 높거든요. 생명 경시, 정경 유착, 부정부패, 감시사회, 결과 중심주의는 '돌진적 근대화'의 그늘이며, 이런 그늘을 올바로 극복하지 않고서는 인간적이고 지속가능한 미래를 열어갈 수 없어요. 돌진적 근대화에 대한 근본적 성찰과 대안 모색으로서 반성적 현대화가 필요한 이유가 바로 여기에 있다고 볼수 있어요. 세월호 참사를 보고 미국이나 중국 언론들이 '한국의 산업화, 시험대에 서다'라고 했잖아요.

마음의 정치에서 시작되는 이중 혁신으로 반성적 현대화를 이루어야 하는 거군요.

더 구체적으로 보면 리더십과 폴로십이라고 봅니다. 제도 정치와 마음의 정치가 함께 가야 하잖아요. 제도 정치를 제대로 일궈내기 위해서는 잘 이끌어나갈 수 있는 정치권의 혁신이 필요하죠. 마음의 정치를 위해서는 더 많은 민주 시민, 민주 시민으로 향한 정체성의 정치가 더 강화되고 성숙되어야 하겠죠. 이것은 폴로십입니다. 폴로십을 부정적으로만 볼 필요는 없습니다. 비전이든 정책이든 추진되기 위해서는 국민적 공감대가 필요하니까요. 새로운 주체 형성이 중요하다고 봐요. 정치적 주체와 시민적 주체가 동시에 있는 거죠.

뉴스를 보며 하염없이 눈물을 흘렸다는 말도 했죠. 그런데 지금 들려주는 말들 속에는 4월 16일 세월호 참사 이후 두 달 동안 치열하게 연구하고 통찰해서 찾아낸 결론과 해법이 들어 있는 것 같습니다.

세월호 참사 앞에서 비감했습니다. 우리 사회에 맞춰진 것이기도 하지만 저 자신에게 맞춰진 것이기도 해요. 정부에 대해서 분노했죠. 그러나 저 자신에 대해서도 분노스러웠던 것은 제 정체성은 연구자이기 때문이었습니다. 어떤 연구를 하더라도 사회적으로 쓰이지 않는다면 큰 의미가 없다고 봐요. 이런 면에서 세월호 참사에 대해 사회를 연구하는 저 역시 책임이 없다고는 생각하지 않아요. 저는 세월호 참사의 책임에서 경중이 있다고 봐요. 우리 모두의 책임이라는 말은 아무도 책임지지 않겠다는 말과 똑같습니다.

저도 뜨끔하네요.

분명한 것은 저도 면책되기 어렵다는 것입니다. 그래서 글을 쓰기가 어려웠습니다. 굉장히 비극적인 사건이 발생했을 때는 침묵해야 한다고 봅니다. 침묵을 지키며 그 비극의 의미를 반성적으로 돌아보아야 할 것입니다. 마지막 실종자를 찾을 때까지는 우리 사회가 엄중하게 반성해야 하지 않을까요?

『시대정신과 지식인』이라는 책을 쓰셨죠. 박정희와 노무현이 마지막 장이었던 걸로 기억합니다. 현재 한국 사회는 박정희와 노무현의 시대정신을 넘어서는 새로운 시대정신을 요구하고 있는 것 같습니다. 그것을 급진적으로 요구하는 사건이 일어난 거고요. 지금 그다음 장을 말해주고 있는 듯합니다.
'인간적 복지국가'가 새로운 시대정신이 되어야 한다고 생각합니다. 이른바 선진국들은 우선 경제성장을 이루고 나서 정치 민주화를 했어요. 그다음에 복지국가로 나아갔지요. 돌아보면 2012년 대선 때 제대로 된 선거를 치른 거예요. 박근혜 정부가 약속을 안 지켜서 그렇지 말입니다. 인간적 복지국가는 무엇보다 사람이 중심을 이루고 사람의 가치를 귀하게 여겨야 합니다.

사람이요?
달리 말한다면 '살림의 사회'를 일궈가야 합니다. 여기서 살림은 이중적 의미입니다. 첫 번째는 생명으로서 살림이죠. 죽임이 아니라 살림입니다.

아니면 먹고사는 거겠군요.
두 번째는 하우스키핑, 먹고사는 문제인 살림살이로서 살림입니다. 사회경제적 살림이죠. 우리 사회는 이 살림의 사회 모델로 나아가야 합니다. 사람을 중시하는 사회로, 모두가 사회경제적으로 제대로 먹고살 수 있는 사회로 말입니다. 인간적 복지국가로 나아가기 위해서는 우리가 놓여 있는 상황에 대한 정확한 인식이 필요합니다. 여기에는 세계화가 가하는 구조적 강제도 있고, 우리가 이루어온 산업화와 민주화의 경로 의존성도 있습니다. 이러한 조건 속에서 정치적 주체와 시민적 주체가 결합해서 사회를 변화시킬 수 있는 역량을 극대화하는 게 필요합니다.

그것이 세월호 참사를 진정 잊지 않는 길인 거군요.
우리가 어떻게 하느냐에 달려 있다고 생각합니다.

PROFLLE

경기도 양주에서 태어났다. 연세대학교 사회학과와 대학원에서 사회학을 공부했다. 독일 빌레펠트 대학에서 사회학 박사학위를 받았다. 1992년부터 연세대학교 사회학과에서 정치사회학과 시민사회론과 현대사회론을 가르치고 있다. 2000년부터 참여연대에서 협동사무처장과 정책위원회 위원장과 집행위원으로 일해왔다. 2003년 노무현 대통령 취임연설 기초위원으로 일했으며, 참여정부 정책기획위원회 위원으로 일했다. 2011년부터 복지국가민주주의싱크네트 운영위원장으로 일하고 있다. 저서로『예술로 만난 사회』,『시대정신과 지식인』,『세계화 시대의 시대정신』,『말, 권력, 지식인』,『한국의 시민사회, 현실과 유토피아 사이에서』,『현대 자본주의와 한국 사회』 등이 있다.

영화란 무엇인가?

천명관
:
나는
세상에 대한 복수심으로
글을 쓴다

원신연
:
나는
그것을 하지 않으면
원신연이 아니다

천명관

나는 세상에 대한
복수심으로 글을 쓴다

오다 보니까 앞에서 영화 촬영 같은 걸 하나 보던데요?

여기서 드라마나 CF 촬영도 많이 하죠.

주인공이 모 배우이던데요? 자전거를 타고 제 차 앞을 지나갔어요. 작가님 영화 데뷔작의 주연 배우는 설마…….

지금 그 배우는 영화에서 절대 캐스팅할 수가 없어요.

왜죠?

영화가 감당하기에는 그 배우는 지금 정말 바쁘고 인기 있고 비싸니까요.

영화는 참 불편한 장르네요. 소설에서라면 그냥 '○○○이 등장한다'라고 한 줄 쓰기만 하면 그만인데……. 그것을 누구보다 잘 알면서 왜 소설가가 영화를 찍으려고 합니까?

저 자신에게, 왜 소설을 쓰냐고 스스로 물어보면 자아실현이나 자기만족이라는 대답 이외에는 찾기 어려워서요.

자아실현 말고 대체 더 무엇을 실현하고 싶은 건데요?

저라는 존재는 세상과 연결되어 있잖아요. 지금보다 많이 세상과 교류하고 싶은 거죠. 안 그러면 그저 혼자 하는…….

마스터베이션이죠.

그나마 저는 괜찮은 편에 속하는 작가죠. 한마디로 이야기하면 먹고살 만한 작가죠.

천명관의 소설은 어느 정도는 팔리잖아요. 베스트셀러도 되고, 팬들도 있고요.
제가 영화를 하려는 것은 또 어쩌면 나이 탓인 것도 같아요. 제가 쉰이 넘었어요. 프랑스 소설가 미셸 우엘벡이 이런 말을 했어요. "인생은 50부터 시작이다. 그것은 맞는 말이다. 인생이 나이 40에 끝났다는 사실만 제외하면." 저도 나이 마흔에 인생이 끝났다고 생각했거든요. 받아들여야 해요. 그것을 못 받아들여서 대부분 40대를 힘들게 보내거든요.

이 세상이 길을 제시해주는 인생의 서사 구조는 딱 30대까지니까요. 학교 졸업하고 군대 다녀오고 취직하고 결혼하고 애 낳고 나면 딱 마흔이죠. 한국 사회에서는 40대 이후부터의 서사는 없는 것 같네요. 그때부터 애들 키우면서 그렇게 사는 거죠.
한국만 그런 게 아니에요. 미국과 유럽도 그래요. 제가 『고령화 가족』을 40대 중반에 썼거든요. 그때 이런 이야기를 인용했어요. "제니 필즈는 마흔한 살이었다. 그녀의 인생에서 좋은 시절은 다 지나갔으며 그녀가 원하는 바는 바로 그런 내용을 글로 쓰는 것이었다."

소설가 존 어빙이 쓴 말이네요.
제가 문단에 들어왔을 때가 41세였거든요.

딱 마흔에 영화계를 떠나셨다고 들었습니다.
제가 영화계를 떠났다고 제 인생은 끝났다는 사실을 받아들이는 데 5년 정도 걸렸어요. 2010년에 『고령화 가족』을 쓰면서 겨우 받아들였어요.

존 어빙이 말한 것처럼 계속 끝나버린 인생에 대한 글을 써오신 거네요.
인생은 길어요. 진짜 긴 것 같아요. 미셸 우엘벡이 인생은 50세부터 시작이라고 말한 것은 인생이 전부 끝났다는 것을 받아들이면 그 끝난 바닥에서 50세부터는 뭔가 다시 시작할 수 있다는 뜻일 거예요.

다시 영화를 시작한 거네요.
바로 그거예요. 이미 인생이 끝난 거라면 대체 뭐가 두렵다는 말인가? 제가 살면서 꿈꾸었던 어떤 것, 그러나 이루지 못했던 것을 위해 한번은 나를 또 내던져버릴 수 있지 않은가?

지긋지긋하지 않으십니까? 30대를 그렇게 이루지 못할 영화 속에서 보내셨는데요.
그 지긋지긋함은 40대 때 끝났다는 거죠. 그 절망과 혼란으로 40대를 보냈고, 그래서 정말 힘들었고 가장 힘들었어요.

그런 고통 덕분에 40대에 좋은 책들을 쓰셨잖아요.
책을 썼다는 것과는 무관하게 40대에는 정신적·육체적으로 스스로 늙고 죽어가고 있다는 생각을 많이 했어요. 그런데 50대가 되니까 그 기나긴 터널을 빠져나온 기분이 드는 거죠. 그랬더니 비로소 영화를 찍겠다는 의욕이 일었어요. 몇 년 전만 해도 제가 영화를 찍을 거라는 생각을 해본 적이 전혀 없었거든요.

연재했던 소설 『길의 노래』를 영화화하는 거죠?

아니요, 그것은 아니에요. 『길의 노래』는 한국전쟁 직후의 앵벌이들 이야기잖아요. 제가 지금 준비하고 있는 영화는 동두천 기지촌이 배경이에요. 한국전쟁 직후에 태어난 아이들이 성장한 이후에 벌어진 이야기죠. 1970년대부터 1980년대까지 이어지는 좀 긴 남성 서사고요.

제작비가 많이 들겠는데요?
그게 숙제죠.

영화로 찍고 싶었던 이야기를 소설로 쓰고 있다고 말한 적이 있죠?
제가 쓰는 소설들은 전부 다 영화로 만들고 싶었던 이야기들이에요. 『나의 삼촌 브루스 리』도 그렇고 『고래』도 그렇고요. 한 15년쯤 전부터 머릿속에 있었던 이야기들이죠. 동두천 기지촌 이야기도 15년 전부터 영화로 만들고 싶어서 머릿속에 담아두었던 거고요.

이번 이야기는 소설로 쓰지 않고 영화로 만드는 이유가 뭐죠? 게다가 배경만 들어도 꽤 큰 영화인데요.
제가 영화 일을 하던 때에 비해 요즘은 영화를 참 잘 만들거든요. 제작비도 높아졌고 배우 연기도 좋아졌고……. 특히 배우들의 표현력이 참 발전했어요.

감독으로서는 배우가 소설가의 붓이나 펜에 해당되죠. 배우의 연기력이 좋아졌다면 그만큼 표현할 수 있는 폭도 넓어졌다는 뜻이네요.
그래서 좋은 배우와 좋은 제작 환경을 제가 이용할 수만 있다면 영화를 연출할 좋은 기회라고 느껴지는 거죠. 좋은 시나리오를 갖고 상업적 목표만 맞아떨어지게 할 수 있다면…….

이창동 감독이나 유하 감독처럼 소설가나 시인 출신 영화감독들이 있잖아요. 영화의 서사 구조가 탄탄하다는 게 특징인데요. 어차피 영화도 서사 구조는 소설에서 빚을 진 거니까요.
소설의 서사가 지금은 굉장히 약해졌어요. 1990년대부터 전개된 이른바 쇄말주의trivialism 때문이죠. 서사보다는 인간의 내면 묘사 같은 게 주류 문학이 되었거든요.

왜 그렇게 된 걸까요? 독자들은 서사를 읽기 위해 소설을 보는데요?
원인은 복합적이죠. 제도 탓이 가장 커요. 등단 제도나 문학상 제도나 계간지의 편집 방향 같은 게 작동하면서 문학이 대중과 직접 만나기보다는 시스템을 거쳐서 만나게 되었거든요.

독자에게 읽히기 위해서가 아니라 등단 제도를 통과하기 위한 글이 늘어났겠네요.
문예창작학과 4년만 다녀도 다 알아요. 어떻게 써야 등단하고 문학상을 받을 수 있는지……. 작가들도 다 알죠. 그러다 보니까 소설이 세상에서 경쟁력을 잃어버렸어요.

그 자리를 영화가 대신한 거고요.
영화에 패권을 완전히 빼앗겼죠. 단지 요즘 사람들이 책을 많이 안 읽는다고 변명하기는 어려워요. 미국이나 유럽에는 아직도 서사가 탄탄한 소설들이 있거든요.

스티븐 킹 같은 이야기꾼들이 존재하죠.

일본에는 히가시노 게이고나 미야베 미유키 같은 작가들이 있고
요. 그 나라에서는 순수 문학이니 장르 문학이니 이런 것도 엄격
하게 구분하지 않아요. 코맥 매카시 같은 작가들은 가장 문학적인
범죄소설을 쓰잖아요. 한국만 순혈주의 문학에 집착하고 있죠.

장편 데뷔작인 『고래』는 한국 문단에 신선한 충격이었어요.
박민규라든가 김중혁 같은 작가들이 대중문화와 문학을 접목시
켜서 새로운 이야기를 보여주었죠.

이른바 하이브리드 문학이라고 불렀던……. 천명관이나 박민규 같은
작가들이 모두 영화 같은 대중문화의 세례를 받고 소설을 썼다는 게
흥미롭습니다. 소설이 본디 갖고 있었으나 잃어버린 강력한 서사 구
조를 문학 이외의 대중문화를 통해 받아들인 다음 소설을 쓴 거죠.
그런 변화가 하나의 사조를 형성할 만큼 자리 잡지는 못한 것 같
아요.

왜죠?
1980년대에는 참여문학이 있었고, 1990년대에는 소위 내면성의
문학이라는 게 주류로 자리 잡았죠. 2000년대에는 그냥 그런 문
학이 있었다 정도죠. 그 이유는 안타깝지만 단순해요. 문학이 맹
렬하고 활발하게 세상의 중심에서 움직이지 않았던 거죠.

그래도 『고래』의 강렬함은 여전합니다. 『고래』는 뭐랄까, 소설가가
글을 쓰고 있다기보다는 글을 연출하고 있다는 느낌이었어요. 예측
불허의 구성 전환부터 시대별로 달라지는 문체 변화까지 글을 연출
한다는 인상을 받았어요. 영화판에 있을 때 "시나리오 구성만큼은

천명관이 제일 잘 짠다"고 자부했다던데요?

그거야 뭐……. 글을 읽는 사람을 고려한 글쓰기인 것은 맞죠. 여기서 이렇게 써서 저렇게 딱 넘어가면 이런 효과가 있다는 것을 알고 쓴 거죠. 그런 것은 물론 시나리오 작업을 하면서 습득한 거겠고요.

원래 영화 시나리오는 관객들의 반응을 그래프로 그리면서 작업하잖아요.

다른 작가들과 이야기해보았더니 자기네는 한 번도 그렇게 반응을 고려하면서 글을 쓴 적이 없다는 거예요. 그냥 쓴다는 거죠. 내면의 묘사에 치중하는 거죠.

내면에는 사건이 없으니 서사는 있을 수 없는데요.

아무 일도 일어나지 않는 거죠. "마음의 일은 말하기 어렵다." 김훈 선생이 쓰신 『내 젊은 날의 숲』에 나오는 구절이죠. 그 말하기 어려운 것을 글로 쓰는 것이 문학이라는 문학관이 있다는 거죠.

내면 묘사도 문학의 중요한 관심사겠습니다만…….

저는 선명하게 보이지 않는 것은 말하지 않는다는 식이에요.

천명관은 사실이 아니면, 쓰지 않는다?

사실의 진술이 아닌 것을 중언부언 설명하지 않는다.

시나리오 작가로서 훈련 받은 걸까요? 기자는 그렇게 쓰도록 훈련 받는데요.

저라는 인간한테는 원래 그런 눈이 있는 것 같아요. 사실주의적 시각.

서사란 사건의 사실을 진술하는 것이잖아요.

미국 문학도 헤밍웨이 이전에는 관념적이고 모더니즘적이었죠.

드디어 나왔네요. 헤밍웨이. 그랬죠. 제임스 조이스처럼 중얼중얼거리는 문학…….

헨리 제임스도 있었죠. 그런데 헤밍웨이부터 사실적이고 간결한 문체의 소설이 나온 거죠. 헤밍웨이가 기자 출신이잖아요. 헤밍웨이를 좋아하거든요.

『고령화 가족』에서도 시종일관 헤밍웨이 이야기만 하잖아요.

미국 문학이 저에게는 좀더 와 닿아요. 제 기질에 맞아요.

제가 이상한 재주가 있어요. 소설책을 잡고 딱 넘기면 섹스 장면을 정확하게 집어내요.

저와 비슷한데요? 제가 그래서 책을 읽기 시작했다니까요.

『칠면조와 달리는 육체노동자』도 그렇고 『고래』를 봐도 그래요. 책장을 넘기면 툭툭 적나라한 섹스 묘사가 등장하더군요. 일부러 넣은 거죠?

후배 작가에게 농담처럼 하는 말이 있어요. 폭력과 섹스를 많이 넣으라고요. 폭력과 섹스를 빼면 세상에 뭐가 남을까요? 무엇인지는 몰라도 중요한 것은 아닐 거예요. 어쩌면 우리의 목표는 섹스이고, 그것을 이루기 위한 방식이 폭력이니까요. 흔히 폭력과 섹스를 빼면 굉장히 고상한 게 남을 거라고 생각하지만…….

아무것도 안 남겠죠.

검열에서 제일 민감한 게 폭력과 섹스잖아요. 지배자들은 폭력과 섹스가 중요하다는 진실을 알아요. 그래서 막아요. 그러니 작가는 폭력과 섹스를 더 많이 넣어야 하는 거죠.

PHOTOGRAPHY 박남규

섹스 묘사가 참 탁월하더군요. 『고래』에서 여주인공 금복이 남자로 변하고 섹스를 하는 장면은 박찬욱 감독의 〈스토커〉에서 여주인공이 살인을 저지르고 자위를 하는 장면만큼이나 관능적이던데요.
역시 박찬욱 감독은 중요한 게 무엇인지 아는 거죠.

탁월한 작가치고 섹스 묘사를 못하는 사람은 없는 것 같아요.
에릭 로메르나 가스파 노에나 라스 폰 트리에의 성애 묘사가 다 다르죠. 에릭 로메르의 〈클레르의 무릎〉이나 〈해변의 폴린느〉를 보면 섹스는 안 나오는데도 에로틱한 기운이 넘치죠. 가스파 노에처럼 적나라하게 폭력과 섹스를 드러낼 수도 있지만, 에릭 로메르처럼 잔잔한 가운데 폭력과 섹스가 숨겨져 있는 것도 저는 좋아요.

우리가 사는 일상이 섹스와 폭력 천지죠.
그게 우리를 이루는 본질이고 현실인데, 우리는 이것을 초월하는 그 무언가를 끝없이 찾고 있는 거죠. 그런 게 존재하는지조차 모르겠어요. 그 이상을 모르기 때문에 계속 폭력과 섹스가 있는 현실 세계를 다룰 수밖에 없는 거죠.

작가님은 아직 성욕이 팽팽하신 거죠? 『칠면조와 달리는 육체노동자』의 주인공처럼요.
사람은 그게 다가 아닐까요? 그게 없으면 죽는 거죠. 한 번도 이 이야기는 해본 적이 없는 것 같은데, 저를 추동해온 것은 오로지 섹스가 아닐까 싶어요. 아주 어린 시절부터도 오로지 그것 하나밖에 없는 것은 아닐까?

저도 비슷합니다만……

저는 성욕이야말로 가장 건강하고 인간적이며 덜 위험한 것이라고 생각해요. 오히려 그것 이외에 다른 욕망은 매우 변태적인 것들이에요. 집요하게 돈을 모은다거나 그런 것은 오히려 위험해요.

『칠면조와 달리는 육체노동자』를 보면서 성적 욕망의 좌절감에 시달리는 중년 남자의 고독을 말하고 있다고 느꼈습니다.

섹스를 박탈당하면서 비극이 시작되는 거죠.

헤밍웨이의 인물들도 수컷의 좌절감에 시달리죠. 헤밍웨이를 좋아하는 것은 작가님 인생에서도 수컷의 좌절이야말로 중요한 부분이기 때문인 것 같은데요. 중국 소설가 모옌이 2012년 노벨문학상 수상 소감에서 이런 이야기를 한 적이 있어요. "자기가 누군가에게 영향을 받았다면 그것은 그 사람과 내가 비슷한 영혼을 갖고 있기 때문일 것이다." 저도 어떤 작가가 쓴 글은 잘 썼지만 안 와 닿아요. 헤밍웨이나 포크너나 모옌이 쓴 글은 확 와 닿아요. 그 사람들과 같은 시대를 공유한 것도 같은 언어를 쓰는 것도 아니지만, 저와 영혼이 비슷한 사람이구나 느낄 때가 있어요.

요즘 독자들이 그런 남성적 좌절에 관심이 많을까요? 문화의 주요 소비자층은 여성들이죠. 여성 독자들이 좋아하는 이야기가 수컷의 좌절일 리는 없고요.

제가 여성 독자가 별로 없어요. 주로 남성 독자죠. 시대와 잘 안 맞아요. 좀 달달한 이야기를 써야 하는데……. 제 소설에서는 주인공들이 너무 빨리 섹스한다는 거예요. 그래서 여자들이 싫어한다고 누가 그러더군요.

이렇게 이야기꾼인데 도대체 왜 영화판에서 뒹굴던 40대까지는 단 한 편의 영화도 연출하지 못했을까요?

제가 거기에 대한 분석을 10년 동안 했어요. 도대체 왜 하지 못했을까? 1년에 영화가 100편이 만들어지는데 제가 100등 안에도 못 들어간다는 말인가? 제가 감독으로서 준비가 안 되어 있던 거예요. 시나리오는 좋지만 감독을 맡길 만한 사람으로 보이지 않았던 거죠. 영화 한 편을 찍으려면 수십억 원씩 들어요. 제작자가 딱 보고 이 돈을 맡길 만한 놈인지 믿음이 가야 한다는 말이죠. 저는 그것을 맡길 만한 놈이 아니었던 거예요.

어떤 면에서 그랬을까요? 보험회사 외판원 출신이기 때문에?

그게 제일 크죠. 게다가 저는 30대에 충무로에 처음 들어가서 밑바닥부터 시작했거든요.

제작부 막내였던 거죠?

영화사의 총무였어요. 그래서 다들 천 과장이라고 불렀죠. 그러니까 영화를 창작하려고 충무로에 간 게 아니라 영화사에 취직을 했던 거예요. 영화 일을 해보고 싶어서 들어갔지만, 고졸에 골프숍 점원과 보험회사 외판원 경력이 전부인 저에게 주어진 일은 비품 관리하고 주차 관리하고 그런 일이 전부였죠. 그때 영화계 사람들은 다들 천 과장으로만 알았어요.

꼬리표가 되었겠군요.

그런 애가 영화감독을 하겠다고 하니까 다들 "쟤, 천 과장 아니야." 그런 거죠. "주차하던 개?!" 이런 거고요. 시나리오는 좀 쓴다. 하지만 연출을 맡기기는 그렇다. 이런 편견을 저는 10년 동안 넘어서지를 못했어요.

그것 때문이라는 걸 알지만 인정하기는 싫고…….

알죠. 아니까 화가 나는 거죠. 울화가 생기고요. 그 시절에는 제작자 누구를 만나도 자신감 있게 대하지 못했어요. 잔뜩 주눅이 들어 있었어요.

원래 사람한테는 기운이란 게 있는 건데…….

그 기운이 약해져 버렸던 거예요. 영화 바닥의 생리도 잘 모르겠거든요. 영화사에 들어가서 처음으로 대학 나온 사람들을 만나보았어요. 게다가 명문대. 무슨 말을 해야 할지 모르겠더군요.

작가님은 이 사회의 전형적인 비주류죠. 그나마 영화판은 성긴 구석이 있어서 비주류도 흘러들어가기는 해요. 경제계나 정치계에서 비주류는 발도 못 붙이죠.

사실 문학 아니면 제가 발을 붙일 곳이 없었어요. 영화와 문학이 또 달라요. 문학은 작품으로만 이야기하거든요. 영화는 영화를 찍기 전에 사람끼리 만나니까 작품보다 사람을 보게 되죠. 그래서 문학이 참 고마워요. 문학 덕분에 제 원래 모습을 되찾았거든요. 제가 자신감 있고 괜찮은 사람이었어요. 영화판에 들어가서 워낙 주눅이 들어버린 거죠.

20대에 보험회사 외판원 할 때만 해도 참 잘 했다면서요. 영업은 원래가 기세라.

어, 아시네요? 영업해보셨나요? 제가 기세가 괜찮은 사람이었어요.

그 시절 영화에 빠졌던 게 후회되지는 않나요? 팔팔한 30대를 주눅이 들어서 살게 만든 게 영화잖아요. 섹스는 끊임없이 좌절될 수밖에 없는 신세로…….

진짜 잘 아네요. 영혼이 저와 비슷한 것 같아요. 정말 중요한 걸 아네요. 맞아요. 30대에 영화를 하면서 연애를 제대로 해본 적이 없어요. 언제나 좌절의 연속이었죠. 좌절된 수컷의 분노와 절망 속에서 살았죠. 문학을 한 덕분에 007가방 하나 들고 구로공단을 쓸고 다니며 보험을 팔던 그 시절의 기세를 되찾았죠.

천 과장이 아니라 '베스트셀러 작가' 천명관이잖아요.
제가 영화를 한다고 하면 이상한 생각이 들지는 않죠?

천명관 작가가 영화를 준비한다니까 다들 무슨 영화냐고 물어보잖
아요.
그럼 된 거예요. 지금 제 모습이 영화감독을 하겠다고 해도 전혀
이상해 보이지 않는다는 거잖아요. 그러면 된 거예요. 옛날에는
이 모습이 아니었던 거예요.

영화는 사실 아무것도 아니잖아요. 신기루 같은 존재일 뿐⋯⋯.
평생 그런 것 아니겠어요? 어디를 가서 무엇을 하든 판타지에는
영원히 도달할 수 없는 거겠고⋯⋯. 앞으로 영화 작업을 하면서
숱하게 좌절하겠죠. 저도 잘 알아요. 각오도 되어 있어요. 결국
영화가 저에게 어마어마한 뭔가를 갖다주지 않을 것도 알고 있
고요.

고독하고 좌절해야 글을 쓸 수 있잖아요. 글을 쓴다는 것은 세상과
자신을 단절시켜서 안으로 들어왔을 때 비로소 쓸 수 있죠. 영화 작
업과는 정반대의 속성을 갖고 있는데요.
글을 쓰는 이유는 억울함이죠. 세상이 나를 잊었다는 억울함에
파묻혀서 밤마다 좌절을 곱씹으면서 쓰는 게 글이죠. 어쩌면 세
상에 대한 복수심이 글을 낳는 걸 수도 있어요. 그 복수심으로 밤
마다 책상 앞에 앉아서 스탠드를 켜놓고 몰래 하는 나쁜 짓이 글
쓰기죠.

2003년 문학동네 소설부문 신인상에 당선된 「프랭크와 나」를 일주일만에 썼다면서요? 그만큼 내면에 분노와 좌절이 응축되어 있었다는 거겠죠.

그랬나 봐요. 무언가 굉장히 억울했나 봐요.

지금 천명관은 영화를 찍어도 좋을 만큼 어느 정도 성공한 작가죠. 더는 골방에서 복수심을 불태우며 글을 쓸 필요도 없고 쓸 수도 없는 상태랄까요. 오히려 바깥에 나와서 디렉터스 체어director's Chair에 앉아 '레디, 액션'을 외치는 게 더 어울리는 거죠.

그래요. 제가 원래 소설을 쓸 수 있는 사람은 아니에요. 책상 앞에 오래 앉아 있는 사색적인 인간은 못 되거든요. 제가 저를 잘 알죠. 소설가? 작가 행세? 참 가증스럽죠. 저는 산만해요. 호기심도 맹렬하고요. 나대는 것도 좋아하고요. 앉아서 곱씹는 것은 잘 못해요. 그래서 지금도 글을 쓰는 게 무척 힘들어요. 제가 버틸 수 있는 한계는 딱 6개월까지거든요. 그것은 시나리오 작업에 맞는 시간이거든요.

이제 액션의 시간이 온 거군요.

예전에 어느 감독 출신 제작자가 찾아와서 이렇게 유혹하더군요. 자기도 시나리오 쓰는 동안은 죽을 맛이고 연출을 딱 시작하면 정말 재미있다는 거예요. "선배님도 글 쓰느라 고생 많이 했으니까 이제 나와서 파티 한 번 해야죠?" 그 말이 정말 와 닿더라고요.

계약된 소설들이 있을 것 아닙니까? 그것들은 어떻게 합니까?

천천히 쓰면 되죠. 『칠면조와 달리는 육체노동자』도 창비하고 계약하고 11년 만에 나왔어요. 『고래』가 나온 직후에 창비하고 단편집을 내기로 계약을 했죠.

"폭력과 섹스를 빼면 세상에 뭐가 남을까요? 무엇인지는 몰라도 중요한 것은 아닐 거예요. 어쩌면 우리의 목표는 섹스이고 그것을 이루기 위한 방식이 폭력이니까요."

"세상이 나를 잊었다는 억울함에 파묻혀서 밤마다 좌절을 곱씹으면서 쓰는 게 글이죠. 어쩌면 세상에 대한 복수심이 글을 낳는 걸 수도 있어요. 그 복수심으로 밤마다 책상 앞에 앉아서 스탠드를 켜놓고 몰래 하는 나쁜 짓이 글쓰기죠."

소설 쓰는 걸 멈추지는 않을 거라는 말이죠?

그럼요. 그냥 50대에 영화를 찍는 걸로 제 꿈을 이룬 걸로 하자고 생각하고 있어요.

영화 보고 나서 다들 그래도 천명관의 재주는 소설 쓰기라고 생각하면 어떻게 합니까?

〈카운슬러〉라는 영화를 보았더니 코맥 매카시도 영화보다는 소설을 써야 겠더라고요. 저도 그럴 수 있죠. 그래도 이제는 영화에 대해 30대처럼 비장하게 다가가고 있는 게 아니에요.

영화에서 성공하고 실패하고 좌절하면 그게 또 천명관의 다음 작품에 상당한 원동력이 될 것 같은데요?

영화를 얼마나 어떻게 하게 될지는 모르지만, 다음에는 범죄소설 같은 장르 소설을 써보고 싶어요.

평생 변두리에서 사셨어요. 천명관의 작품에 행운이었을 수도 있겠는데요.

제 인생에는 불행이었어요. 언제나 주류를 꿈꿨어요. 저에게 세상은 늘 차가웠어요. 싸늘한 냉기 같은 게 있었죠. 그게 정말 싫었어요. 저 안에서는 도대체 어떤 일이 벌어지고 있는지 정말 궁금하지만 저는 늘 바깥에 있는 느낌이랄까요?

지금은 안에 들어와 있다고 느껴지나요?

지금도 아니죠. 그런 외톨이 같은 느낌이 평생 저를 지배하고 있어요. 제가 세상에 처음 나왔을 때 느꼈던 고립감과 외로움과 냉기가 세상과 저의 관계를 정립해버린 거죠. 옛날만큼 날카롭지는 않지만 늘 느껴져요.

친구들과 만나면 어떤가요?

얼마 전에도 친구들과 당구를 쳤어요. 친구들은 제 소설을 읽어
본 적도 없어요. 영화 한다더니 이제는 소설 쓰는 줄만 알죠.

친구들하고 있어도 주변인일 수밖에 없다는 것 아닙니까? 중심에도
변두리에도 속하지 못하는 삶이네요.

그래도 그런 삶에 많이 익숙해졌어요. 그 중심을 향해 움직여왔
던 것 같아요. 서울 여의도 골프숍에서 점원으로 일할 때부터 중
심에 대한 열망이 있었죠. 그 중심에 있는 여자에 대한 열망. 정
작 열망하지만 가질 수 없는 좌절과 슬픔. 비애죠.

비애를 해소시켜주는 게 문학이고 영화이고 음악이죠. 단지 배설이
면 예술이 아니잖아요. 그것을 승화시켜야 예술인데……. 요즘은 승
화는 없고 배설만 있어요.

그런 게 나오기 어려운 시대죠. 예전에는 있었는데……. 그래서
희망이 없어졌어요. 이제는 끝났다고 봐요. 세상은 이 구도를 아
주 꽤 오래 유지할 것 같아요. 이게 저의 시각이에요.

문학이나 영화가 할 수 있는 일이 뭔가요?

버둥거리는 거죠. 그나마 의미있는 서사는 영화에서 나오는 것
같아요. 예전에는 문학이 문화의 전위에 있었는데……. 그런 도
발은 장정일에서 끝나버렸어요. 문단에서 이 이야기를 들으면
저를 무척 미워하겠지만……. 20대에 소설들을 읽으면서 문학은
끝나간다고 느꼈어요. 그래서 소설을 쓰기 싫었던 거예요. 영화
를 선택했던 거죠.

천명관 ★ 나는 세상에 대한 복수심으로 글을 쓴다

358

다시 돌아서 문학으로 왔네요.

아이러니하게도 또다시 돌아서 영화를 하려고 하네요. 얼마 전에 디자이너 이브 생로랑의 인터뷰를 우연히 보았어요. 질문을 하면 1초 이내에 답하는 일문일답이었어요. 그의 대답이 딱 2개가 기억나요. "당신이 지금 가장 원하는 것은?" "사랑하는 사람과의 섹스." "당신이 원하는 것은?" "강인한 육체." 지금 저도 그래요.

PROFILE

경기도 용인에서 태어났다. 1993년 〈홍길동 대 터미네이터〉로 첫 시나리오를 쓴 후 2010년 총 5개의 시나리오를 썼다. 2003년 『프랭크와 나』로 문학동네 소설부문 신인상을 받으며 등단했다. 2004년 『고래』로 문학동네소설상을 받았다. 저서로 『칠면조와 달리는 육체노동자』, 『나의 삼촌 브루스 리』, 『고령화 가족』, 『유쾌한 하녀 마리사』 등이 있다. 2012년 『유쾌한 하녀 마리사』는 연극으로, 『고령화 가족』은 영화로 만들어졌다.

원신연

나는 그것을 하지 않으면 원신연이 아니다

오징어입니다. 〈용의자〉를 보고 나면 여자들 눈에는 옆자리에 앉은 남자가 오징어로 보인다고 하던데요. 주인공 지동철 때문에요. 오징어입니다.

오랜만입니다. 제가 〈구타유발자들〉로 데뷔했을 때 처음 만났으니까 8년만인가요?

〈구타유발자들〉 망하고 부산에서 칩거할 때 찾아간 적이 있었잖아요. 그러고 보니 2014년 부산국제단편영화제 심사위원을 했다고요? 요즘 단편영화들은 어떤가요?

요즘 단편영화들은 시대를 반영하는 게 아니라 자기를 반영하는 영화가 많은 것 같아요.

자기만의 현실인가요?

지극히 개인화되어 있죠. 개인화된 현실이 전체화된 현실 같은 영화들입니다.

사적 감정에만 치우쳐 있다는 말이군요. 사실 요즘 상업영화에서도 종종 발견되는 증상이기는 합니다. 단편영화 가운데 〈구타유발자들〉 같은 도발적인 영화는 없던가요?

〈구타유발자들〉 같은 영화를 만들면 안 뽑아주어요.

2006년이었죠? 〈구타유발자들〉이 영화진흥위원회 시나리오 공모전에서 당선된 게요. 사실 그때도 기적적인 상황이었어요. 그런 시나리오가 공모전에서 상을 받고 한석규 같은 배우가 출연하겠다고 나섰다는 게요. 참 패기 만만한 시나리오에 아직은 낭만적인 시절이었네요.

운이 좋았죠. 제가 제도권에서 아주 많이 벗어나 있었기 때문에 오히려 저에 대해 관심을 느꼈던 것 같아요. 〈구타유발자들〉 같은 시나리오가 잉태된 과정을 궁금해했던 거죠. 이런 시나리오가 제작될 수 있을까 하는 호기심과 기대감도 있었고요. 그때 심사위원에게 이런 이야기를 들었어요. "이게 그저 치기로 만들어진 게 아니라 정말 만들고 싶어서 쓰인 것 같다는 느낌을 받았다."

사실 감독님은 태생적으로 반문화적인 존재니까요. 〈구타유발자들〉은 반문화적 영화의 대표격이죠. 그때는 제도권 안에서도 반문화적 기운을 받아들이는 분위기였지만, 지금은 확실히 잦아들었죠. 오직 주류 문화 위주죠. 그래서 더 궁금합니다. 도대체 감독님은 어쩌다 잉태되신 겁니까?

흐름이죠. 그때 충무로에서는 지금 데뷔 못하면 바보라는 소리까지 있었거든요. 길을 가다 넘어져도 데뷔한다는 이야기도 있었어요. 게다가 안주하는 분위기보다 도전하는 분위기가 있었어요. 그 흐름 안에 제가 있었죠.

세상이 반문화적 감성을 원했어도 그것은 늘 주류가 아니죠. 데뷔를 원한다면 제작자나 배우가 좋아할 만한 둥글둥글한 시나리오를 써야죠. 배우도 멋있게 나오는 그런 영화. 그런데 〈구타유발자들〉이 뭡니까? 왜 그렇게 쓰셨어요?

'왜'라는 질문이 본질인 것 같네요.

요즘은 다들 '어떻게'만 묻죠.

'왜'라는 질문에 답하려면 제가 자라온 과정을 설명드려야 해요.

어릴 때 서울 송파구 탄천에 있는 맨홀 속에서 사신 적이 있다고 했죠.
아버지가 술을 아주 많이 드셨어요. 많다는 표현으로는 부족할 정도로 정말 많이 드시는 분이셨죠. 그러면 자식들에게 하는 행동이 있잖아요.

폭력인가요?
아버지에 대한 트라우마가 있어요. 아버지를 이기기 위해서 운동을 했죠. 고등학생이 되니까 아버지가 저를 경계하기 시작했어요. 술을 많이 드셔도 함부로 못하셨죠. 그런 시점에서 오히려 아버지의 그늘 같은 게 느껴졌어요. 자랄 때는 그렇게 힘들었는데…….

아버지는 그렇게 극복되죠.
고등학교는 졸업을 했는데 당연히 대학갈 등록금은 없었죠. 제가 운동을 좀 하니까 사람들 눈에 띄었어요. 결국 스턴트 일을 하게 되었죠.

어떤 운동을 했나요?
기계체조 선수 생활을 했어요. 합기도나 쿵후도 했고요.

스턴트를 하기에는 딱이네요.
운동만큼이나 글 쓰는 것도 좋아했어요. 글을 쓰면 학교에서 상도 좀 받았죠. 친구가 많지 않았거든요.

맨홀에서 놀리는 아이들에게 돌을 던졌다는 이야기를 해주신 기억이 나네요.
혼자 있는 시간이 많았어요. 골방에 처박혀 있었어요. 골방에서 나오면 운동하고요. 또 들어가면 책 읽고 쓰고요. 쓴다는 것은 자기에 대한 표현이잖아요. 자기가 그리고 싶은 세계가 있는 거죠. '내 현실은 이렇지만 나는 이런 세계에서 살고 싶어.' 제가 희망하는 것들에 대해서 많이 써놓았거든요. 아버지에게서 벗어나기 위해 힘을 기르기 시작했고, 트라우마를 겪으면서 글을 썼죠. 그러다 자연히 영화 현장을 접한 거죠.

왜 영화였나요?

고등학교를 졸업하고 군대에 갔다 오니까 세상이 눈에 들어오기 시작하더라고요. 보니까 이 세상 자체가 아버지와 같은 거예요. 제가 힘을 길렀던 것처럼, 제가 아버지에게 표현하고 싶었던 것처럼, 제가 살아가고 싶은 세상을 글로 써서, 이 아버지 같은 세상에 보여주고 싶다는 걸로 옮겨간 거죠.

이 세상은 아버지만큼 부조리하니까요.

제가 보고 싶어 하는 희망이 아니라 절망만 심어주었죠. 빛보다는 어둠을요. 스턴트는 호구지책이었죠. 제 이야기를 하고 싶다는 욕망을 이루기 위해서 돈을 벌었죠. 악착같이.

스턴트할 때는 주로 어떤 연기를 했어요?

제가 20대 때에 정말 돈을 많이 벌었던 것 같아요.

군대 가기 전일 텐데요?

일도 많고 실력도 좋았어요. 대역이란 대역은 거의 다한 것 같아요. 고층 건물에서 떨어지고, 다리에서 뛰어내리고, 자동차가 오면 부딪히고, 사극에서 수염 붙이고 담 같은 거 넘고, 17대 1로 싸우면 제압하고요.

공유네요. 〈용의자〉의 주인공 지동철이네요.

어린 녀석이 그러니까 업계에서는 화두였어요. 홍콩에서 청룽成龍의 대역으로 제의가 들어올 정도로요. 그런데 그때 이미 영화를 만들고 싶어서 독학하던 중이었거든요. 스턴트맨이 꿈이 아닌데 홍콩 가서 시간을 허비하고 싶지 않았어요. 안 가기로 했죠.

결국 '어떻게'가 아니라 '왜'인 거죠. 영화를 만들 수밖에 없는 내면적 이유가 있으니까 다른 길을 걷지 않은 거고, '어떻게'를 보여주는 빠른 길은 중요하지 않은 거고요.

그 '왜'라는 게 더 정확하게는 원신연이 누구냐일 거예요. 그렇게 몸부림치는 이유는 지금 내가 처한 현실에서 벗어나고 싶어서잖아요. 육체적으로도 벗어나려고 몸을 내던지고 정신적으로 벗어나고 싶어서 글을 써대고…….

어떤 순간에 나를 버리는 사람과 버리지 못하는 사람의 차이는 용기가 아닙니다. 성장 과정에서 그 순간에 나를 버릴 수밖에 없는 사람으로 자라나는 거죠. 아무리 위험해도 나는 이것을 하지 않으면 안 되는 거죠.

영화 〈빌리 엘리어트〉에서 빌리가 오디션을 보고 나갈 때 심사위원이 묻잖아요. 춤 출 때 무슨 생각이 드느냐고요. "꿈을 꾸는 것 같다"고 빌리가 대답하죠. 제가 스턴트 현장에서 영화를 찍으면서 그랬어요. 돈을 받고 현장에서 위험을 감수하는 거지만, 촬영하는 순간만큼은 모든 것을 잊게 되었죠. 레디 하는 순간부터 컷 하는 순간까지 저라는 존재가 사라지는 거죠.

카메라 앞에서 몸을 던지는 거죠. 벗어나는 거고요.

현실 도피는 아니고, 그 자체가 마음의 위안이 되었어요. 무아지경의 세계에 빠지게 되는데, 그것을 한 번 겪고 나면 다시 겪지 않으면 견딜 수가 없죠. 영화를 찍을 때도 그랬어요. 그때도 단편영화를 굉장히 많이 찍었거든요. 한 달에 한 편도 찍었죠. 현장에서는 저를 잊었죠.

〈구타유발자들〉을 보면서 딱 그것을 느꼈어요. 이 감독이 미쳤구나. 아버지로 상징되는 폭력성의 근원을 따라가잖아요. 그것도 아주 무시무시한 방식으로요. 전혀 상업적이지 않게요. 그렇게 찍지 않으면 안 되는 사람이구나 싶었어요.

〈구타유발자들〉은 강가에서 벌어지는 권력 관계를 보여주죠. 그들 각자의 모습은 작은 나라를 은유하죠. 그 나라가 아버지였을 수도 있어요. 사실 〈구타유발자들〉에서 다하지 못한 아버지에 대한 이야기가 많아서 지금 시나리오 작업을 하고 있어요. 오히려 〈구타유발자들〉보다 훨씬 강할 수 있어요.

〈구타유발자들〉이 흥행에서 완전 실패하고 감독님을 다시는 못 보게 될 줄 알았어요. 그래서 부산까지 쫓아내려갔던 거고요.
한동안은 힘들었죠.

〈세븐 데이즈〉부터 〈용의자〉까지 굉장히 능수능란한 상업영화 감독으로 진화했네요. 이런 변신이 말이 되나요?
제가 좀 의지가 있는 것 같아요. 어린 시절 절망에 대해 워낙 단련이 많이 되어 있어서요. 웬만한 절망은 절망이 아닌 거죠. 절망보다는 욕망이 꿈틀대요. 뭔가 벗어나고 싶은 욕망이죠. 새로운 것을 보여주고 싶은 욕망이고요. 상업영화를 만들지만, 그 안에 작가의식이 없으면 그 영화는 제 영화가 아니라는 확신이 있죠.

감독님 연출의 강점은 역시 어마어마한 속도일 겁니다. 〈세븐 데이즈〉도 정말 빨랐는데, 〈용의자〉는 정신이 없을 정도더군요. 글로 치면

PHOTOGRAPHY 장현우

단문의 쾌감이랄까요?

그게 굉장히 어려운 작업이에요. 치밀한 설계가 없으면 불가능한 작업이거든요. 저는 규격화된 영화에 대한 거부감이 있어요. 그것에서 벗어나고 싶은데 그렇게 고민하다 나오는 방식이 속도인 거죠.

틀에서 벗어나고 싶은 욕망이야말로 원신연의 본질인 거죠.

새로운 것을 하는 데 두려움이 전혀 없는 것 같아요. 〈구타유발자들〉의 시나리오를 보면 한 신scene이 40페이지예요. 시나리오 작법상 말이 안 되거든요. 엄청나게 느리죠. 작품마다 늘 새롭게 시작해요. 처음부터. 집요하게.

〈용의자〉를 보면 지동철이 서울의 주택가를 종횡무진합니다. 골목에서 자동차가 거꾸로 돌아요. 이것을 이렇게까지 찍을 필요가 있나 싶죠. 집요하게 끝까지 밀어붙이더군요. 이제까지 본 적이 없는 액션 장면을 보여주겠다는 야심이 꿈틀대고요.

스턴트맨 출신 감독인데 액션 영화는 〈용의자〉가 처음이었어요. 제대로 끝까지 한번 가보았죠. 〈용의자〉는 생존과 본능에 관한 영화예요. 생존과 본능이라는 단어에 테크놀로지가 결합된 비주얼은 어울리지 않는다고 생각해요. 생존과 본능은 날것이 어울리죠. 현장에 직접 가서 카메라 앞에 배우를 세워놓고 찍어야 완성된다고 보았어요.

쉬운 길이 있는데요?

유혹은 많죠. 세트에 자동차 갖다놓고 합성하면 되잖아요. 요즘은 99퍼센트가 그렇게 찍어요. 〈용의자〉를 찍을 때 그러면 생존과 본능이 안 나온다고 보았어요. 다행히 배우가 공유였고 거기에 동의했죠. 그래서 몸을 만들기 시작했고요.

그 덕분에 저는 오징어가 되었고요. 그 몸 좀 빌려주시죠.
〈용의자〉가 〈아저씨〉처럼 심플하게 빠진 상업영화 느낌이었다면 오히려 공유가 안 했을 거예요. 공유라는 배우가 생각이 깊어요. 우리가 보기에는 스타 같고 인위적이지만……

커피 파시는 분 아닌가요.
그런 느낌이 있지만 작품의 본질로 들어가면 굉장히 까다로워요. 〈아저씨〉에서 주인공 차태식(원빈)이 머리를 깎잖아요. 거기서 몸을 딱 보여주죠. 사실 자신이 머리를 깎지 않아도 되는데……. 그것은 관객을 위한 서비스죠. 공유는 그런 장면을 감독에게 허락하지 않는 배우예요.

〈용의자〉에서 주인공 지동철의 생존을 위협하고 본능을 일깨우는 것은 시스템이잖아요. 국가, 체제, 조직 같은 것들. 〈용의자〉가 사적 복수극이 아니라 사회적 복수극이 되는 맥락이죠. 영화에서 계속 소품으로 〈복수는 나의 것〉의 DVD가 복선처럼 등장하던데요. 〈복수는 나의 것〉이야말로 사회적 복수극이죠. 복수의 대상은 개인 같아 보이지만 결국 사회 전체에 대한 저항인 거니까요.
결국 아버지죠. 제가 만드는 영화들은 아버지가 철저하게 부재하거나 왜곡되어 있죠. 정말 중요한 것은 거대한 사건이 아니라 아주 작은 본질이라고 생각하거든요. 아버지로서 가장 큰 화두는 자식에 대한 미안함이죠. 그것을 다음 작품에서 표현하려고 해요. 아직 말할 단계는 아니지만, 저 감독이 자기 본질에 대해 이야기를 꺼내는구나 싶은 작품을 만들어보려고요.

마지막에 삼자대면하는 장면, 있죠? 음모의 원흉인 국정원 차장과 지동철과 민세훈(박희순)이 서로 일직선상에서 총을 겨누는 장면. 잘 만든 영화는 한 장면으로 모든 구도를 다 설명할 수 있어야 합니다. 스나이퍼들이 총을 쏘는데 그 총들이 국정원 차장만 비켜가죠. 지동철만 노리죠. 총을 든 민세훈은 기로에 서고요.

그게 우리가 느끼는 딜레마죠. 국정원 차장을 비호하는 레이저들은 우리 사회의 축소판이거든요. 그런데 요즘 관객들은 그런 구조와 개념에서 많이 느끼고 싶어 하는 것 같지 않아요. 조금 다른 방식을 고민할 필요가 있지 않나 하는 반성도 많이 했어요.

그런 이야기를 안 하면 원신연이 사라지겠죠. 그런 이야기를 어떻게 전달하느냐를 끊임없이 고민할 수밖에 없는 거겠고요. 영화에서 그런 것을 원하는 관객의 비율은 점점 줄어들고 있으니까요.

비율이 작다는 것은 알았는데 제가 예상했던 것보다 작았죠. 미국에서도 〈용의자〉가 개봉되었거든요. 그런데 미국에서는 〈용의자〉야말로 한국 사회의 축소판이라는 리뷰가 나왔어요. 반면에 한국에서는 여자 관객이 90퍼센트가 넘었죠. 남자 관객은 거의 눈에 띄지 않고요. 이게 무엇을 뜻하는 걸까, 한참 고민했어요.

영화 역시 당대 한국 사회에서 재료를 찾아내야 합니다. 그것을 얼마나 어떻게 반영할지는 감독의 선택이지만……. 관객이 그것을 거부할 수도 있죠. 느끼지 않으려고도 하고요. 그럼 다음 영화에 그 반응이 영향을 주고, 내가 너무 깊이 들어갔나 고민하고요. 작용과 반작용이죠.

한국 대중은 이 영화가 장르적으로 얼마나 자신을 즐겁게 만들 것이냐에 직접적으로 반응해요. 감독도 그런 요구에 반응할 수밖에 없죠. 하지만 그것을 파괴해나가고 싶은 게 제 본질이에요.

늘 제가 너무 앞서나가는 것은 아닌가 고민하죠. 관객들을 배신하고 있는 것은 아닌가.

〈아이언맨〉이나 〈다크나이트〉 같은 히어로물을 만드세요. 스토리와 액션이 되는 감독이잖아요. 할리우드가 영웅물에 집착하게 된 것은 타협의 산물 같습니다. 관객에게 영웅이라고 하는 밑밥을 던지지만 사실 다층적 의미를 영화 속에 숨겨두죠. 창작자는 그런 욕망을 버리면 안 됩니다. 전락하죠. 그 대신 관객에게 떠먹여주어야 하는데 영웅물은 꽤 좋은 장치죠. 그런데 영웅물을 만들려면 스토리와 액션을 둘 다 연출할 줄 알아야 하거든요.
제 영화가 오히려 영화를 아주 꽉 다층적으로 채운다는 느낌이 있는 것 같던데요. 좀 틈을 주라는 이야기를 들어요. 고민이죠.

성격 같은데요. 어떤 사람은 절망과 부딪히면 울고 위로받고 다시 일어시죠. 감독님은 바로 일어서요. 중간이 없죠. 〈용의자〉에서 지동철이 목매달리는 장면 있잖아요? 그게 말이 되는 건가요? 팔이 뒤로 꺾인다는 게?
그게…….

더 흥미로운 것은 그렇게 탈출하고 나서 곧바로 거리 장면으로 이어진다는 거죠. 중간이 없어요. 그게 원신연식 연출의 본질인 거죠.
그것은 절대 바뀌지 않을 것 같아요.

〈은밀하게 위대하게〉의 연출 제안을 받으신 적이 있죠?
거절했죠. 몇천만 명이 조회했던 웹툰을 본 대중들의 기대감을 배반할 자신이 없었어요. 그래서 선택을 안 했어요. 그게 큰 차이거든요. 연출의 자유가 있으면 〈역린〉에서 정조(현빈)의 등을 보여주는 것을 할 필요가 없어지죠.

"웬만한 절망은 절망이 아닌 거죠. 절망보다는 욕망이 꿈틀대요. 뭔가 벗어나고 싶은 욕망이죠. 새로운 것을 보여주고 싶은 욕망이고요."

"원신연은 소양이 없는 감독이다. 족보가 없고, 영화를 학교에서 제대로 배우지도 않았고, 그러니까 소양이 없는 감독이 만드는 영화가 다 그렇다는 거였죠. 저는, 즐거웠어요."

감독님은 주류가 아니죠?

모든 부분에서 주류가 아니죠. 이단이죠.

고등학교 때 친구들은 뭐하세요?

제가 야간고등학교를 나왔거든요. 영화 하고 나서는 친구들은 거의 못 만났어요.

감독님은 주류에서도 비주류에서도 이방인인 거네요. 사실 어느 쪽에도 제대로 속하지 못한달까요?

그게 제가 더 영화에 매달리는 이유 같아요. 하루 종일 작업 생각밖에 안 해요. 어떤 이야기를 어떤 식으로 이끌어갈 것인지 늘 고민하죠. 그냥 사는 것 자체가 영화예요. 저를 꾸미기 위해 하는 이야기가 아니라 바보처럼 그냥 영화 안에 갇혀서 살고 있는 것 같아요.

이쪽도 저쪽도 아닌 존재니까요. 영화 안에서말고는 살 곳이 없는 거죠. 혼자인 거고요.

지금은 비주류에서 오히려 저를 주류로 보죠. 대기업과 같이 일을 하고 있으니까요. 그런데 주류에서는 저를 비주류로 보는 거죠. 뿌리도 없는 놈이 영화나 툭툭 만들고 있으니까요. 그러면서 주류를 긴장시킨다는 말이죠.

대중들은 감독님을 어떻게 보나요?

제가 댓글을 잘 안 봐요. 〈구타유발자들〉을 만들었을 때 '감독 새끼 뇌를 열어서 뭐가 들어 있는지 확인해보고 싶다'는 댓글을 읽은 뒤로는 안 보거든요. 오기로 볼까도 싶었는데 영화 작업하는데는 별 도움이 안 되더군요. 저도 사람이다 보니까……. 그런데 얼마 전에 〈용의자〉 때문에 봐야 할 기사가 있어서 인터넷에 들어갔더니 이런 글이 있더군요. '원신연은 소양이 없는 감독이다.' 족보가 없고, 영화를 학교에서 제대로 배우지도 않았고, 그러니까 소양이 없는 감독이 만드는 영화가 다 그렇다는 거였죠. 저는, 즐거웠어요.

왜요?

더 자유로운 거잖아요. 묶여 있지 않고, 관습에 얽매일 일도 없고요. 어차피 세상이 저를 이렇게 본다면 오히려 벗어날 수 있겠다 싶었어요.

원래 모든 파격은 비주류에서 옵니다. 주류에 있는 자들은 천편일률적인 사고만 하죠. 다만 비주류가 주류를 흔들 만한 재능을 보여주기가 어려울 뿐이죠.

그게 자칫 파괴나 파격이 아니라 치기가 될 수도 있거든요. 아무것도 모르면서 자기 목소리만 외치는⋯⋯. 사람들이 잘 모르는 게 영화는 이론으로 배우는 게 아니거든요. 영화는 현장에서 느끼면서 개념적으로 받아들이는 거죠. 기존의 것들을 파괴하기 위해서는 기존의 것들을 모르고서는 할 수 없어요. 그런 것을 받아들여왔지만, 사람들은 그런 것을 보려고 하지 않죠.

〈용의자〉를 보고 〈본 아이덴티티〉 시리즈와 닮았다는 이야기가 많았죠? 지능의 본질은 유사성을 찾는 겁니다. 주류는 제도권 학습을 통해 방대한 데이터베이스를 축적하기 마련입니다. 그들은 새로운 것이 나타나면 즉각 유사성부터 찾죠. 이것과 네 영화가 닮았다. 베꼈구나. 그러니까 너는 새롭지 않아. 주류의 폭력이죠. 돌파해내기 어려워요.

〈용의자〉가 〈본 아이덴티티〉의 액션을 능가했다고 말하고 싶어요. 할리우드가 이런 것을 만드니까 우리도 이런 것을 만들어보자가 아니고 그들 이상의 것을 만들어낸다는 거죠.

주류는 새로운 것을 쥐어주어도 그것을 부정부터 하려고 들죠. 비주류는 감히 새로운 것을 만들겠다고 달려들죠. 그게 치기든 뭐든요.
그게 치기든 뭐든 끝까지 가봐야죠.

〈용의자〉의 마지막 장면은 아름답더군요. 감독님이 꿈꾸는, 그러나 결코 현실에서는 일어날 수 없는 결말이겠죠. 그 결말이 좋은 것은 제가 감독님을 알아서일 수도 있어요. 결코 쉽게 희망을 이야기할 수 없는 감독이라는 것을 아니까요.
지동철이 마지막에 딸을 만났을 때 쉽게 다가가지 못하잖아요. 시나리오 작업을 할 때 100만 명이 더 들려면 아빠가 딸을 만져야 한다고 했어요. 아이가 눈물을 흘려야 한다고도 했죠.

왜 안 했죠?
그렇게 떠먹여주면, 잊히니까요. 마지막에 크게 울기는 하겠죠. 그러고는 잊히겠죠. 〈용의자〉의 방식은 던져주지는 않지만 여운은 커요.

공유의 연기도 좋더군요.
그 장면에서 감정은 미안함이었어요. 행복한 게 아니죠. 딸을 만나서 안도하는 게 아니거든요. 네가 태어나는 것도 못 보았다는 미안함이죠. 내 시대는 이랬다고 말하는 것도 핑계고요. 네가 여기까지 오게 만들어서 미안해. 이제서야 찾아내서 미안해. 미안하니까 더 다가갈 수 없는 거죠.

딸을 연기한 아역 배우의 연기도 참 좋던데요.
극중 이름이 새봄이거든요. 지새봄. 이 친구에게 말해주었어요. '아빠라는 걸 알아보는 게 아니야. 나는 모르는 사람인데 왜 내가 발걸음이 멈춰지고 다시 한 번 보게 되지? 이런 거야.' 그러자 아이가 그랬어요. '눈물이 고일 것 같은데 흐르지는 않는 거죠?'

연기 천재네요.
일반인을 대상으로 모니터 시사회를 하는데 여기서 CG로 눈물만 딱 떨어뜨리면 대박이라고 했어요. 그렇게 안 했어요. 그럼 영화의 본질이 훼손되니까요.

요즘 영화계 흐름에서 그런 고집을 부린다는 게 쉽지 않은데요. 이미 한국은 99퍼센트가 주류화된 사회잖아요. 주류화된 관객을 대상으로 영화를 만들려면 주류화된 생각만 할 수밖에 없죠. 그런데 감독님은 비주류적인 고집을 꺾지 않아요.
왜냐는 질문과 이어져요. 이것을 왜 하느냐? 그것을 하지 않으면 원신연이 아니니까요.

PROFLLE
1990년대를 대표하는 스턴트 배우다. 1996년 배우 최민수가 수십 명을 맨손으로 때려눕히는 영화 〈피아노맨〉의 무술감독을 맡았다. 2000년부터 디지털 장편영화 〈적〉과 단편영화 〈세탁기〉와 〈자장가〉 같은 영화를 연출했다. 단편영화 〈빵과 우유〉로 2003년 대한민국 영화대상 단편부문 최우수작품상을 수상했다. 연출 데뷔는 2005년 〈가발〉로 했지만, 〈구타유발자들〉이 이미 2004년 영화진흥위원회 시나리오 최우수작품상으로 당선된 상태였다. 배우 한석규가 출연을 결정하면서 더 큰 화제가 되었다. 2006년 5월 〈구타유발자들〉이 개봉되었지만 흥행에는 실패했다. 2007년 〈세븐데이즈〉와 2013년 〈용의자〉를 연출했다. 〈용의자〉는 관객 400만 명을 돌파했다. 현재는 김영하 소설 『살인자의 기억법』을 영화로 만들고 있다.

예술이란 무엇인가?

배병우
:
니는
사진으로
산수화를 그린다

황두진
:
나는
건축으로
역사를 짓는다

배병우
나는 사진으로
산수화를 그린다

작업실에 책이 참 많네요. 사진뿐만 아니라 다양한 분야에 걸쳐서요.

책은 많이 버렸죠. 여행을 가면 책은 한 짐 짊어지고 가서 싹 다 읽고 버리고 옵니다. 여기 있는 것은 남은 것들이죠.

어떤 분이 지혜란 지식의 양이 질로 전환된 거라고 말하더군요. 양질 전환.

뭐든지 다 그래요. 생산을 많이 하다 보면 좋은 제품이 나오는 거죠. 예술가도 많이 그려야 훌륭한 그림을 그려요.

선생님도 그런 경우입니까? 매일 꾸준히 쉬지 않고 작업을 아는 걸로 압니다.

저에게는 행운도 있었죠. 작가에게 행운이란 작품이 순환되는 거죠. 팔리는 거죠. 나이 들어서 작품이 안 팔리면 힘들 거든요.

선생님 작품은 점점 수요가 늘어나는 것 같습니다. 그 덕분에 작품 활동도 더 활발해지고 있고요.

작품이 안 팔리면 40대 전후에 다 포기해요. 애가 크잖아요. 저는 대학교 선생을 했으니까 그런 갈등이 좀 적었죠.

특히 사진에서는 선생님처럼 파인 아트Fine Art, 그러니까 순수예술 사진만 고집하는 경우가 드물잖아요. 상업사진을 찍을 수도 있고 웨딩스튜디오를 차릴 수도 있으니까요. 학교에 있다고 예술을 할 수 있는 것은 아니던데요. 학교 행정이란 것도 얽매일 일이 많잖아요.

서울예술대학교는 저한테는 잘해주었어요. 그 덕분에 처음 사진과를 만들

때부터 지금까지 가르치면서 작품 활동도 함께할 수 있었죠.

사진을 전공한 것도 아니었잖아요?

디자인과를 나왔죠. 사진 전공이 아닌 게 좋은 점도 많아요. 일단 인맥에 얽히지 않으니까 혼자서 이것저것 해볼 수 있었죠. 혼자니까 마음대로죠. 자유로웠어요.

사람에 얽히면 영향 받고 평가 받기 쉽죠.

지금까지도 무슨 모임의 회원이 되어본 적이 없어요. 늘 혼자였죠.

선생님 때문에 사진과를 선택했다는 후배도 많은 모양이더군요.

괜히 모르고 그렇게 하는 거죠. 외국에는 사진과라는 게 없어요. 사진만 배우면 안 되니까 회화, 조각, 설치, 영화, 인문까지 다 한꺼번에 배우고 그다음에 사진은 클래스에 들어가서 배우면 되어요. 그때 선생 위주로 가죠. 그러면 정말 선생과 제자 관계가 맺어지는 거고요.

일반인들 사이에서도 사진 촬영이 유행처럼 되었잖아요. 장비도 대단하고요. 그런데 요즘은 어디를 가나 소나무만 찍는다던데요?

찍어서 뭐하려고요.

자기만의 피사체를 찾아내야 하는데요. 선생님이 소나무를 처음 찍기 시작했던 1980년대만 해도 아무도 소나무를 피사체로 생각하지 않았잖아요?

소나무는 우리가 잃어버렸던 가치 같은 거니까요. 한중일 동양 3국은 세계대전을 겪고 근대화 과정을 거치면서 자기 자신을 정말 많이 잃어버렸어요. 이제 중국에서도 전통 회화의 가치를 재평가하기 시작했잖아요. 제 소나무 사진도 그런 흐름 어딘가에 있어요. 우리가 자연 속에서 발견한 가치를 재발견하는 작업이랄까요? 사진에 그런 정신이 승화 되어야 하는데 그냥 똑같은 것만 찍으면…….

그냥 흉내죠.
며칠 전에도 경기도 어딘가에 갔더니 소나무밭에서 10명씩 모여서 둥그렇 게 카메라를 세워놓고 똑같은 사진을 찍고 있더군요.

거기 가면 선생님은 알아보나요?
모르죠. 게다가 모자를 푹 눌러 쓰고 가니까요.

원본이 갔는데도 사본이 원본을 못 알아보는 거네요. 한편으로 사진이 본질적 으로는 복제의 예술이라는 것을 보여주는 현상 같달까요?
누구든 찍고 싶은 것을 찍는 거니 뭐라고 할 일은 아니죠.

열의는 있는 거니까요. 얼마 전에 서울 덕수궁미술관에서 한국 근현대미술전을 보았어요. 거기서 남농 허건 선생의 〈삼송도〉를 보았습니다. 선생님 사진을 떠 올렸습니다.
허건의 남농 산수는 관념 산수거든요. 허유, 허련, 허형, 허건으로 이어지는 허씨 집안의 이른바 남종화는 기본적으로는 겸재 정선의 진경산수에 비해 미의식이 떨어지죠.

선생님도 진짜 산과 소나무와 바다를 사진에 담는다는 측면에서는 겸재의 진 경산수의 맥과 이어지는 거네요.
겸재 정선은 사실화를 그렸죠. 남종 화가들은 머릿속에서 그림을 그려요.

서예의 획을 응용하죠. 그러다 보니 전형적인 그림이 되는 겁니다. 반면에 겸재는 그림 한 폭을 그릴 때도 한곳에서만 그리지 않았어요. 그림 안에서도 이쪽에서는 나무를 그리고 저쪽에서는 산을 그리고 그랬어요. 그게 입체파잖아요. 초현실주의고요.

그림 안의 시선이 다양해지겠네요. 겸재의 그림이 배병우의 사진에도 영향을 미쳤을까요?
제 사진에서 겸재를 떠올리는 것은 소나무 때문이죠. 겸재 정선의 그림 100장 가운데 99장에 소나무가 나오니까요. 실경을 그렸으니 그럴 수밖에요. 그 시절에는 한국 나무의 절반 이상이 소나무였을 걸요. 토착적이란 측면에서는 제 사진과 겸재의 그림은 일맥상통하죠.

배병우 사진의 뿌리는 조선시대 산수화에 있다고 보아도 됩니까?
10년 전인가 미술평론가 친구가 찾아와서 그런 비슷한 이야기를 하더군요. 제 사진을 산수화의 연장으로 본다고요.

실제로 그런가요?
실제로도 그렇죠. 호남 사람들에게는 지금도 산수화의 전통이 살아 있어요. 호남 사람들은 수채화를 잘 그려요. 산수화 역시 먹물로 그리잖아요. 연결되는 거죠.

선생님 고향이 여수죠?
그 영향이 있죠. 어릴 때 동네 다방에 가도 동양화 한 폭 없는 데가 없었어요. 창하고 시조 읊고 그런 것을 보면서 자랐고요. 그런 문화적 영향을 받았죠.

남도 도서 지역이 유배지여서 그런 문화가 전파되고 확산되었다는 말들도 하더군요.

곡창지대니까요. 곡식에 누룩을 넣으면 술이 되잖아요. 술 먹으면 흥에 겨워서 노래를 부르고⋯⋯. 어릴 적 할아버지 환갑 때 기생이 와서 창을 해주던 기억이 아직도 나요. 전라도에는 풍류가 있어요.

그런 문화를 향유할 수 있는 곳에서 태어났다는 것은 행운이네요. 그런 영향을 자기 것으로 표현할 수 있는 사진과 연이 닿았다는 것도요.

누구나 자신이 태어난 땅에서 원초적 영향을 받게 되어 있어요. 그것을 프랑스 사람들은 테루아terroir라고 부르죠. 테루아는 그 땅의 모든 것을 의미해요. 그 모든 것이 그 사람에게 영향을 주는 거죠. 쌍둥이 중 한 사람은 경주에 갖다놓고 한 사람은 여주에 갖다놓으면 전혀 다른 사람으로 성장하게 될 걸요.

르네상스 시대를 전공한 역사학자가 이런 말을 하더군요. 창조란 없는 것을 만들어내는 게 아니다. 과거에 있었던 것을 재해석하는 것이다. 르네상스 역시 그리스로마 시대의 것을 재창조한 것이었죠. 선생님 사진 역시 사진이라는 새로운 표현 기법으로 과거에 있었던 산수화를 재창조한 결과물이 아닐까 싶습니다.

사실 사진이라는 것도 알고 보면 르네상스 때 재창조된 겁니다. 그리스 시대 아리스토텔레스는 광학 현상을 이해했어요. 렌즈를 통해 세상을 볼 줄 알았죠. 르네상스 이전에도 이미 카메라라는 개념은 있었고요. 빛으로 그리는 그림을 이해하고 있었죠. 르네상스를 거치면서 사진이 발명되고 마침내 시각문화의 시대가 시작됩니다. 인류문명이 언어의 시대에서 이미지의 시대로 넘어가는 거죠.

사진 역시 하늘에서 어느 날 뚝 떨어진 신기술이 아니라 과거에서 찾아낸 재창조의 결과물이라는 말이군요.

그렇게 진정 창조적인 것은 우리의 테루아 속에 있어요. 한 나라가 창조적이 되려면 지금처럼 아이들을 한군데 몰아넣고 공부시키면 안 됩니다. 사진이든 디자인이든 건축이든 발전하려면 다양성을 인정해주고 내버려두어야 해요. 우리의 토양 속에서 마음껏 뛰어놀게 해야죠. 물론 엘리트도 필요하죠. 그런데 우리는 정말 엘리트에게만 의존해요.

한국은 늘 김연아 같은 돌연변이 엘리트에게 모든 것을 맡겨왔죠.

한국의 국운이 따라주어 가능했던 거죠. 피겨스케이트는 고도의 투자가 필요한 분야잖아요. 일본은 오랫동안 투자를 해왔죠. 그런데 김연아가 나와서 한번에 역전을 시켜버렸어요. 그것은 우리의 저력이고 행운이죠. 그것에만 의존하면 정말 새로운 것은 못 만들어내요. 생태계를 만들어주어야죠. 그 생태계 안에서 누군가 꽃을 피우는 거죠. 저 같은 사람이 징검다리가 되어 다음에는 세계적 작가가 나오는 겁니다. 그렇게 정점을 찍는 거죠. 정점을 찍고 또 사라집니다. 그것의 반복이죠. 우리 사회는 갑자기 정점이 나오고 생태계에는 아무것도 남는 게 없어요.

선생님은 징검다리인가요? 정점인가요?

징검다리죠. 아직 더 올라갈 여지가 많아요. 저를 넘어서 더 세계적인 아티스트가 나올 겁니다. 이제까지는 백남준뿐이었잖아요. 다음 세대 젊은 작가들 중에 가능성이 엿보이는 친구가 많아요. 저야 무슨 쇼킹한 작품을 하는 것도 아니고 매우 전통적인 사람이니까요.

배병우 ★ 나는 사진으로 산수화를 그린다

388

세계적 거장이 되려면 그만한 시간이 필요합니다. 선생님도 한 주제에 보통 수 년 이상씩 투자한다고 들었어요. 소나무 하나만 제대로 찍고 그 가치가 세상에 서 인정받으려면 수십 년 이상이 걸린다는 이야기죠. 선생님 같은 분이 하루아 침에 또 나올 수 없는 이유죠.

단테는 『신곡』을 평생 썼어요. 그렇게 하나의 주제를 오랜 동안 다듬고 또 다듬는 작가들이 있어요. 그리고 그것 하나로 세상 전부를 설명해버리죠. 중요한 것은 그런 주제와 소재를 찾아내고 자기만의 스타일로 만들어냈느 냐죠.

자기만의 스타일을 찾아내고 갈고닦고 인정받는 데 수십 년이 걸리는 겁니다. 그 스타일은 지역적 특색을 지니되 보편적 세계 언어가 될 수 있어야 합니 다. 그래야 세계적 설득력을 지니죠.

이런 진리를 언제 깨달았나요. 아니면 처음부터 알고 있었습니까?

거의 처음부터 비슷한 생각을 했어요. 한국이 타깃이 아니었어요. 여기는 정말 좁은 사회니까요. 요즘 『하멜표류기』를 다시 읽고 있어요. 읽다 보면 당시 조선 왕실과 지도층의 시각이 얼마나 좁고 편협했는지 느껴져요.

다른 세계를 보려고 하지 않았죠.

세종이 한글을 만들 때 혼자서 창조했겠어요. 결국 한문부터 산스크리트어 부터 만주어까지 죄다 갖다놓고 연구한 거잖아요. 글로벌했다는 겁니다. 그랬는데 『하멜표류기』에서는 소인배들이 되어 있어요. 혜초가 인도까지 다녀온 다음 『왕오천축국전』을 썼잖아요. 당시에 인도에 다녀온 사람이 혜 초 말고도 많았어요. 우리도 전 지구를 상대로 움직이던 시절이 있었다는 거죠. 조선은 성리학의 나라였잖아요. 성리학이 뭔가요. 주자의 학문이죠. 그런데 조선시대 성리학자들 가운데 중국에 있는 주자의 생가에 가본 이가 없었어요. 현장에 가지 않고 세계를 생각하지 않으니 새로운 게 나오나요?

선생님이 소나무 한 그루를 찍으려고 지금도 전국 방방곡곡을 계속 다니는 것도 그래서인가요? 진경 사진을 찍고 끊임없이 세계적인 생각을 하고……

직접 발로 걸어야 해요. 그래야 진수를 깨달을 수 있어요. 자연 속에도 에센스가 숨어 있어요. 풍수지리를 보면 기가 모이는 명당이 있다고 하죠. 똑같아요. 사진을 찍을 때도 그 자리로 가야 해요. 그 자리를 찾으려면 직접 가야죠.

자연광만 쓰잖아요. 인공 조명을 쓰지 않으니 1년 365일 빛의 변화를 공부하는 수밖에 없을 겁니다. 자연의 순리를 이해해야 하는 거죠. 농부 같다고 생각했습니다.

농부보다는 헌터hunter죠. 사진은 빛으로 그린 그림이잖아요. 그런데 빛을 쓰다 보면 자연광이 답이라는 것을 알게 되어요. 조명의 거장이라고 불린 에드워드 스타이컨이라는 사진작가가 있어요. 『보그』의 첫 번째 사진 부장이었죠. 이 사람이 여러 개의 조명을 쓰다가 결국 하나만 써요. 태양은 하나니까요. 리처드 애버던도 자연광 위주였죠.

대가들은 자기만의 빛이 있습니다. 선생님이 좋아하는 라이팅은 무엇인가요?

아이콘 라이팅icon lighting이라고 해서 광원이 피사체의 뒤에 있는 라이팅을 즐겨 쓰죠. 소나무도 빛이 뒤에서 오죠. 독일 평단에서는 성스러워 보인다는 표현까지 하던데요.

아우라가 생기니까요.

그렇죠. 대부분의 작가들이 자기가 좋아하는 광선이 있어요. 찍다 보면 자연적으로 생겨요. 잘 안 변해요. 그것을 찾아내면 그것만 기계적으로 찍는 거죠. 그래서 그 라이팅만 딱 봐도 누가 찍었는지 알 수 있게 되는 거죠. 리처드 애버던만 해도 어느 순간 자신의 라이팅을 찾아냈어요. 그 다음부터 계속 그렇게 찍어요. 점점 더 세련되어갈 뿐이죠.

예술가의 가장 큰 성취는 자기만의 주제와 소재와 빛을 찾아내서 자기 스타일을 완성하는 거군요.

스타일이 곧 세계죠. 작가만의 세계가 만들어지는 거죠.

예술가의 전성기는 언제인가요?

40대부터 오르기 시작해서 요즘은 60대가 되면 일가를 이루는 것도 같네요. 20대 거장은 예술에서는 있을 수도 없어요. 겸재 정선도 60대가 전성기였죠. 20년 동안 굉장히 열심히 그렸어요.

선생님께서는요?

한 예술가가 전성기를 맞으려면 행운도 따라야 해요. 자신이 억지로 전성기를 만들어내려고 해도 안 돼요. 저도 한동안은 무엇을 좀 적극적으로 만들어볼까 했어요. 큰 미술관에서 해보려다가 접었어요. 그런데 또 인연이 엉뚱한 곳에서 이어지더군요. 제 사진을 좋아하는 사람들이 찾아오고 또 다른 일이 이어지고……. 이것도 행운이죠.

한국이란 나라 혹은 한국 문화에 대한 관심이 높아지고 있는 것도 선생님 같은 예술가들에게는 행운이겠네요.

저에게 사진 의뢰를 한다는 것은 한국적 시각으로 바라봐달라는 이야기거든요. 한국은 지금 아시아의 다리 같은 존재입니다. 중국으로 몰아가기도 그렇고 일본으로 몰아가기도 그럴 때 한국으로 오죠. 그게 딱 맞아떨어져서 저를 찾아오는 걸 테고요.

배병우의 시선 혹은 한국적 시각이란 도대체 무엇입니까?
쉽게 이야기하면 산수화죠. 유럽 사람들은 제가 한국적 시각으로 자기네 유산을 재해석해주길 바라는 겁니다. 러시아 상트페트르부르크에 있는 에르미타주박물관에서 제 사진이 소개된 적이 있어요. 유럽 사람들이 그 사진을 보고 저를 찾아와서 자기네 성城을 찍어달라고 했죠.

스페인 그라나다에 있는 알람브라궁전도 촬영했죠?
프랑스에 있는 샹보르성 촬영도 시작했어요. 성과 인연이 닿아서인지 〈겨울왕국〉이 좀 다르게 보이더군요. 애니메이션에 나오는 성의 모습에 눈길이 갔어요. 샹보르성도 기본 스케치는 레오나르도 다빈치가 했거든요. 축적된 유산이 녹아 있죠.

주로 소나무나 바다나 제주도 오름 같은 자연을 찍어왔잖아요. 그런데 궁이라는 인공 건축물을 찍을 때는 무엇이 다릅니까? 한국에서도 창덕궁을 카메라에 담았잖아요.
제가 찍는 것은 성이나 궁이 아니에요. 그런 건축물은 다른 사람들이 이미 어마어마하게 찍어왔죠. 저는 성을 둘러싼 숲을 찍는 겁니다. 샹보르성만 해도 루아르강 주변으로 거대한 숲이 우거져 있거든요. 그 숲까지도 성의 일부죠. 알람브라궁전 역시 성을 둘러싼 숲을 찍었어요. 곁들여서 건물도 찍지만 제가 찍는 것은 숲이고 자연이죠.

PHOTOGRAPHY 최민석

리처드 도킨스의 『만들어진 신』을 읽고 있네요?

원래는 과학이나 수학에 관심이 없었는데, 요즘 그런 책만 자꾸 읽게 되네요. 생물학이 발전하고 DNA 게놈 구조가 밝혀지면서 신에 대한 우리의 관념 자체가 바뀌고 있죠. 근원적인 사고의 전환은 과학기술의 의해 이루어지는 것 같아요. 인류사에서도 카메라와 사진이 발명되면서 이미지의 시대가 시작된 것처럼요.

인간은 우주의 섭리를 아는 척하죠. 정작 영원히 섭리를 이해하지 못할지도 모릅니다. 그 안에서 예술의 역할은 인간이 이해할 수 없는 영원한 시간의 존재를 우리가 새삼 느끼게 만드는 것 아닐까 싶습니다. 인간이 얼마나 작은 존재인지 깨닫게 만드는 거죠. 배병우의 사진도 그렇습니다. 사실 사진이란 한순간을 포착하는 찰나의 작업이잖아요. 선생님의 작품은 그런 사진의 찰나적 특성을 무력화합니다. 찰나가 영원까지 길어지는 거죠.

제 사진뿐만 아니라 모든 예술이 지닌 특징일 겁니다. 예술이란 결국 영겁의 시간 속에서 한 장면을 끄집어내는 작업이거든요. 밀레의 〈만종〉이 있잖아요. 농부가 감사 기도를 드리는 그 한 장면도 매우 사진적입니다. 밀레는 인상파 직전의 사람이잖아요. 인상파는 사진의 발명과 깊은 관계가 있어요. '본 것을 그린다. 받은 인상을 표현한다.' 사진의 본질과 이어지죠. 그 뒤로 사진가와 화가는 서로 영향을 주고받았어요. 작용이든 반작용이든요.

예술의 중요성은 커질 겁니다. 신의 존재만으로 우주를 설명할 수 없게 되었으니까요. 그렇다고 과학만으로 모든 섭리를 풀어낼 수도 없습니다. 인간의 존재는 여전히 미약하니까요. 결국 예술만이 답을 줄 수 있겠죠.

그리스로마 시대가 그랬잖아요. 인간이 예술을 통해 신이 되었죠. 30대에 그리스 크레타섬에 갔는데 거기 남자가 정말 산만하더군요. 아, 이런 사람이면 헤라클레스의 모델이 될 수도 있겠다 싶었어요. 그리스의 미인을 보면 아프로디테의 모델이 될 수도 있겠다 싶었고요. 그리스인들은 예술적 표현을 통해 스스로 신이 되었죠.

배병우의 소나무 역시 한정된 시간성을 깨고 불멸성을 얻어낸다는 점에서 같은 맥락이라고 봅니다. 소나무라는 존재 자체가 오랜 세월을 이겨내는 존재이고 그런 존재를 사진에 담아 불멸의 존재로 만들어내는 거죠. 우리는 그 사진을 보며 불멸의 시간을 느끼고 신화화된 소나무를 발견하는 신비한 체험을 합니다.
서양 평론가들은 저를 낭만주의자라고 부르더군요. 신을 위한 미술만 하던 중세에서 르네상스를 거쳐 인상파로 넘어오는 중간에 낭만파가 있거든요. 낭만파의 그림에는 신도 있고 자연도 있고 인간도 있어요. 넓게 보면 동양의 수묵화도 낭만파라고 할 수 있죠. 그런 총체적 느낌을 제가 갖고 있는 게 아닌가…….

배병우의 사진은 오랜 시간 이어져온 예술 사조의 흐름 속에 있는 거군요.
불과 20년 전만 해도 낭만파라고 하면 한물간 사람을 뜻했죠. 『목마와 숙녀』라는 시집을 낸 시인 박인환 같은 이가 대표적인 낭만파였죠. 그런데 그런 낭만파가 또 재평가를 받고 있네요.

예술 사조는 그렇게 순환하고 이어지고 진보합니다. 결국 비싼 카메라를 사서 셔터만 누르고 포토샵만 잘한다고 사진이 나오는 게 아니라는 거죠. 자신이 지금 어떤 예술적 흐름 안에 있는지부터 배우고 알아야죠.
카메라는 그냥 붓이에요. 만년필이 좋다고 소설을 잘 쓸 수 있나요?

'위로 뻗은 소나무는 남자고 둥글둥글한 제주도 오름은 여자다.' 배병우 사진을 이렇게 이해하는 글도 있던데요.

실제로 한국의 둥글한 산들은 여성적이죠. 인간은 자신의 관심사를 피사체에 투영해서 예술 행위를 하게 되어 있어요. 그런 관심사는 크게 보면 자연도 있고 인간도 있죠. 그런데 인간으로 통해요. 저 같은 사람이라고 자연에만 관심이 있는 것은 아니거든요. 시선이 인간으로 이어지죠. 남자를 좋아하는 사람은 남자가 흥미거리이고 일반적인 남자라면 여자가 좋으니까 여자가 모티브가 되죠. 그런 동기는 무엇을 찍어도 드러나게 되어 있어요.

사람은 직접 안 찍는 건가요?

어쩌다 보니 기회가 안 된 거죠. 에드워드 웨스턴이라고 제가 제일 좋아하는 사진작가가 있어요. 이 사람은 풍경도 찍고 사람도 찍고 그랬거든요. 소재의 폭이 넓어지면서 작품의 깊이도 생겼죠.

에드워드 웨스턴은 누드사진의 대가라고 불리던데요?

그게 다 자기 애인이거든요. 단순히 발가벗는다고 누드가 아니에요. 상대의 내면까지 알 수 있어야죠. 그러자면 사진만 찍을 수 있나요.

예술가에게는 연애도 예술의 연장이죠. 상대를 이해해야 하니까요.

구스타프 클림트가 얼마나 많은 애를 낳았는지는 자신도 몰랐다는 거 아닙니까? 모델들은 다 데리고 잤다는 거 아니에요. 디에고 리베라도 그렇고요.

진정 위대한 예술가군요.

사랑하고픈 욕망은 예술을 향한 욕망과 이어지니까요. 상대를 자기화하는 거니까요. 잠시나마 내 것으로 만드는 거죠.

여자는 안 찍으십니까?
지금도 제가 정말 찍고 싶은 여자가 있고, 그 여자가 저를 정말 좋아한다면, 한 번 정도는 찍을 수 있어요.

그런 열정이 여전히 있군요?
그런데, 어려워요.

소나무와는 또 다른 세계를 다루는 사진들이 될 테니까요.
제 독자적 언어로 그것을 풀어낼 수 있을까요?

박범신 선생의 『은교』를 보면 주인공 이적요는 어린 여고생을 사랑한 나머지 필명으로 또 다른 책을 씁니다. 시인 이적요가 구축해온 적요한 시적 세계와는 별개의 열정이 넘치는 문학 세계죠. 끓어오르는 삶의 에너지를 분출해야 했지만, 이제까지 구축해온 세계와는 정말 다르기 때문에 선택한 방법이 필명이었죠. 그 주인공이 객관적으로 덜떨어진 사람이에요. 무엇을 욕망하고 원하면 까놓고 해야죠. 이것도 저것도 아니고 말이지요.

사람보다 자연이 좋아지는 순간은 없나요?
순환되는 것 같아요. 사람에게 질리면 바다로 가고 산으로 가버려요. 사람에게는 상처 받기 일쑤니까요. 그 사람이 저를 상처주지 않아도 그 사람에게 상처가 있으면 곁에 있기 어려워요. 영혼에 상처가 있는 사람과 함께 있으면 제가 더 불행해져요. 어쩌면 그런 불행을 느끼면 바다로 가죠. 바다에 눈이 내리는 장면을 보면 치유가 되죠.

"사진이든 디자인이든 건축이든 발전하려면 다양성을 인정해주고 내버려두어야 해요. 우리의 토양 속에서 마음껏 뛰어놀게 해야죠."

"독서란 게 책을 읽고 정보를 습득하는 과정이면서 동시에 자기를 성찰하는 과정이거든요. 그것 없이 자기 성찰이 가장 중요시되는 파인 아트를 하겠다는 것은 힘든 일이죠."

사람에게 좋은 기운을 얻을 수도 있잖아요?

외국에 아는 친구가 몇 명 있어요. 몇몇은 유럽의 귀족이고 성주城主죠. 오랜 동안 자산과 문화를 축적해온 집안의 후예들이죠. 문학이고 음악이고 미술이고 모르는 게 없어요. 그들이 저를 늘 고무시켜주어요.

문화적 유산이 축적되려면 최소한 3대는 필요한 것 같아요.

그 기간에 경제적 · 문화적 여건이 모두 갖추어져야죠. 그게 우리로 치면 선비 문화죠. 유럽 귀족들은 여러 가지로 인간답게 삽니다. 유럽에 가서 그 친구들의 성에서 자고 쉬면서 교류하면 그들이 지닌 문화적 유산을 다소나마 공유하게 됩니다. 제 작품이 세계적으로 알려지면서 얻게 된 득이죠.

사진은 복제가 가능합니다. 복제가 불가능해야 예술적 아우라가 있다는 주장도 하죠. 사진이 순수예술일 수 있느냐의 논쟁인데요.

판화도 복제가 되잖아요. 이제 사진은 회화하고는 비교할 수 없는 독특한 예술 장르로 정의되고 있죠. 다 손으로 하는 것도 아니지만 그렇다고 손이 안 가는 것도 아닌 묘한 예술이죠.

선생님 때문에 상업사진을 찍다가 뒤늦게 순수예술사진에 뛰어드는 작가도 있나 보던데요?

그게 잘 안 돼요. 오랜 동안 습관화된 사고의 패턴이 있잖아요. 상업사진을 찍다 보면 독서할 시간이 없어요. 독서란 게 책을 읽고 정보를 습득하는 과정이면서 동시에 자기를 성찰하는 과정이거든요. 그것 없이 자기 성찰이 가장 중요시되는 파인 아트를 하겠다는 것은 힘든 일이죠.

자기 성찰은 어쩌면 평생이 걸리는 일이니까요. 이제부터 성찰하겠다고 되는 일이 아니잖아요.

자기 길을 가는 게 중요해요. 예술사진과 상업사진의 길이 따로 있는 것도 아니고요. 자기 길을 끝까지 가서 일가를 이루면 되는데, 중간에 길을 바꿔서 문제죠. 세계적인 패션 포토그래퍼가 나와야 할 것 아닙니까? 요즘은 애니 리버비츠도 풍경을 찍고 있다고 하더군요. 이 사람도 막혔구나 싶었어요.

상업사진은 상업적인 피사체에 의존하는 부분도 있습니다. 유명 배우나 유명 모델이나 비싼 옷가지가 있어야 상업적이 되니까요. 그런데 상업적인 분야는 아주 감각적이고 트렌디하죠. 성찰할 틈조차 없을 정도로요. 그러다 보면 어느 순간 도태되어버리죠. 피사체를 카메라 앞에 세울 수 없게 되는 겁니다. 그때 길이 막히는 것 같아요. 앨프리드 스티글리츠 같은 위대한 작가는 부인 조지아 오키프를 찍었어요. 그녀의 사진이 앨프리드 스티글리츠의 대표작이자 걸작으로 평가 받잖아요. 그렇게 멀리 있는 게 아닌데……

선생님의 소나무는 자기가 좀 유명해졌다고 그만 찍겠다고 하지 않잖아요. 매니저와 시간 약속 잡고 오라는 이야기도 안 하고요. 늘 거기에 그대로 서 있죠.
제가 리처드 애버던을 좋아하는 이유가 이것입니다(리처드 애버던의 사진집을 펼쳐보이며, 기름 때 묻은 작업복을 입은 남자 사진을 가르쳤다). 이런 인물들을 찍었죠.

리처드 애버던은 평범한 사람을 특별하게 찍을 줄 알았죠.
그는 나이가 여든이 넘어서까지 『뉴요커』에 6페이지짜리 자기 꼭지가 있었어요. 길거리 걸인 같은 평범하기 짝이 없는 사람들의 사진을 『뉴요커』에 실었죠. 자기가 못하면 동료 사진가들에게

지면을 빌려주었죠. 마지막 죽는 날까지 그 작업을 계속했어요.

요즘은 다들 사진작가잖아요. 스마트폰으로도 작품 사진을 찍을 정도죠. 선생님도 스마트폰으로 사진을 찍으세요?
(스마트폰 사진을 보여주며) 이것 보세요. 되게 잘 나와요. 얼마 전에 강릉 경포대에서 찍은 소나무 사진입니다. 가끔 주변 사람들에게 이렇게 찍어서 보내주고 그래요.

배병우가 스마트폰으로 찍은 소나무 사진이라면 값어치가 있겠는데요.
아니요. 그냥 재미죠.

어쨌든 스마트폰 때문에 사진 인플레이션 시대가 된 것 같습니다.
사진의 시대죠. 정확하게는 전자영상의 시대죠. 전사 노트하고 은입자는 다른 거니까요.

그 덕분에 활자로 먹고사는 저 같은 사람은 힘들어졌죠.
사진 찍는 사람도 힘들어졌어요. 요즘은 스냅 사진은 다들 찍을 수 있으니까요. 필름 현상 과정도 생략되어 버려서 사진을 따로 배울 필요조차 없어졌죠. 그래서 전 세계적으로도 사진과가 없어지는 추세죠.

아이러니네요. 모두가 사진을 찍을 수 있게 되니까 사진 문화가 융성해지기는커녕 사진과는 없어지고 사진의 전문성도 사라지는 거네요.
전문가들은 다른 길을 찾고 있죠. 세바스치앙 살가도라는 사진가가 있어요. 『제네시스GENESIS』라는 사진집도 나왔어요. 그는 예전에 전 세계를 돌아다니면서 빈곤과 기아와 난민과 노동자만 찍었죠. 이 사진집에는 극지와 사막과 남극과 북극이 담겨 있어요. 보는 사람들이 찬탄할 만한 사진들이죠.

사진 과잉의 시대에는 진정한 사진작가는 차원이 달라야만 하는 거네요. 이제는 극지로 가야 다른 사진을 얻을 수 있다는 이야기 같고요.

과거에도 그랬어요. 서부 개척 시대에는 서부의 대자연을 찍는 게 흐름이었죠. 그 시대가 지나가니까 다시 카메라가 도시로 돌아왔어요. 인간이 살고 있는 곳을 살피기 시작했죠. 그렇게 순환하는 겁니다. 저에게 유럽 평론가들이 옛날 사고라며 낭만주의자라고 부르는 것도 그래서고요.

중요한 것은 남들이 시선을 두지 않거나 두지 못하는 것들을 찾아내는 겁니다.

우리 안에 평범한 삶 속에도 그런 특별한 것들이 숨어 있어요. 보지 못해서 그렇죠. 찾아내야죠. 그것을 안 하고 많은 사람이 유행만 좇죠.

사모님께서는 오래전에 돌아가셨죠?

49세에 세상을 떴죠. 저라는 사람이 이 자리에 있는 것은 어머니와 마누라가 공로자죠. 곰곰히 생각해보니까 아버지도 고맙네요.

아버지는 곰곰히 생각해보아야 고마운 분이군요?

아버지가 명필이셨어요(갑자기 일어나서 책장에서 노트를 꺼내온다). 이게 다 아버지 글씨입니다. 아버지가 저를 위해 카메라에 관련된 일본 책을 한국어로 번역해주신 거죠. 놀랍게도 글이 처음부터 끝까지 전혀 안 흔들려요. 아버지는 사업하다 망해서 말년에 주유소 점원을 했거든요. 글을 보면 아버지는 사업가보다는 학자가 되었어야 했어요.

모르긴 몰라도 배병우의 사진에도 몇 대의 유산이 응축되어 있는 것 같은데요?
중조할아버지가 목수 비슷한 것을 해서 공예에 능했데요. 그런데 뭐 저에게까지 그게 영향이 있었는지는 모르죠.

선생님 앞에 누가 있었는지는 모르지만 선생님 뒤에는 많은 사람이 따라오고 있는 것은 맞습니다.
그래서 저는 다리죠. 징검다리요.

요즘 즐거움이 무엇인가요?
책? 책을 짊어지고 가서 버리고 와요. 연애를 할 수 있으면 제일 좋은데, 나이가 들면 어렵잖아요. 삶이 건강하면 사랑에 대한 욕구가 넘치기 마련인데…….

사랑을 욕망한다는 것은 살아 있다는 증거죠.
탁구를 쳐요. 몸을 움직여주어야 하거든요. 활력이 생겨요.

PROFLLE
전남 여수에서 태어났다. 여수고등학교를 졸업하고, 홍익대학교 미술대학 응용미술학과에서 디자인을 전공했다. 대학교 1학년 때부터 독학으로 사진을 공부했다. 이 무렵 라슬로 모호이너지와 에드워드 웨스턴의 영향을 받았다. 1981년부터 서울예술대학교 사진과 교수로 일해왔다. 남도의 바다를 시작으로 경주의 소나무와 제주도 오름을 카메라로 담았다. 1993년 예술의전당에서 개인전 '소나무'를 열었다. 이때부터 소나무 작가로 불렸다. 1994년 그룹전 '대동산수'를 열었다. 2008년 산티아고 순례길을 카메라에 담았다. 2009년 알람브라궁전과 정원의 사계절을 촬영했다. 2009년 국립현대미술관 덕수궁미술관에서 '배병우전'을 열었다. 사진집으로 『종묘』, 『바람』, 『빛으로 그린 그림』 등이 있다.

황두진
나는 건축으로
역사를 짓는다

주변에서 서촌에서 살겠다는 사람이 늘고 있어요. 특히 작가나 영화감독이 많습니다. 벌써 서울 통의동과 효자동 일대에는 예술인 커뮤니티가 형성되어 있던 데요.

여기가 힐링이 좀 되는 곳이거든요.

광화문, 경복궁역, 통의동, 효자동부터 자하문 터널을 지나 부암동까지 이르는 지역은 조용하면서 따뜻합니다. 오늘은 날씨도 화창하고 따뜻하네요.

오늘 날씨도 제가 설계한 겁니다.

정작 살기만 여기에 살면서 출퇴근은 다른 곳으로 하는 사람도 압니다. 하루 종일 다른 곳에서 일하다가 잠만 서촌에서 자면 무슨 소용이냐 싶어요.

기름값이 싸고 길이 덜 막히던 시절에는 그런 도시 생활도 가능했을지 몰라요. 지금처럼 거대 도시가 된 서울에서는 비효율적이죠. 일터에서도 집에서도 살지 않는 삶이랄까요.

역시 무지개떡이 해답인 거죠?

제가 지금 그런 무지개떡 건물에 살고 있잖아요.

1층에는 황두진건축사무소가 있고 2층에는 소장님 부부의 거처가 있고 마당에서는 잉어가 자라니까요. 이런 것을 저밀도 주상복합이라고 하나요?

이런 건물들이 한곳에 모여 있으면 자연스럽게 1층은 상권을 형성하고 2층은 주거지를 형성해서 결국 긴 무지개떡 모양의 주상복합 지역을 형성하게

되죠. 모두가 저층 건물들이라 인구 밀도는 자연히 낮아지죠. 그 대신 상가나 오피스텔만 있어서 밤에는 공동화된다거나 주택만 있어서 낮에는 텅 비게 되지는 않아요.

프랑스 파리 같은 도시가 늘 따뜻하게 느껴지는 것은 그렇게 낮은 주상복합 건물이 도시 전체에 고루 퍼져 있기 때문인 것 같습니다. 파리지엥식으로 말하면 3층 케이크 건물쯤 될까요?
20세기에는 사는 데서는 살기만 하고 일하는 데서는 일하기만 해야 한다고 생각했어요. 도시를 수평적인 구조로만 이해했죠. 21세기 도시는 직주근접성을 갖추어야 합니다.

일터와 주거지가 근접해 있어야 한다?
우리는 경기도 분당이나 일산에서 잠을 자고 서울에 들어와서 일하는 식이야말로 굉장히 모던한 도시 생활처럼 여기며 살아왔어요.

그러게요. 결국 길바닥에서 살게 되는 건데요.
미국식 도시 모델을 직수입했거든요. 유가油價가 낮고 자동차 보급율이 높은 미국에서는 도시와 교외를 오가며 사는 삶이 자연스러울 수 있어요. 한국은 다르죠.

평생 도시에서 산 사람들이 도시를 떠나야 한다는 강박에 시달리는 것도 이상합니다.
절대다수의 기성 세대들에게 가장 바람직한 생활 환경은 농촌이고 전원이거든요. 도시의 본질을 제대로 이해할 수 없었던 거죠. 이제부터는 도시에서 태어나서 도시에서 죽을 인구가 대부분입니다. 이 사람들의 머릿속은 전원으로 구조화되어 있지 않거든요. 앞으로는 바로 이 인구가 도시 안에서 어떻게 하면 더 잘살 수 있는지 고민하는 게 중요합니다.

사람이 도시 안으로 스며들어와 살 수 있게 만드는 무지개떡 주상복합은 도시를 되살리는 방법 같습니다. 서울 여의도에 오래 살았는데요. 여의도야말로 밤에는 죽은 도시가 되죠. 저는 그런 황량함도 정말 좋습니다만……

서울 인사동 개발이 그렇게 잘못 이루어졌어요. 상가 건물들뿐이라 밤 10시만 되면 동네가 썰렁해요. 죽어버리는 거죠. 한 개 건물이 하나의 목적만을 위해 설계된 것을 저는 시루떡 건물이라고 불러요. 우리는 모던한 도시는 시루떡 건물들로 이루어져야 한다고 착각하죠. 외부 사람들에게는 철옹성 같아요. 기업 사옥이 대표적이죠. 현대 사옥을 보세요.

현대건설 계동 사옥이요?

거대한 건물이 서 있고 1층은 화단으로 빙 둘러쳐져 있죠. 조경이라지만 결국 담벼락이거든요. 행인들이 건물 주변을 걸을 수도 없고 걸을 이유도 없어요. 1층에 카페나 레스토랑 같은 가게들이 있다면 어떨까요? 사람들이 들락거리면서 활력이 생기겠죠. 훨씬 걷고 싶은 곳이 될 겁니다. 건물 하나조차 생기를 얻으려면 복합적인 목적을 지닌 무지개떡 모양이어야 한다는 거죠.

주거를 상권과 결합시키는 것은 말처럼 쉬운 일이 아닙니다. 주거는 생산성은 없고 의존성만 강하잖아요. 교육 프로그램이나 의료 프로그램이나 복지 프로그램을 까다롭게 요구하지만, 그런 프로그램을 다 갖추어도 돈벌이를 하는 생산성이 결여되어 있죠. 남자들이 낮에 다른 지역으로 돈을 벌러 나가야 하는 거죠. 치안 프로그램과 맞물려야 해요. 주거는 필요조건이 많기 때문에 어려운 프로그램이죠. 그래서 주거를 해결할 수 있는 방법은 주거에 맞는 프로그램을 밀집해놓은 베드 타운bed town을 만들어서 상업 지구와 엄청나게 떨어뜨려놓든지 아니면 위아래로 쌓는 수밖에 없어요.

서촌은 미묘하고 독특하다는 거죠.
서울의 전통적인 상업 지구인 종로나 명동과 인접해 있으면서 광화문 일대의 강력한 도시 인프라를 동네 시설처럼 이용할 수 있어요. 한국에서 가장 큰 서점인 광화문 교보문고를 동네 책방처럼 드나들 수 있다는 거죠.

분명 서촌은 서울에서도 진귀한 지역에 해당됩니다. 인사동처럼 획일적 상업 지구로 개발하기보다는 무지개떡 주상복합식으로 개발해나가면 서울 안의 파리 같은 따뜻한 지역으로 남을 수 있을 겁니다. 결국 중요한 것은 상주 인구를 유지할 수 있느냐는 겁니다. 어느 동네나 상주 인구가 줄어들다가 티핑포인트를 딱 지나면 공동화 현상이 일어납니다. 그렇게 안 되게 만들어야죠.

그래서 황두진이라는 동네 건축가가 서촌에 버티고 있는 거군요?
어쩌다 흘러들어와서 동네 건축가가 되어버렸네요.

"건축가의 명성은 건축가의 사무실과 건축가가 설계한 건물이 떨어져 있는 물리적 거리에 비례한다"고 말한 적이 있잖아요. 정작 소장님은 자신이 설계한 건물들 주위에 살고 있네요. 소장님이 설계한 통의동 아트사이드 갤러리는 아예 소장님 댁 바로 앞에 있습니다.
그러니까 동네 건축가죠.

구태여 동네 건축가가 안 될 수도 있었습니다. 얼마든지 거대한 빌딩 같은 것을 설계해서 명성을 추구할 수도 있었습니다. 왜 동네 건축가가 되기로 결심한 겁니까?

동네 건축 이야기를 한 게 2004년쯤부터니까 10년이 넘었네요. 동네 건축을 소박한 개념으로 이해하는 분이 많아요. 즐거운 오해이고 어느 정도는 소박한 것도 사실이죠. 하지만 진짜 의미는 동네가 제 건축의 출발점일 수 있다는 겁니다. 동네를 넓혀가면 세계가 되는 거죠.

동네적인 게 가장 세계적인 것이다?

의외로 굉장히 많은 세계적인 인물이 자기 동네에서 시작했어요. 비틀스도 영국의 리버풀이라는 동네에서 시작했죠.

렘 쿨하스나 마리오 보타 역시 동네 건축가로 출발했다고 말했잖아요.

렘 쿨하스가 나고 자란 네덜란드는 해발고도가 매우 낮고 사방이 평평한 간척지인 나라잖아요. 네덜란드에서는 건축물이 산과 같은 지형지물 역할도 해주어야 합니다. 렘 쿨하스 건축의 장대함은 거기에서 나오죠. 마리오 보타는 스위스라는 동네에서 성장했고 정밀한 시계를 제조하듯 벽돌 하나하나를 쌓아올리는 정교한 건축 스타일을 만들었죠.

동네에서 한 경험을 자기 스타일로 만든 거네요.

우리는 근대화에 대한 열망으로 달려왔어요. 지금은 나름 모더니즘을 이루었다고 여기죠. 정작 이제부터는 모더니즘에 굉장히 많은 단계가 있다는 것을 인정해야 합니다. 자기 동네에서 한 경험을 보편화하는 것이야말로 또 다른 단계입니다.

동네성이 보편성을 가지려면 무엇이 필요할까요?

렘 쿨하스는 로테르담 사람입니다. 제2차 세계대전이 끝나고 유럽은 폐허가 되었죠. 대부분의 유럽 도시들이 과거를 복원하는 길을 택했어요. 몇 개 도시가 다른 길을 선택하죠. 대표적인 도시가 로테르담과 프랑크푸르트입니다. 프랑크푸르트는 유럽 도시치고는 고층 빌딩이 많아요. 로테르담 역시 모든 것을 새로 지었어요. 그런데 네덜란드는 인공 간척지가 많잖아요. 땅덩어리도 인공으로 만든 것이고 그 위에 짓는 건물도 인공적인 것이라 대지와 건물의 구분이 없어져 버렸죠.

그게 대지 건축이군요.

렘 쿨하스에게는 건물이 세워지는 대지의 역사성이나 지형이 별로 중요하지 않았어요. 어차피 과거가 없는 땅이잖아요. 거기까지만 했으면 렘 쿨하스도 그냥 동네 건축가로 끝났겠죠. 그런데 렘 쿨하스는 다른 가능성을 읽어냈어요. 거대 자본주의 사회에서는 특정 지역의 역사나 풍토 같은 자질구레한 이야기가 그렇게 중요한 게 아니잖아요. 다국적 자본은 특정 국가나 지역의 역사에 무심할 수밖에요. 그러니 렘 쿨하스의 건축 스타일이 잘 맞는 거죠.

어떤 면에서는 황두진과 렘 쿨하스는 대척점에 서 있네요.

그 사람은 저처럼 골목길에서 큰 사람이 아니라는 거죠. 맨땅에서 큰 사람이죠. 그렇다면 한국처럼 맨땅이 없는 나라에서 나고 자란 건축가는 무엇을 통찰해야 하는가? 자기 동네를 끊임없이 관찰하고 연구해서 그 동네의 개념을 넓혀가야 하는 겁니다.

황두진은 어린 시절을 한옥에서 보냈습니다. 한옥과 한옥 사이의 골목이 놀이터였죠. 동네 골목에서 황두진이 찾아낸 건축 화두는 무엇인가요?

골목길의 삶은 복합적이라는 겁니다. 골목은 합리주의적으로 구획된 공간이 아닙니다. 그런 구획 자체가 무의미하죠. 골목은 때로는 마당이었다가 길이었다가 작업 공간이었다가 놀이터였다가 합니다. 제가 서울 강남에서 태어나서 강남에서만 일했다면 무지개떡 건축 같은 복합적 공간이라는 화두가 머릿속에 들어왔을 것 같지 않아요.

골목은 중복된 공간이니까요.

그런 복합성을 전근대적 유산으로 보던 시절도 있었죠. 합리적인 필터링을 거쳤을 때 복합이란 굉장히 효율적이고 쾌적할 수도 있습니다. 복합은 훌륭한 가치라는 거죠. 복합의 재해석이랄까요.

대지와 건물의 역사적 복합성이라는 것도 있을 수 있겠는데요. 광화문 일대를 거닐다 보면 이 자리가 조선시대에는 누구의 생가였고 근대에는 무슨 운동이 벌어졌던 곳이고 어떤 건물이 서 있었는데 지금은 무슨 건물 자리가 되어 있는 경우가 많죠. 하나의 공간에 시간이 복합되어 있달까요?

오래된 도시들의 보편적인 특징입니다. 역사적 퇴적층이 쌓여 있는 도시에서 산다는 것은 그런 이야기들과 더불어 지낸다는 뜻입니다. 어느 도시나 그런 역사성을 스토리텔링하고 싶어 하는 욕구가 있죠. 아주 미약한 역사적 근거라도 있으면 무언가 이야기를 만들어내려고 하잖아요.

동네 건축이란 지역의 역사성을 공간의 복합성으로 드러내는 작업 같습니다.

그게 서울이나 서촌만의 욕구가 아니라는 거죠. 전 세계 도시들이 모두 그런 욕구를 갖고 있습니다. 골목이 보편성을 가질 수 있는 거죠.

이제는 강남마저 역사성을 갖기 시작했습니다.

우리가 황무지에서 사는 게 아니라면 도시 어디인가에는 늘 누적의 역사가 있기 마련입니다. 그런 역사 위에 살고 있다는 것은 사실 굉장한 특권이에요. 제 일터이자 집터인 이곳 황두진건축사무소만 해도 원래는 초등학교 터였고, 한때는 해군제독이 살았던 곳이라 제독집이라고 불렸죠. 현재는 그 과거 위에 제가 살고 있죠. 현대는 전통으로 완성되는 겁니다.

황두진 건축의 자양분이 건축이 이루어지는 공간의 역사성이고 복합성이라면 서촌 일대야말로 황두진이 활동하기에 가장 좋은 지역이겠네요. 골목만 돌아도 사연이 있으니까요.

10여 년 전에 여기로 사무실을 옮겨올 때만 해도 다들 미쳤다고 했어요. 당신이 아무리 세계적인 건축가라고 해도 사무실이 강북에 있으면 일을 안 맡길 거라고요. 2000년대 초반은 서울 강남의 최전성기였죠. 한국에서 강남 이외에는 다른 개념은 존재할 수가 없었어요. 저는 강남이 이미 싫어지고 있었어요. 강남에 사무실을 열고 있으니까 별 이상한 클라이언트가 다 와요. 자기가 무슨 개발권을 땄는데 같이 좀 하자는 식이었죠. 좀더 성찰이 있고 깊이가 있고 제 삶과 사업이 연결되는 곳으로 옮겨야겠다 싶었어요. 저에게는 이미 강남은 지덕地德이 쇠했달까요?

정말 강북으로 옮기니까 일감이 끊기던가요?

오히려 강남 쪽 일이 더 들어오던데요. 소비자는 참 현명해요. 건축은 큰 돈을 투자해야 하는 일이죠. 돈 좀 있다고 건축 설계를 맡기겠다는 식의 허위의식만 갖고는 잠시 폼은 잡아도 결국 끝까지 못 참아요. 건축 자체를 이해할 수 있는 안목이 있어야죠. 오히려 강북으로 옮기면서 더 좋은 건축주를 많이 만났죠.

대중적으로 황두진은 한옥 건축가로 잘 알려져 있습니다. 사실 한옥만 짓는 건축가는 아니잖아요?

저도 처음 한옥 건축에 손을 댈 때는 이쪽으로만 꼬리표가 달리는 것은 아닌지 고민했어요. 결과적으로 고민할 필요가 없었어요. 한옥 하는 사람이라고 알려져 있다고 해서 올 일이 안 오는 게 아니더군요. 건축주는 현명해요.

공간은 사람의 사고를 지배합니다. 아파트에 사는 사람은 아파트에 사는 사람 같은 생각만 하죠. 한옥에 사는 사람은 한옥에 사는 사람처럼 사고하고요. 더 무서운 것은 정작 사람은 자신이 공간의 지배를 받고 있다는 사실을 잘 모르거나 잊는다는 겁니다. 건축 공간은 인간의 인지 영역을 넘어서기 마련이니까요. 그게 건축의 가장 무서운 점이죠. 건축은 24시간 내내 제 생각을 지속적으로 뜯어고치거든요. 황두진건축사무소에는 3가지 건축적 목표가 있어요. 첫 번째는 작동하는 건축입니다. 건물의 목적에 충실하게 부합되어야 한다는 거죠. 두 번째는 지속하는 건축입니다. 몇 년만 지나면 기능이든 형태든 유지가 안 되는 건축을 해서는 안 되죠. 세 번째가 영감을 주는 건축입니다. 세 번째가 제일 어렵죠. 세 번째까지 충족되어야 그 건물 안에 사는 사람의 삶이 계속 좋아질 수 있어요.

영감이 샘솟는 건축 설계라는 것은 어떤 건가요? 기업 취재를 오래 하다 보니 기업 사옥의 건축 형태와 기업 문화가 닮아 있다는 생각을 할 때가 많아요. 건축과 기업을 주제로 그런 책을 써보면 어떨까 욕심이 날 때도 있고요. 어떤 기업들은 직원들의 창의력을 북돋아주겠다며 사옥을 놀이터처럼 꾸며놓아요. 정작 기업 문화는 수직적이고 폐쇄적이라 그렇게 만들어놓고도 아무도 이용을 안 해서 먼지만 쌓이는 경우가 종종 있어요. 컨테이너 박스로 회의실을 꾸며놓는다고 해서 영감이 생기는 것은 아니라는 거죠.

그럴 때 저는 연애 관계를 상상해요. 애인이 있다고 쳐요. 애인이 야구를 무척 좋아한다는 것을 알게 되었어요. 그렇다고 해서 애인과 야구 장에서만 데이트를 해서는 안 되잖아요. 야구를 좋아한다는 것은 특수성이지 보편성이 아니거든요. 특수성이 채워져도 보편성을 무시하면 다 무너져요. 요즘은 다들 특수성만 갖고 이야기해요. 하지만 건축가인 이상 그냥 넘어가줄 수가 없어요. 건물 하나를 세우면 그 자리에 최소한 수십 년은 서 있어야 해요. 그 사이에 특수성의 파도는 몇 번을 왔다가요.

거주자에게 영감을 주는 건축은 불변하는 보편성을 획득해야 한다?
핵심은 특수하게 그네를 달거나 컨테이너 회의실을 만드는 게 아니거든요. 기업 사옥이라고 치면 핵심은 개인 공간과 공용 공간의 균형을 맞추는 겁니다. 개인 공간과 공용 공간 사이에서 어느 쪽 공간을 넓힐 것이냐는 곧 보수주의자와 진보주의자와 토건주의자 사이의 갈등으로 표출됩니다. 보수주의자는 개인의 행복을 최대치로 여기겠죠. 개인 공간을 늘리고 현관이나 회의실 같은 공용 공간은 확 줄이겠죠. 그러면 앉아서 일하기는 좋은데 대외적으로는 무척 졸렬한 회사가 되겠죠. 진보주의자는 개인 공간을 줄이고 공용 공간을 크게 할 테지만, 그렇게 하면 개인이 일하기에 불편하고 집단주의적인 회사가 될 겁니다. 토건주의자들은 무조건 크게 짓자고 하겠죠. 결국 이 세 가지 주장 사이에서 균형점을 찾아주는 게 건축가가 할 일입니다.

그 균형점은 매번 달라질 수밖에 없겠죠. 건축주의 욕망과 건물에서 일할 직원들의 요구와 건축가 개인의 야심까지 뒤섞여버리니까요.
저는 회사 안에 종업원을 오래 데리고 있는 구조는 좋은 게 아니라고 봅니다. 회사 안에 복지시설이 필요하다는 것은 100퍼센트

PHOTOGRAPHY 박남규

인정합니다만, 모든 것을 회사 안에서만 해결하는 것은 과연 좋은 건지 의문이죠. 직원들은 일이 끝나면 밖에 나가서 다른 데도 가보고 다른 시설도 이용해보고 다른 환경에도 놓여보고 다른 사람도 만나서 도시 전체를 자기 활동 무대로 넓게 삼아야 경험도 생기고 식견도 생기고 네트워크도 넓어져요. 회사 끝나도 사내에서 많은 것을 해결하면 그럴 기회가 없어지잖아요. 과연 모든 것을 다 갖춘 기업 사옥이 좋기만 한 걸까요?

주거도 마찬가지인 것 같습니다. 집 안에 모든 것을 갖춰버리면 밖으로 나갈 일이 없죠. 특히 남자에게 주거는 결국 침실과 서재만 있으면 충분한 것 같습니다. 쉴 곳과 생각할 곳이 있으면 부엌이나 거실이나 정원 같은 것은 도시 인프라를 활용하면 되죠. 인근 식당이 부엌이고 인근 카페가 거실이고 인근 공원이 정원인 거죠. 점조직화된 주거랄까요?

나이 먹을수록 필요한 공간이 줄어들어야 마땅해요. 결국 죽으면 한 평 공간에 눕게 되는 거고요. 남자에게는 자기만의 공간만 있으면 돼요. 상처를 핥을 수 있는 공간. 저에게는 사무실 2층 서재 공간이 있어요. 그래서 아내는 저를 보고 '결혼한 독신남'이라고 부르죠.

남자에게 필요한 것은 집이 아니라 서재이고 남자에게 집은 주택이 아니라 내 여자가 있는 곳 같습니다.

남자에게 집은 살을 비빌 수 있는 여자가 있는 곳이지요.

이제까지 도시의 발달 과정은 누가 도시 안에서 더 큰 땅덩어리를 차지하느냐의 경쟁 같았습니다. 덕분에 주거도 기업도 관공서도 대학조차 담벼락을 치고 성을 쌓았죠. 그 성 안에서 폐쇄적인 생태계를 만들었지만, 그 안에서 모든 것을 해결한다는 것은 불가능합니다. 건축가 황두진이 주목받고 있는 것은 그것을 깨야 한다고 주장하고 있고 깰 수 있는 방법론을 제시하고 있고 시대가 그것을 깨야 한다는 것을 점점 깨달아가고 있기 때문이 아닐까요? 서울은 자기완결적인 성들이 아니라 상호의존적인 점들의 맥락이 되어야 합니다.

그 이야기를 한 단계 끌어올려 보자면, 철학적 차원에서 우리 인간이 상호의존적인 관계라는 것을 이제는 인정하자는 거죠. 겉으로 보기에는 무관해 보일지 모르지만, 세상은 유기체처럼 상호 연결되어 있어요. 그런 모습이 가장 잘 드러나 있는 곳이 도시죠. 모든 것을 내 울타리 안에서 다 해결하려고 할 수도 있어요. 제가 가진 자원이 무한하면 가능하죠.

누구두 불가능하죠.
물론 항상 이것만 주장하는 것은 아닙니다. 밀도 있게 안에서만 해결해야 하는 일도 있어요. 대부분의 상황에서는 내가 가진 것과 남이 가진 것을 교류하면서 대가를 주고받는 게 훨씬 효율적이죠. 예를 들어 공공 기관이 직원 복지를 위한다면서 구내 식당을 크게 차려놓는 게 좋은 아이디어일까요? 공공 기관 직원들이 밖에 나가서 주변 밥집을 이용해주어야 동네 상권이 발전하죠.

지역에서도 공공 기관에 대한 신뢰와 애정이 높아지고 서로 정보가 교류되니까 지역 민원에 대해서도 척척 다 알게 되겠죠.
제 말이 그 말이에요.

한옥에서 자라서, 골목에서 놀다가, 서울대학교 건축과를 졸업하고, 예일대학 건축학과에서 유학했어요. 전통 가옥에서 자라서, 골목이라는 동네성을 익히고,

서울대학교 관악캠퍼스라는 폐쇄적인 캠퍼스에서 공부하다가, 예일 대학처럼 점조직 같은 학교에서 도시의 상호의존성을 익혔습니다. 그러고 나서 서촌에서 무지개떡 건축을 통해 도시 맥락을 바꿔놓고 있죠. 이 맥락이 우연일까요? 렘 쿨하스가 네덜란드 대지에서 나고 자라거나 안도 다다오가 일본 오사카 상가 뒷골목에서 나고 자란 것 처럼요?

건축가는 자신이 처해 있는 공간에 대한 이해와 관찰을 바탕으로 어떻게 하면 문제를 해결하고 상황을 개선할 수 있을지 고민하는 사람입니다. 살면서 거쳐온 각각의 상황과 공간에 대해 늘 고민 하죠. 하지만 여기까지가 전부이면 안 됩니다. 제가 시민이자 건 축가로서 이것을 고치면서 도시와 사회가 좋아진다고 말하는 것 은 제1의 게임입니다. 창작인으로서 제2의 게임은 그 너머에 있 어요. 나름 추구하는 저만의 세계가 있고 그것을 추구하는 게 제 게임인 거죠.

건축가란 문제를 해결하는 역할을 할 뿐만 아니라 새로운 것을 만들 어내는 역할도 해야 한다는 말인가요?

저는 기하학적인 것들에 대해 매력을 많이 느껴요. 건물 구조 안 에 기하학적 완결성이 있으면 아름답다고 느낍니다. 제가 그렇 게 의식적으로 설계한다고 해서 사회적으로 읽어주는 것은 아니 거든요. 그런데 누군가는 또 그것을 알아채요. 잘 조율된 기하학 적으로 정밀한 세계가 갖는 독특한 미학이 있고 그것을 보여주는 게 저만의 게임인 거죠.

캐슬 오브 스카이워커스처럼요?

캐슬 오브 스카이워커스야말로 그런 게 가장 선명하게 드러난 건축물입니다. 현대캐피탈 배구단의 훈련장이자 숙소로 지어진 건물인데, 구석구석 뜯어보면 기하학적 완결성이 숨어 있어요. 배구라는 게 정교한 룰에 따르는 운동이잖아요. 캐슬 오브 스카이워커스의 정교하고 기하학적 완결성과 그 안에서 벌어지는 배구 게임의 규칙은 맞물려요. 그렇게 해서 건축 설계에 더 큰 의미가 생기는 거죠. 단순히 문제를 해결하는 삶만 살고 싶지는 않아요. 새로운 것을 드러내보이고 싶죠.

건축이 사회를 뜯어고칠 수는 없지만 공간을 재구성해서 사람들의 생각을 바꾸고 사회를 고칠 수 있다고 믿던 시절이 있었잖아요?
르 코르뷔지에가 그랬죠. 혁명이냐 건축이냐를 고민할 때, 건축을 통해 혁명을 피할 수 있다고 생각했어요. 르 코르뷔지에는 어떤 의미에서는 목표를 이루었어요. 하지만 지금은 그다음 시대죠. 현대 건축가는 사회의 맥락을 읽고 사회적 문제를 해견해야 하지만, 동시에 자기만의 세계라는 것도 있어야 합니다.

"서울이라는 도시에서 건축가란 북극의 아이스크림 장수와 같다"고 말한 적이 있어요.
북극에서도 아이스크림은 팔릴 걸요? 다만 전략이 필요하겠죠.

서울은 아직도 부수고 다시 짓기를 반복하는 빙수 같은 도시입니다. 근대성에 대한 열망이 우리가 우리 자신을 부끄럽게 여기게 만들었으니까요.
역설적으로 이제부터가 우리 사회에서 건축이 본격적으로 중요해질 거라고 봅니다. 물량과 총량적 차원에서 건축을 사회에 공급해야 하는 시대는 거의 다 끝났어요. 집은 지을 만큼 다 지었다고요. 다만 건축은 부동산이라 들고 다닐 수가 없어서 나라 전체로는 공급초과인데 지역적으로는 불균형이 발생할 수는 있죠. 어쨌든 총량적 수요를 채우는 데 급급한 시대는 일단

"한국처럼 맨땅이 없는 나라에서 나고 자란 건축가는 무엇을 통찰해야 하는가? 자기 동네를 끊임없이 관찰하고 연구해서 그 동네의 개념을 넓혀가야 하는 겁니다."

"한국 사회의 모순과 문제점을 몰라서 하는 말은 아닙니다. 건축가는 그 모순의 틈새를 벌려서 그 안에 좋은 것을 집어넣으려는 마음으로 일해야 합니다. 세상에 대한 냉소와 부정이 긍정과 유머를 이겨버리면 이 직업은 못해요."

락되었다면 이제는 건설의 시대는 가고 본격적으로 건축의 시대가 온다고 볼 수 있어요.

다른 나라도 비슷한 과정을 거쳤나요?
뉴욕만 해도 우리가 알고 있는 건물들 가운데 그 자리에 최초로 지어진 건물은 별로 없어요. 2~3번 갈아엎다가 여기까지 온 거죠.

건축의 시대가 오려면 먼저 건축 자본의 질이 높아져야 합니다.
높아지고 있어요. 느껴져요. 사람들이 건축에 관심을 가지려면 다른 것들이 꽤 충족된 상태여야 합니다. 음식이나 옷이나 자동차 정도는 자기 자신을 속이고도 선택할 수 있어요.

자기 취향이 아니어도 한 끼쯤 다른 것을 먹어볼 수 있죠.
건축은 그게 힘들어요. 건축주가 정말 많은 것을 투자해야 하기 때문이죠. 자신의 진심이나 본심이 아닌 걸 하기가 힘들어요. 결국 건축가가 건축주의 선의와 욕구를 모두 충족시켜주어야 하는 거죠. 선의만 강요하면 계몽적이 됩니다. 욕구만 충족시키면 발전이 없죠.

건축가가 건축주를 가려 받을 수도 없잖아요. 엄밀히 말해서 갑과 을인데요.
나쁜 프로젝트를 하려고 들면 거절해야죠. 반대로 동네에 사는 신혼부부인데 돈은 없지만 좋은 집을 짓고 싶어 한다면 고민이 되죠. 회사에는 도움이 안 되잖아요. 그럴 때면 의사가 응급환자를 돈이 없다고 돌려보내는 것과 비슷하다고 느껴요. 이 사람을 돌려보내면 건축가로서 저 자신이 의미 없어질 것 같은 기분이 들죠. 아주 많으면 곤란하지만 어느 정도는 합니다.

황두진에게 설계 의뢰를 맡기는 건축주들은 어느 정도 선의를 지닌 양질의 자본이 아닐까 싶은데요.

저는 굉장히 복 받은 사람입니다. 감사하게 생각해요. 제가 처음 건축가 생활을 시작할 때 마음속에 두려움이 몇 개 있었어요. 첫 번째는 제가 충분히 크리에이티브한 사람이냐는 본질적인 불안이었고, 두 번째는 이것이 육체적으로 굉장히 힘든 작업이라 하드웨어가 감당할 수 있겠느냐는 거였고, 세 번째는 뼈 아픈 고백이지만 건설건축 분야가 부패가 심한 구조일 수 있어서 제가 그런 기로에 섰을 때 과연 버텨낼 수 있을까 하는 거였죠. 직원들 월급은 주어야 할 것 아닙니까? 첫 번째 창의성은 열심히 공부하자고 생각했고요, 두 번째 건강은 열심히 관리해서 해결하자고 생각했죠.

세번 째 유혹은 어떻게 버텁습니까?

우리 사회를 한 번 믿어보자고 생각했어요. 결론적으로는 제 양심이 괴로움을 겪어야 하는 일은 안 일어났습니다. 굉장히 고맙죠. 제가 이제 쉰이 넘었어요. 한국 사회는 말도 많고 탈도 많고 경우에 따라 후퇴하는 것처럼 보입니다다만 분명 달라지고 있기는 합니다.

그런가요?

스피노자가 말했죠. "내일 지구가 멸망해도 나는 오늘 사과나무를 심겠다." 대단한 긍정이죠. 그런데 건축가는 사과나무가 아니라 집을 지어야 하는 사람이거든요. 더 큰 긍정이 있어야 이 일을 할 수 있어요. 한국 사회의 모순과 문제점을 몰라서 하는 말은 아닙니다. 건축가는 그 모순의 틈새를 벌려서 그 안에 좋은 것을 집어넣으려는 마음으로 일해야 합니다. 세상에 대한 냉소와 부정이 긍정과 유머를 이겨버리면 이 직업은 못해요.

사무실에서는 아주 무서운 걸로 아는데요?
누구나 실수는 할 수 있죠. 이 세상에는 안 해야 하는 실수가 있어요. 회사는 직원을 가르치려고 있는 곳이 아닙니다. 대신 이번 프로젝트를 끝내면 분명히 배우는 게 있죠. 점점 더 집을 지을 기회가 줄어들고 있어요. 기회가 적기 때문에 하나하나 잘해야 해요. 경쟁이 심하기 때문에 2~3번 태작을 해버리면 퇴장당해요. 안 봐주는 분야죠.

서울에서 부숴야 마땅한 건물이 있을까요? 아무리 흉해도 세월이 지나면 또 삶의 일부가 됩니다. 에펠탑이 그렇고 63빌딩이 그렇죠. 그렇게 익숙해졌다고 해도 부숴야 하는 건축물은 분명 있을 수 있습니다. 그렇다고 무조건 없애는 것만이 능사는 아니죠.
노인을 공경하는 사회가 오래된 건축물도 잘 대해주어요. 나이 먹었어도 사회에서 자기 역할이 있을 수 있어요. 건물도 그래요. 오래되었다고 못 났다고 역할이 끝난 게 아니거든요. 그렇다고 무조건 박물관으로 만들어버리는 게 능사는 아니고요.

경복궁 안에 있는 국립민속박물관은 어떤가요?
없애느냐 아니냐보다 어떻게 사회적 합의에 도달하느냐가 중요해요. 그때까지는 잘 써보는 거죠. 국립민속박물관의 탑 안은 텅 비었다고 들었거든요. 그것을 어떻게 한 번 재생해서 써보면 어떨까? 근사하지 않겠어요? 건물에는 세컨드 라이프second life가 있어요. 이제부터 우리는 그것을 해주어야 해요. 요즘은 인생도 2모작이라고 하잖아요. 건축물도 제2와 제3의 라이프가 있을 수 있어요. 애초에는 이런 용도로 설계했는데 지금은 이런 용도로 써보니까 그것도 괜찮더라. 이제는 건물을 너무 빨리 은퇴시켜서는 안 돼요. 그렇다고 박물관이나 미술관으로 만들어버리는 것도 별로죠. 가급적이면 원래 용도로 쓰이게 하는 게 좋아요.

서울역은 좀 이상해졌죠?

서울역을 다시 기차역으로 사용할 날이 왔으면 좋겠어요. 통일이 되고 경의선 철로가 다시 연결되면 서울역사가 부활하지 않을까요? 그때가 되면 매우 감동적이겠죠. 건축에도 패자부활전이 필요합니다.

황두진이 설계한 건축물 가운데 없앴으면 좋겠다 싶은 것은 없나요?

알아서 없어져요. 건축가들끼리 주고받는 농담이 있어요. 너 엘리베이터 있는 거 해보았어? 그러면 너는 특별피난계단 있는 거 해보았어? 그러다 갑중 갑은 헬리포트heliport 있는 거 해보았어? 그러면 항공 방재등 있는 거 해보았어? 그런데 마지막 승자는 이거죠. '나는 내가 한 것 중에 이미 없어진 것도 있다.' 건축가는 자신이 심혈을 기울여 설계한 건물이 없어질 수도 있다는 것을 알아요. 항상 준비하고 있죠. 그렇게 없어지는 정량定量이 있는 것도 같아요. 대가의 작품도 없어져요. 아예 안 지어진 것도 많죠. 안 지어진 게 더 유명한 경우도 많죠. 그런 것을 처음 겪으면 머리가 땅해요. 노랗죠. 하지만 결국 받아들이게 됩니다. 건물도 언젠가는 소멸되어요. 상대적으로 조금 긴 시간 동안 그 자리에 서 있을 뿐이죠.

건물에도 생명 주기가 있는 거네요.

언제부턴가 건물도 사람같다는 생각이 들어요. 아무리 추한 건물에도 다 사연이 있을 것 같아요. 우리는 아무리 나쁜 사람이라도 함부로 죽이라고는 안 하잖아요. 쟤는 좀 없어져야 한다는 건물이 있지만, 그 녀석들도 사연을 들어보면 이야기가 왜 없겠어요. 일방적으로 미워만 해서는 안 되는 것 같아요.

자신이 설계한 건축물을 다시 가보았을 때는 무엇을 느끼나요?
설계하고 시공할 때는 공사판이었죠. 그게 다 끝나고 그 건물 안에서 일상이 시작되었을 때는 느낌이 아주 달라요. 어느 날 찾아갔는데 그 건물이 일상을 살고 있을 때 정말 마음이 짠해요. 이제 내 손을 떠났구나. 그래, 잘 살아라. 이런 뭉클한 느낌이 들죠. 건물은 자기만의 삶이 있어요.

황두진 건축의 요체 가운데 하나가 기존 건축물의 창의적 재해석입니다. 가회헌이나 춘원당 같은 한옥 건축은 물론이고 캐슬 오브 스카이워커스 같은 현대적 건물도 전통의 재해석을 통해 태어났죠. 그때 중요한 것은 건물이 지닌 텍스트적 의미와 건물이 있는 지역의 컨텍스트적 의미를 완전히 이해하고 그것을 재해석해내는 거죠. 그래서 춘원당은 독특한 것 같습니다. 저는 걷다가 우연히 춘원당과 마주하고 그 뜬금없음에 깜짝 놀라버렸어요. 약을 달이는 장소가 완전히 개방되어 있어서 놀랐습니다.
춘원당은 5대째 내려오는 170년 전통의 한의원이잖아요. 그게 춘원당의 텍스트죠. 하지만 춘원당이 있는 동네는 모텔촌이고 게다가 게이바들이 즐비해서 아주 폐쇄적입니다. 그것은 컨텍스트죠. 약 달이는 공간을 개방해서 춘원당이 지닌 한의원이라는 역사성을 드러내면서 동시에 폐쇄적인 동네라는 컨텍스트를 깬 거죠.

그 덕분에 춘원당은 튀는 설계가 아닌데도 개성이 두드러집니다.
재해석을 하는 과정에서 텍스트와 컨텍스트는 때로는 취하고 버려야 하는 소재들입니다. 사실 이런 것은 유럽 건축가들이 아주 잘해요. 유럽의 도시들은 다들 우아한 시체들이잖아요. 지루하기 짝이 없죠. 이른바 아방가르드 건축가들이 이런 올드 시티 출신인 것은 우연이 아니죠. 오스트리아 빈에 있는 건축사무소 쿱 힘멜브라우는 부산 영화의전당을 설계한 걸로 유명하죠. 그들의 설계가 과격한 것은 빈이라는 도시의 컨텍스트를 의도적으로 파괴하려고 애써왔기 때문입니다.

한국에서도 전통이라는 컨텍스트는 존중해야 하지만, 필요할 때는 과감하게 무시해줄 배짱이 있어야 한다는 거군요. 그런데 그렇게 컨텍스트를 파괴할 수도 있으려면 그만큼 건축가의 명성이 뒷받침되어야 합니다. 학생의 형식 파괴는 무지일 뿐이지만, 거장의 파괴는 예술이 되잖아요.

솔직히 건축주가 하라는 데로 다 잘해서 거장이 되었다는 건축가 이야기는 못 들어보았어요. 그것은 건축주도 알아요. 언제나 자신이 원하는 것보다 잘해오는 건축가를 좋아하죠.

도시의 컨텍스트를 파괴하고 자본마저 주무르려면 거장이란 명성이 필요한데요. 한국은 국내의 명성보다 세계적 명성에 순종하기 마련이죠. 노벨상 같은 잣대에 집착하고요. 20세기까지 소설가들이 했던 지식인의 역할을 21세기에는 건축가가 해야 합니다. 이념과 관념의 시대에는 소설가들이 픽션의 세계에서 사회를 해부했다면 지금처럼 물질과 자본의 시대에는 건축가가 논픽션의 세계에서 사회를 이해하고 정리해주어야 해요.

건축이 땅에 붙어 있다 보니까 해외에 소개하기가 어려워요. 향기론이라는 이론이 있기는 하죠. 좋은 향기를 내면 알아서 찾아온다고요. 그렇지만 그전에 건강한 교류가 필요해요. 우리 건축계에는 정말 잘하는 사람이 많아요. 제 후배들 중에도 자랑스러운 친구가 많아요. 다만 밖으로 안 알려졌어요.

밖으로는커녕 안에서도 건축에 대한 대중적 담론이 활발하게 형성되지 못하고 있잖아요. 건축 잡지는 건축 전문가들만 읽잖아요. 소장님은 건축 이외 분야와 활발하게 교류하면서 건축에 대한 이야기를 대중화하려고 애쓴 분인데요. 게다가 소장님처럼 자기 건축 세계를 명료하게 설명하는 분도 드물죠.

우리는 각기 다른 분야 사이의 교류와 협업 문화가 정말 없어요. 축구도 이제는 마라도나 혼자 골 넣던 시대는 지나갔잖아요. 월투월Wall-to-Wall 패스를 해가면서 서로 밀어주고 끌어주면서 전진하는 거죠. 유럽이나 일본이 그것을 아주 잘해요. 음악이 영화를 밀어주고 영화가 건축을 밀어주고 건축이 다시 미술을 도와주는 그런 거죠. 건축가가 유명 패션 디자이너의 옷을 입고 등장하는 식이죠. 영화감독이 자기 영화에 나온 건축물을 칭송해주고 건축가가 영화를 이해하는 식이죠. 문화예술계의 품앗이 체계랄까요. 저는 영화계에 대해 존경을 표했는데, 영화계 쪽에서는 반응이 없어요.

영화계는 좀 이기적이죠. 스스로 충분히 대중적이라서 다른 분야를 얕잡아봐요. 오히려 건축계 안에서는 제가 다른 분야와 교류하려는 것이나 아주 명료한 언어로 제 건축을 설명하는 게 약점이라고 말하는 분도 있어요. 대중들에게는 모호한 언어를 던져놓아야 그 언어가 스스로 화학작용을 일으켜서 의미를 확대시킨다는 논리죠.

예리한 지적이기는 한데, 그렇게 모호한 언어로 자신을 설명하는 예술가들 가운데 절반은 사기꾼입니다.
그런데 대가大家는 다 사기성이 있다는 거죠.

즐거움이 무엇인가요?

역사 공부를 많이 해요. 특히 한국전쟁에 대한 공부를 많이 했어요. 개별 전투에 대한 기록도 많이 읽어보았어요. 흥미로운 게 삼국시대 때 격전지가 한국전쟁 때도 격전지더군요. 저는 당연히 지형을 읽고 지역의 역사를 아는 것을 좋아해요. 한국전쟁에 대해서 한국군의 시각, 중국군의 시각, 미국의 시각으로 쓴 책들을 다 읽다 보니까 정말 즐거워요. 한국전쟁을 이해한다는 것은 한국의 근현대사를 이해하는 것이고 동시에 동아시아의 역사를 이해하는 것이더군요. 격전지를 직접 찾아가보기도 했어요. 몰랐던 역사적 연결 고리를 찾아내는 게 아주 재미있어요.

PROFLLE

서울에서 태어났다. 성신초등학교와 보성중학교와 용문고등학교를 졸업하고 1982년 서울대학교 건축학과에 입학했다. 졸업설계 최우수상을 수상했다. 서울대학교 대학원을 졸업하고 1989년 아내 고현주와 결혼했다. 1991년 예일대학 건축학과에 입학했고 잠시 일본에서 연수했다. 1993년 김태수건축사무소에서 일을 시작했고, 2000년 황두진건축사무소를 개소했다. 2001년 첫 번째 개인전을 열었다. 2002년 서울 종로구 통의동으로 이사해서 동네 건축가로 살고 있다.

생각의 모험

ⓒ 신기주, 2015

초판 1쇄 2015년 7월 27일 펴냄
초판 2쇄 2015년 8월 5일 펴냄

지은이 ┃ 신기주
펴낸이 ┃ 강준우
기획 · 편집 ┃ 박상문, 박지석, 박효주, 김환표
디자인 ┃ 이은혜, 최진영
마케팅 ┃ 이태준, 박상철
인쇄 · 제본 ┃ 대정인쇄공사

펴낸곳 ┃ 인물과사상사
출판등록 ┃ 제17-204호 1998년 3월 11일

주소 ┃ (121-839) 서울시 마포구 서교동 392-4 삼양E&R빌딩 2층
전화 ┃ 02-325-6364
팩스 ┃ 02-474-1413
www.inmul.co.kr ┃ insa@inmul.co.kr

ISBN 978-89-5906-353-6 03300
값 16,000원

이 저작물의 내용을 쓰고자 할 때는 저작자와 인물과사상사의 허락을 받아야 합니다.
파손된 책은 바꾸어 드립니다.

이 도서의 국립중앙도서관 출판시도서목록(CIP)은 서지정보유통지원시스템 홈페이지(http://seoji.nl.go.kr)와
국가자료공동목록시스템(http://www.nl.go.kr/kolisnet)에서 이용하실 수 있습니다.
(CIP제어번호: CIP2015019405)